DADOS PESSOAIS E A PROTEÇÃO DOS DIREITOS DA PERSONALIDADE NA ERA DA INTELIGÊNCIA ARTIFICIAL

MARCOS EHRHARDT JÚNIOR
MARCOS CATALAN
Coordenadores

DADOS PESSOAIS E A PROTEÇÃO DOS DIREITOS DA PERSONALIDADE NA ERA DA INTELIGÊNCIA ARTIFICIAL

Belo Horizonte

FÓRUM
CONHECIMENTO JURÍDICO

2025

FÓRUM
CONHECIMENTO JURÍDICO

Luís Cláudio Rodrigues Ferreira
Presidente e Editor

Coordenação editorial: Leonardo Eustáquio Siqueira Araújo
Revisão: Fabiana Guimarães Coelho
Capa e projeto gráfico: Walter Santos
Diagramação: João Oliveira

Rua Paulo Ribeiro Bastos, 211 – Jardim Atlântico – CEP 31710-430
Belo Horizonte – Minas Gerais – Tel.: (31) 99412.0131
www.editoraforum.com.br – editoraforum@editoraforum.com.br

Técnica. Empenho. Zelo. Esses foram alguns dos cuidados aplicados na edição desta obra. No entanto, podem ocorrer erros de impressão, digitação ou mesmo restar alguma dúvida conceitual. Caso se constate algo assim, solicitamos a gentileza de nos comunicar através do *e-mail* editorial@editoraforum.com.br para que possamos esclarecer, no que couber. A sua contribuição é muito importante para mantermos a excelência editorial. A Editora Fórum agradece a sua contribuição.

Dados Internacionais de Catalogação na Publicação (CIP) de acordo com ISBD

D121 Dados pessoais e a proteção dos direitos da personalidade na era da inteligência artificial / Marcos Ehrhardt Júnior, Marcos Catalan (coord). Belo Horizonte: Fórum, 2025.

254 p. 14,5x21,5cm

ISBN impresso 978-65-5518-904-9
ISBN digital 978-65-5518-905-6

1. Direito civil e tecnologia. 2. Novas tecnologias. 3. Inteligência Artificial. 4. Direito e tecnologia. 5. IA e direito. 6. Responsabilidade civil e tecnologia. 7. Contratos eletrônicos. 8. Dados Pessoais. 9. LGPD. I. Ehrhardt Júnior, Marcos. II. Catalan, Marcos. III. Título.

CDD: 342.085
CDU: 347

Ficha catalográfica elaborada por Lissandra Ruas Lima – CRB/6 – 2851

Informação bibliográfica deste livro, conforme a NBR 6023:2018 da Associação Brasileira de Normas Técnicas (ABNT):

EHRHARDT JÚNIOR, Marcos; CATALAN, Marcos (coord.). *Dados pessoais e a proteção dos direitos da personalidade na era da inteligência artificial*. Belo Horizonte: Fórum, 2025. 254 p. ISBN 978-65-5518-904-9.

SUMÁRIO

O FUTURO MOLDADO PELA INTELIGÊNCIA ARTIFICIAL

BREVÍSSIMO APORTE INTRODUTÓRIO

A incerteza molda o futuro, carreando consigo inextinguível angústia, sentimento mitigado, talvez, pelo desenvolvimento da capacidade de fazer as perguntas corretas. A reflexão alinhavada por Kai-Fu Lee, em obra interessantíssima vertida ao vernáculo há alguns anos, faz lembrar a importância dessa habilidade, afinal, "quando se trata de entender nosso futuro com a inteligência artificial, somos todos [como] crianças no jardim de infância (...) cheios de perguntas sem respostas, tentando perscrutar o futuro com uma mistura de admiração infantil e preocupações adultas". E isso, mesmo quando, hodiernamente, sabe-se que o que os algoritmos mais sofisticados "realmente representam é a aplicação dos incríveis poderes do reconhecimento de padrões e de previsão em diferentes esferas, como diagnosticar uma doença, emitir uma apólice de seguro, dirigir um carro ou traduzir uma frase em chinês para o inglês que faça sentido", algo ainda distante de uma inteligência artificial geral ou "qualquer outro avanço similar no nível do aprendizado profundo".

Este livro se propõe a colaborar na arquitetura desses tão relevantes questionamentos e, ainda, busca sugerir padrões de resposta para as situações hipotéticas delineadas em seus artigos, muitas vezes, bebendo do fascinante, imprevisível e usualmente surpreendente dado fenomênico.

Entre outros temas igualmente relevantes tratados nos artigos que dão vida a uma obra que, a depender do folego da pessoa que os tenha em mãos, poderão ser lidos em uma única tarde – quiçá à sombra de uma árvore frondosa –, a obra procura, inicialmente, identificar o núcleo duro do direito fundamental à proteção de dados pessoais para, em seguida, formular questionamentos tentando identificar se referidos dados se espraiam pela dimensão patrimonial, além do inconteste viés existencial. Tema deveras atual, os neurodireitos também são objeto de estudo, com artigos focados no *neurogaming* e na coleta e no uso de dados neurais.

A reparação dos danos extrapatrimoniais afetos a falhas na proteção de dados pessoais, das lesões decorrentes do compartilhamento não autorizado de imagens íntimas e, ainda, a tutela póstuma dos direitos da personalidade são outros assuntos esquadrinhados de forma minudente ao lado de temas como o direito à imagem e à voz e suas interfaces com inteligência artificial e os limites das intervenções em obras artísticas, temas cada vez mais em voga diante da maior capacid ade de processamento dos cérebros eletrônicos.

Para quem eventualmente questiona a importância e a atualidade deste livro, talvez seja oportuno lembrar que facilidades como "os pagamentos digitais abriram a caixa-preta das compras do consumidor no mundo real, dando [aos gestores dos *marketplaces* e, não apenas a eles] um mapa de dados preciso e em tempo real do comportamento do consumidor", "as transações *peer-to-peer* adicionam uma nova camada de dados sociais por cima dessas transações econômicas" e, paralelamente, serviços de compartilhamento de bicicletas, de carona e o transporte pago permitem o rastreamento de milhões de deslocamentos diários, "viagens para fazer compras retornar para casa e [mesmo] os primeiros encontros", para ficarmos apenas com os exemplos carreados pelo pesquisador taiwanês que atualmente vive em Pequim. Afinal, poderíamos lembrar a possibilidade de sermos rastreados por sistemas de videovigilância, por carregarmos nossos *smartphones*, por usarmos cada vez mais cartões de crédito e outros meios de pagamento eletrônico...

As questões estão aí, e é preciso coragem para desbravar esse terreno selvagem e movediço, razão também pela qual não podemos deixar de sublinhar e agradecer o comprometimento e cuidado de cada pessoa envolvida neste livro que procura conectar a inteligência artificial ao cotidiano vivenciado por toda pessoa que trabalha ou deseja conhecer melhor o direito privado. E é por isso que registramos, aqui, nossa profunda gratidão a autores, autoras e toda equipe da Editora Fórum, por seguirem acreditando que juntos podemos moldar um mundo menos injusto.

Que as pessoas que, de algum modo, venham a ter contato com esta obra possam experimentar esses mesmos sentimentos, eis nosso mais sincero desejo, em especial quando relembramos o compromisso que temos com a qualidade das pesquisas e dos ensaios fundidos a este livro, algo que sempre tivemos como inegociável, desde o momento em que o projeto editorial foi concebido.

Marcos Catalan
Marcos Ehrhardt Junior

A ESSÊNCIA DO DIREITO FUNDAMENTAL À PROTEÇÃO DE DADOS PESSOAIS

EDUARDO LUIZ BUSATTA
TÊMIS LIMBERGER

1 Introdução

"Navegar é preciso". A frase ganhou um novo sentido com a onipresença da Internet. Hoje em dia uma parte significativa (e aumentando) das atividades humanas, em todas as áreas, do trabalho ao lazer, depende do uso da Internet, a ponto de tornar-se inviável conceber o modo de ser e viver atual sem o seu uso.

A condição para usar essa ferramenta é, de acordo com vários fatores, a entrega dos dados pessoais. De fato, toda atividade feita na Internet exige a entrega de dados pessoais (em maior ou menor grau) e cria mais dados pessoais.[1] Os poucos que se recusam a entregar seus dados sofrem grandes consequências, tanto no aspecto econômico (o preço dos serviços tende a ser mais alto) quanto no aspecto social (problemas de comunicação etc.).

O cenário social levou a que a proteção dos dados pessoais se tornasse uma prioridade para as pessoas e os governos.[2] Nesse sentido, surge na Europa, em 2016 (com vigência a partir de 2018),

---

[1] Na presente pesquisa, foi utilizado o conceito legal de "dado pessoal", previsto no Art. 5º, I, da LGPD – Lei Geral de Proteção de Dados Pessoais –, como sendo toda "informação relacionada a pessoa natural identificada ou identificável". O mesmo em relação aos chamados dados sensíveis, correspondente, na forma do Art. 5º, II, da LGPD, ao "dado pessoal sobre origem racial ou étnica, convicção religiosa, opinião política, filiação a sindicato ou a organização de caráter religioso, filosófico ou político, dado referente à saúde ou à vida sexual, dado genético ou biométrico, quando vinculado a uma pessoa natural". BRASIL. Secretaria-Geral. Subchefia para Assuntos Jurídicos. *Lei nº 13.709, de 14 de agosto de 2018*. Dispõe sobre a proteção de dados pessoais e altera a Lei nº 12.965, de 23 de abril de 2014 (Marco Civil da Internet). Lei Geral de Proteção de Dados Pessoais (LGPD). Brasília, DF: Presidência da República, 2018. Disponível em: http://www.planalto.gov.br/ccivil_03/_ato2015-2018/2018/lei/L13709.htm. Acesso em: 15 jan. 2021.

[2] É importante asseverar que dados pessoais devem ser protegidos independentemente do meio utilizado para sua recolha, tratamento e armazenamento. Contudo, a computação e a Internet tornaram qualquer outra forma obsoleta.

o novo Regulamento Geral sobre a Proteção de Dados – RGPD (UE) 2016/679,[3] e no Brasil, em 14 de agosto de 2018, foi sancionada a Lei nº 13.709, chamada de "Lei Geral de Proteção de Dados" (LGPD), estabelecendo que a proteção de dados tem como fundamentos, de acordo com o Art. 2º (Adaptado): o respeito à privacidade, a autodeterminação informativa, a liberdade de expressão, de informação, de comunicação e de opinião, o livre desenvolvimento da personalidade, a dignidade e o exercício da cidadania pelas pessoas, entre outros.[4]

O objetivo deste ensaio é discutir o que significa e abrange o direito à proteção de dados pessoais, questionando se (e quanto) há mais do que privacidade e autodeterminação informativa envolvido nessa questão. Dessa forma, pretende-se contribuir com a reflexão sobre o conteúdo jurídico do direito à proteção de dados pessoais, inclusive no que toca à sua essência, o que é fundamental para a sua correta compreensão e adequada aplicação. Os objetivos específicos são investigar a origem histórica da proteção de dados pessoais, contextualizar a importância dos dados na atualidade e analisar as (des)conexões com a privacidade e a autodeterminação informativa, a fim de chegar à essência do referido direito fundamental.

Para tanto, no primeiro tópico será abordado o histórico da proteção de dados pessoais, a fim de que se possa compreender sua origem e evolução. Na sequência, com os aportes teóricos de Klaus Schwab e Luciano Floridi, passar-se-á a analisar a integração dos mundos físico, digital e biológico para, a partir de então, pensar

---

[3] Do Parlamento Europeu e do Conselho de 27 de abril de 2016. Relativo à proteção das pessoas singulares no que diz respeito ao tratamento de dados pessoais e à livre circulação desses dados e que revoga a Diretiva 95/46/CE (Regulamento Geral sobre a Proteção de Dados). *Jornal Oficial da União Europeia*. 88 p. Bruxelas, 2016. Disponível em: https://eur-lex.europa.eu/legal-content/PT/TXT/?uri=celex%3A32016R0679. Acesso em: 15 jan. 2021. REINO UNIDO. Privazyplan. *UE Regulamento Geral sobre a Proteção de Dados*. Conteúdo. Regulamento (UE) 2016/679 do Parlamento Europeu e do Conselho de 27 de abril de 2016. Relativo à proteção das pessoas singulares no que diz respeito ao tratamento de dados pessoais e à livre circulação desses dados e que revoga a Diretiva 95/46/CE (Regulamento Geral sobre a Proteção de Dados) (...). Germany, Alemanha: 05 set. 2018. Disponível em: https://www.privacy-regulation.eu/pt/. Acesso em: 15 jan. 2021.

[4] BRASIL. Secretaria-Geral. Subchefia para Assuntos Jurídicos. *Lei nº 13.709, de 14 de Agosto de 2018*. Dispõe sobre a proteção de dados pessoais e altera a Lei nº 12.965, de 23 de abril de 2014 (Marco Civil da Internet). Lei Geral de Proteção de Dados Pessoais (LGPD). Brasília, DF: Presidência da República, 2018. Disponível em: http://www.planalto.gov.br/ccivil_03/_ato2015-2018/2018/lei/L13709.htm. Acesso em: 15 abr. 2020.

na importância dos dados pessoais (e de sua proteção) no contexto social atual. Feito isso, no tópico seguinte, buscar-se demonstrar as razões pelas quais se deve entender a proteção dos dados pessoais para além da privacidade e da autodeterminação informativa para, finalmente, falar a respeito da sua essência e trazer as conclusões.

O trabalho foi desenvolvido via o método fenomenológico-hermenêutico, por meio da análise do fenômeno e da interpretação crítica do Direito a ele correspondente, sem olvidar que sujeito e objeto encontram-se conectados.

2 Alguns elementos estruturantes da história da proteção de dados pessoais

Sabe-se que direito à privacidade foi inicialmente desenvolvido, para além do âmbito patrimonial, no Direito norte-americano. O conhecido artigo "*The Right to Privacy*" (1890), de Warren & Brandeis,[5] fincou a base relativa à abordagem da privacidade tendo como fundamento os direitos da personalidade, direitos esses nomeados pelos referidos autores como *inviolate personality*.[6] Com isso, projeta-se o direito a estar só ou o direito a ser deixado em paz, o que importa no respeito a uma esfera privada da pessoa (vida privada) em contraposição a uma esfera pública (vida pública ou social). Um direito à "restrição ou ocultação de informações",[7] de índole manifestamente negativa, no sentido de exigir ou impor abstenções a terceiros.

Em 1967, ainda nos Estados Unidos, Alan Westin, citado por Maria Celina Bodin de Moraes, faz grande contribuição, definindo "privacidade" em termos de autodeterminação (*self determination*)[8]

---

5 BRANDEIS, Louis D.; WARREN, Samuel D. The right to privacy. *Havard Law Review*, v. 4, nº 5, Dec. 15, 1890, p. 193-220.

6 DONEDA, Danilo Cesar Maganhoto. *Da privacidade à proteção de dados pessoais*: elementos da formação da Lei Geral de Proteção de Dados. 2. ed. São Paulo: Thomson Reuters, 2019, p. 124.

7 POSNER, Richard A. *A economia da justiça*. São Paulo: Editora WMF Martins Fontes, 2010, p. 273.

8 Ver mais detalhes em: PIÑAR MAÑAS, José Luis. El derecho de la proteción de datos personales en la perspectiva europea. *In:* BAUZÁ REILY, Marcelo (Director). *El Derecho de las TIC en Iberoamérica*, Montevideo: Ed. La Ley Uruguay, 2019, 1.327 p., cap. XII, p. 348.

(tradução nossa), conceito esse que vai ser determinante à evolução da matéria. Sustenta que "o melhor meio de tutelar a privacidade é considerar a informação como propriedade da pessoa de modo que possa, se desejar, negociá-la no mercado".[9]

Com base em tal conceito, ainda que fazendo relevantes ressalvas, o Tribunal Constitucional Alemão proferiu a célebre decisão a respeito do senso e que pode ser considerada, até então, a mais paradigmática a respeito da matéria. Nela, destacou-se o controle sobre a própria informação na configuração do direito à privacidade e à proteção de dados, bem como a necessária observância da dignidade da pessoa humana e o livre desenvolvimento da personalidade. Com isso, o referido Tribunal completou os direitos constitucionais com a formulação de um novo direito: o direito à autodeterminação informativa, que protege quanto ao recolhimento, armazenamento, utilização e transmissão ilimitada de dados pessoais.[10] (Tradução nossa)

Ocorre, portanto, verdadeira virada na concepção de privacidade,[11] decorrente do incremento dos meios tecnológicos, mais especificamente do aumento da capacidade de recolhimento, processamento e guarda de dados pessoais por meio do uso massivo de computadores[12] e, de forma concomitante, da Internet.

Já no ano 2000, foi positivado, na Carta de Direitos da União Europeia,[13] como direito autônomo e independente do direito à privacidade, o direito à proteção dos dados pessoais. De fato, o Art. 7º da referida carta estabelece que "[t]odas as pessoas têm direito ao respeito pela sua vida privada e familiar, pelo seu domicílio e pelas

---

[9] MORAES, Maria Celina Bodin de. Ampliando os direitos da personalidade. *In:* MORAES, Maria Celina Bodin de. *Na medida da pessoa humana*. Estudos de Direito Civil-Constitucional. Rio de Janeiro: Renovar, 2010, p. 136.

[10] *Ibid.*, p. 349.

[11] Têmis Limberger defende a ocorrência de mutações na privacidade. Ver: LIMBERGER, Têmis. *Cibertransparência:* informação pública em rede: a virtualidade e suas repercussões na realidade. Porto Alegre: Livraria do Advogado, 2016, p. 58-64.

[12] PEIXOTO, Erick Lucena Campos; EHRHARDT JÚNIOR, Marcos. Breves notas sobre a ressignificação da privacidade. *Revista Brasileira de Direito Civil* – RBD Civil, Belo Horizonte, v. 16, p. 35-56, abr./jun. 2018, p. 41.

[13] USP. UNIVERSIDADE DE SÃO PAULO. Biblioteca Virtual de Direitos Humanos. *Carta dos Direitos Fundamentais da União Europeia – 2000*. Comissão de Direitos Humanos da USP. [Brasil, 20??]. Disponível em: http://www.direitoshumanos.usp.br/index.php/Documentos-n%C3%A3o-Inseridos-nas-Delibera%C3%A7%C3%B5es-da-ONU/carta-dos-direitos-fundamentais.html. Acesso em: 10 jan. 2021.

suas comunicações", enquanto o Art. 8º dispõe que "[t]odas as pessoas têm direito à proteção dos dados de caráter pessoal que lhes digam respeito", sendo que o cumprimento das disposições legais relativas é objeto de "fiscalização por parte de uma autoridade independente". Não se trata de mera divisão perfunctória. Fica evidente, na forma estabelecida, que o direito à privacidade tem natureza de prestação negativa (de exigir abstenções) e é de cunho eminentemente individualista. Já o direito à proteção de dados tem natureza positiva (de exigir ações) e é de cunho claramente coletivo ou social.

Em 2016 (com entrada em vigor em 2018), a União Europeia publicou o novo Regulamento Geral de Proteção de Dados – RGPD (UE) 2016/679.[14] Ao contrário da Diretiva 95/46[15] – que foi revogada pelo referido Regulamento –, tal diploma é de observância obrigatória pelos Estados-membros da União Europeia, independentemente de qualquer lei interna de adaptação.

No Brasil, em 14 de agosto de 2018, foi publicada a Lei nº 13.709, intitulada "Lei Geral de Proteção de Dados" (LGPD), estabelecendo que a disciplina da proteção de dados tem como fundamentos, conforme Art. 2º (Adaptado): o respeito à privacidade, a autodeterminação informativa, a liberdade de expressão, de informação, de comunicação e de opinião, o livre desenvolvimento da personalidade, a dignidade e o exercício da cidadania pelas pessoas, dentre outros.[16]

[14] REINO UNIDO. EUR-Lex. Parlamento Europeu. Atos Legislativos. Regulamento (UE) 2016/679 do Parlamento Europeu e do Conselho de 27 de abril de 2016. Relativo à proteção das pessoas singulares no que diz respeito ao tratamento de dados pessoais e à livre circulação desses dados e que revoga a Diretiva 95/46/CE (Regulamento Geral sobre a Proteção de Dados). *Jornal Oficial da União Europeia*. 88 p. Bruxelas, 2016. Disponível em: https://eur-lex.europa.eu/legal-content/PT/TXT/?uri=celex%3A32016R0679. Acesso em: 15 jan. 2021.

[15] REINO UNIDO. EUR-Lex. Parlamento Europeu. Directiva 95/46/CE do Parlamento Europeu e do Conselho de 24 de outubro de 1995. Relativa à protecção das pessoas singulares no que diz respeito ao tratamento de dados pessoais e à livre circulação desses dados. *Jornal Oficial das Comunidades Europeias*, p. 31-50. Luxemburgo, 1995. Disponível em: https://eur-lex.europa.eu/legal-content/PT/ALL/?uri=CELEX%3A31995L0046. Acesso em: 15 jan. 2021.

[16] BRASIL. Secretaria-Geral. Subchefia para Assuntos Jurídicos. *Lei nº 13.709, de 14 de agosto de 2018*. Dispõe sobre a proteção de dados pessoais e altera a Lei nº 12.965, de 23 de abril de 2014 (Marco Civil da Internet). Lei Geral de Proteção de Dados Pessoais (LGPD). Brasília, DF: Presidência da República, 2018. Disponível em: http://www.planalto.gov.br/ccivil_03/_ato2015-2018/2018/lei/L13709.htm. Acesso em: 15 abr. 2020. Importante asseverar que tramita Proposta de Emenda à Constituição (17/2019), que visa incluir a

Por fim, seguindo a orientação subjacente da Carta de Direitos da União Europeia, acima citada, a Emenda Constitucional nº 115, de 10 de fevereiro de 2022, incluiu no rol de direito fundamentais a proteção de dados pessoais ao estabelecer, entre outras disposições, que "é assegurado, nos termos da lei, o direito à proteção de dados pessoais, inclusive nos meios digitais".[17]

Esse recorte histórico demonstra que a proteção de dados tem origem na privacidade, mas dela se autonomiza, conforme se passará a tratar com mais detalhes nos itens que seguem.

3 A importância dos dados pessoais na atualidade

Em decorrência das possibilidades criadas pelo uso massivo da Internet,[18] os dados pessoais passaram a ser tidos como o "novo petróleo",[19] expressão cunhada para demonstrar o quanto a economia atual depende do seu uso. A digitalização,[20] cada vez

---

proteção de dados entre os direitos fundamentais. (BRASIL. Senado Federal. Comissão de Constituição, Justiça e Cidadania. *Proposta de Emenda à Constituição nº 17, de 2019*. Acrescenta o inciso XII-A, ao art. 5º, e o inciso XXX, ao art. 22, da Constituição Federal para incluir a proteção de dados pessoais entre os direitos fundamentais do cidadão e fixar a competência privativa da União para legislar sobre a matéria. Apresentação: 03 de julho de 2019. Brasília, DF: Senado Federal, 2019b. Disponível em: https://www25.senado.leg.br/web/atividade/materias/-/materia/135594. Acesso em: 15 jan. 2021).

[17] BRASIL. Secretaria-Geral. Subchefia para Assuntos Jurídicos. *Emenda Constitucional nº 115, de 10 de fevereiro de 2022*. Altera a Constituição Federal para incluir a proteção de dados pessoais entre os direitos e garantias fundamentais e para fixar a competência privativa da União para legislar sobre proteção e tratamento de dados pessoais. Brasília, DF: Presidência da República, 2022. Disponível em: http://www.planalto.gov.br/ccivil_03/constituicao/Emendas/Emc/emc115.htm#:~:text=EMENDA%20CONSTITUCIONAL%20N%C2%BA%20115%2C%20DE,e%20tratamento%20de%20dados%20pessoais. Acesso em: 12 mai. 2022.

[18] "A elasticidade da Internet a torna particularmente suscetível a intensificar as tendências contraditórias presentes em nosso mundo. Nem utopia nem distopia, a Internet é a expressão de nós mesmos através de um código de comunicação específico, que devemos compreender se quisermos mudar nossa realidade". CASTELLS, Manuel. *A galáxia da internet*: reflexões sobre a internet, os negócios e a sociedade. Rio de Janeiro: Zahar, 2003, p. 11.

[19] Cf. matéria veiculada pela revista *The Economist*, de 06 de maio de 2017, já mencionada (Tradução nossa). (THE WORLD'S most valuable resource is no longer oil, but data. *In:* THE ECONOMIST. [Reino Unido], 6 de maio de 2017. Disponível em: https://www.economist.com/leaders/2017/05/06/the-worlds-most-valuable-resource-is-no-longer-oil-but-data. Acesso em: 15 jan. 2021).

[20] A respeito do conceito de digitalização, ver: HOFFMANN-RIEM, Wolfgang. *Teoria geral do direito digital*: transformação digital: desafios para o direito. Tradução de Italo Fuhrmann. Rio de Janeiro: Forense, 2021, p. 1-4.

mais ampla,[21] facilita a coleta e o tratamento dos dados pessoais, permitindo o seu barateamento e, consequentemente, seu uso crescente. Grandes quantidades de dados são colhidas, processadas e armazenadas em velocidade até pouco inimaginável, fazendo surgir o chamado *Big Data*.[22]

Klaus Schwab sustenta que se assiste a uma "Quarta Revolução Industrial", que se aproveita justamente da "capacidade de disseminação da digitalização e da tecnologia da informação".[23] Tendo como base a revolução digital, gera amplitude e profundidade jamais vistas, combinando várias tecnologias, o que acarretará "mudanças de paradigmas sem precedentes da economia, dos negócios, da sociedade e dos indivíduos".[24] As principais inovações tecnológicas ligam-se a inteligência artificial, robótica, internet das coisas e computação quântica, somente para citar alguns. Dá-se uma "convergência tecnológica" ligando os setores da nanotecnologia, biotecnologia, ciências cognitivas e tecnologia da informação.[25] Com a "Quarta Revolução Industrial" ocorre a fusão dos mundos físicos, digitais e biológicos.[26] Assim, de forma crescente, as ações humanas no "mundo físico" repercutem no "mundo digital", e vice-versa, de forma que as "fronteiras" entre o real e o virtual vão se esfacelando até deixarem de existir. Pierre

---

[21] Gerd Leonhard assevera que "tudo que pode ser digitalizado será digitalizado". Referido autor elenca dez "megamudanças" que têm o potencial de reformular a sociedade, colocando a digitalização como a primeira delas. Contudo, da análise das demais (mobilização, ecranização, desintermediação, transformação, inteligização, automação, virtualização, antecipação e robotização), percebe-se que a digitalização funciona como condição de possibilidade para as demais. *In: Tecnologia* versus *humanidade:* o confronto futuro entre a máquina e o homem. Lisboa: Gadiva Publicações, 2018, p. 44-61.

[22] A respeito do conceito de *big data,* ver: HOFFMANN-RIEM, Wolfgang. *Teoria geral do direito digital*: transformação digital: desafios para o direito. Tradução de Italo Fuhrmann. Rio de Janeiro: Forense, 2021, p. 16-19

[23] SCHWAB, Klaus. *A quarta revolução industrial.* Tradução de Daniel Moreira Miranda. São Paulo: Edipro, 2016, p. 23.

[24] SCHWAB, Klaus. *A quarta revolução industrial.* Tradução de Daniel Moreira Miranda. São Paulo: Edipro, 2016, p. 13.

[25] ENGELMANN, Wilson; WERNER, Deivid Augusto. Inteligência artificial e direito. *In:* FRAZÃO, Ana; MULHOLLAND, Caitlin (Coord.). *Inteligência artificial e direito:* ética, regulação e responsabilidade. São Paulo: Thonsom Reuters Brasil, 2019, p. 152.

[26] SCHWAB, Klaus. *A quarta revolução industrial.* Tradução de Daniel Moreira Miranda. São Paulo: Edipro, 2016, p. 23.

Levy de há muito defende que a oposição entre o virtual e o real é fácil e enganosa.[27]

> Os dados estão permeando o mundo físico e digital, dentro de um verdadeiro ecossistema que abrange desde a sua produção até o seu descarte (...), impactando diretamente no desenvolvimento da economia, da promoção e estabilidade social, espalhados em todo mundo, oferecendo oportunidades e ameaças.[28]

Luciano Floridi cunhou o neologismo "*onlife*" para designar a forma de vida atual, em que a nova condição humana fez superar a barreira entre o virtual e o real, ou seja, em espaço que não é totalmente virtual, mas também não é somente físico.[29] Em analogia ao encontro da água doce de um rio com a água salgada do oceano, onde se formam os mangues e a água é salobra, referido autor sustenta que nossa vida não é mais *on-line* ou *off-line*, mas sim uma junção delas, que resulta numa terceira forma, distinta das outras duas, o que significa dizer, a uma indefinição da distinção entre realidade e virtualidade, e entre humanos, máquinas e natureza. Na sua visão, a aceitação das tecnologias da informação e comunicação pelas pessoas afeta radicalmente a condição humana, transformando as interações das pessoas consigo mesmas, com os demais e com a natureza.[30] Anota, concernente a isso, Maria Celina Bodin de Morais que "nas sociedades de informação, como são as sociedades em que vivemos, pode-se dizer que 'nós somos as nossas informações, pois elas nos definem, nos classificam, nos etiquetam".[31] (Grifo do autor)

Exemplo interessante da interação entre os mundos físico, biológico e digital pode ser visto no caso de seguradora americana

---

27 LÉVY, Pierre. *O que é virtual?* Tradução de Paulo Neves. 2. ed. São Paulo: Editora 34, 2011, p. 15.

28 CARVALHO, Antonio Ramalho de Souza. Os dados no contexto da quarta revolução industrial. In: *Proteção de dados pessoais:* privacidade versus avanço tecnológico. Cadernos Adenauer XX (2019), nº 3, p. 93-111. Rio de Janeiro: Fundação Konrad Adenauer, out. 2019, p. 109.

29 FLORIDI, Luciano. *The fourth revolution:* how the infosfere is reshaping human relaity. Oxford University Press: Oxford, 2014, p. 59.

30 FLORIDI, Luciano. *The onlife manifesto*: being human in a hyperconnected era. Springer: London, 2015, p. 2.

31 MORAES, Maria Celina Bodin de. Ampliando os direitos da personalidade. *In:* MORAES, Maria Celina Bodin de. *Na medida da pessoa humana.* Estudos de Direito Civil-Constitucional. Rio de Janeiro: Renovar, 2010, p. 140.

que resolveu "premiar" seus segurados com descontos, desde que estes aceitassem ceder seus dados de exercício e condicionamento físico captados por sensores presentes em relógios inteligentes e que, ainda, atingissem certas metas.[32]

De fato, a ubiquidade da Internet faz com que praticamente todas as atividades cotidianas tenham relação, de alguma forma, com a produção de dados em formato digital. De câmeras instaladas em locais públicos a sensores nos veículos lançados nos últimos anos, uma enorme quantidade de dados é captada. Isso sem falar no uso direto da Internet para uma boa parte do trabalho e mesmo do lazer, o que tem criado uma "economia da atenção"[33] e um "capitalismo de vigilância",[34] em que empresas dedicadas ao tratamento de dados disputam a atenção dos usuários, inclusive criando as mais diversas estratégias e instrumentos para mantê-los o maior tempo possível "conectados", a fim de vigiá-los e, com isso, coletar a maior quantidade de dados possível.

4 A necessária amplitude do direito à proteção de dados pessoais

A utilização de dados pessoais sempre gerou algum risco, para os titulares, além da privacidade. Basta ver, por exemplo, que a utilização de dados pessoais pela Alemanha Nazista foi essencial para a identificação e, posterior, prisão e tentativa de extermínio dos judeus.[35] Contudo, com a fusão dos mundos físico, digital e biológico, decorrente da revolução digital e de suas tecnologias decorrentes, os riscos se tornaram significativamente maiores.

[32] HOROWITZ, Julia. John Hancock wants to turn life insurance into a wellness game. *CNN Business* [on-line], 19 de setembro de 2017. Disponível em: https://money.cnn.com/2018/09/19/news/companies/john-hancock-life-insurance-vitality/index.html#:~:text=The%20financial%20services%20company%20said,Amazon%20(AMZN)%20and%20REI. Acesso em: 15 jan. 2021.

[33] A respeito: DAVENPORT, Thomas H., BECK, John C. *A economia da atenção*. Rio de Janeiro: Editora Campus Elsevier, 2001.

[34] A respeito: ZUBOFF, Shoshana. *The age of surveillance capitalismo:* the fight for a human future at the new frontier of power. Nova Iorque: PublicAffairs, 2019.

[35] A respeito: BLACK, Edwin. *IBM e o holocausto:* a aliança estratégica entre a Alemanha Nazista e a mais poderosa empresa americana. São Paulo: Editora Campus, 2001.

É importante ressaltar que, ao proteger os dados pessoais, na verdade, está-se protegendo o titular dos dados,[36] já que os dados representam faceta significativa da personalidade. Os dados permitem captar as ações e as emoções humanas, o corpo e a mente das pessoas, o tangível e o intangível do ser humano. "Oferecemos uma visão de 360 graus de seus clientes". Esse é o *slogan* da empresa norte-americana de *big data* Acxion, que possui dados pessoais de mais de 300.000.000 (trezentos milhões) de norte-americanos.[37] Certamente se trata de uma sinédoque, pois o conhecimento sobre as pessoas, por ela obtido, mediante o uso de dados vai além do aspecto externo que a menção à visão em graus sugere.

Nessa medida, a proteção dedicada aos dados pessoais deve abranger todos os direitos e liberdades individuais da pessoa humana, tais como a liberdade, igualdade, segurança etc., que não cabem no conceito estrito de privacidade, decorrente da lógica antagônica privado-pública.[38]

De fato, pouca ou nenhuma relevância, em muitos aspectos, possui a discussão do que é público ou privado para fins de proteção de dados pessoais.[39] Basta verificar, por exemplo, o direito de acesso (Arts. 6º, IV, e 9 º da LGPD) ou o direito de correção (Art. 18, III da LGPD), que fogem da lógica do sigilo.[40] Nesse sentido, é necessário pensar a proteção de dados, inclusive, no espaço público.

---

36 ALBERS, Marion. A complexidade da proteção de dados. *Direitos Fundamentais & Justiça.* Belo Horizonte, ano 10, nº 35, p. 19-45, jul./dez. 2016. Disponível em: http://dfj.emnuvens.com.br/dfj/article/view/93. Acesso em: 21 jan. 2021, p. 29.

37 Conforme HAN, Byung – Chul. *No enxame:* perspectivas do digital. Tradução de Lucas Machado. Petrópolis, RJ: Vozes, 2018, p. 125.

38 "O direito à proteção de dados deve ser alocado como uma nova espécie do rol aberto dos direitos da personalidade, dando elasticidade à cláusula geral de tutela da pessoa humana. Caso contrário, corre-se o risco de ele não se desprender das amarras conceituais e da dinâmica do direito à privacidade e, em última análise, inviabilizar uma normatização própria para regular o fluxo informacional como fator promocional da pessoa humana." (BIONI, Bruno Ricardo. *Proteção de dados pessoais*: a função e os limites do consentimento. Rio de Janeiro: Forense, 2019, p. 100).

39 BIONI, Bruno Ricardo. *Proteção de dados pessoais*: a função e os limites do consentimento. Rio de Janeiro: Forense, 2019, p. 67.

40 BRASIL. Secretaria-Geral. Subchefia para Assuntos Jurídicos. *Lei nº 13.709, de 14 de Agosto de 2018.* Dispõe sobre a proteção de dados pessoais e altera a Lei nº 12.965, de 23 de abril de 2014 (Marco Civil da Internet). Lei Geral de Proteção de Dados Pessoais (LGPD). Brasília, DF: Presidência da República, 2018. Disponível em: http://www.planalto.gov.br/ccivil_03/_ato2015-2018/2018/lei/L13709.htm. Acesso em: 11 jan. 2021.

Desse modo, é correto afirmar que a proteção de dados pessoais deriva da privacidade, mas se torna independente, englobando vários outros direitos e liberdades públicas, de modo que pode ser baseada na cláusula geral de proteção à pessoa humana, que deve incluir "todas as dimensões da personalidade humana". Em tempos atuais, a proteção de dados tem mais relação com a dignidade humana, a liberdade e a igualdade do que com a privacidade em si. Assim, assiste razão a Stefano Rodotà ao destacar que a "proteção de dados pode ser vista como a soma de um conjunto de direitos que configuram a cidadania do novo milênio".[41]

Inclusive, o Supremo Tribunal Federal, no julgamento da ADI 6387 (Ação Direta de Inconstitucionalidade 6.387 Distrito Federal), reconheceu que o direito à proteção de dados pessoais pode ser considerado como um direito fundamental implícito e autônomo em relação à privacidade.[42]

---

[41] RODOTÀ, Stefano. *A vida na sociedade da vigilância*: a privacidade hoje. Organização, seleção e apresentação de Maria Celina Bodin de Moraes. Tradução de Danilo Doneda e Luciana Cabral Doneda. São Paulo: Renovar, 2008, p. 17.

[42] BRASIL. Supremo Tribunal Federal. *Medida cautelar na ação direta de inconstitucionalidade 6.387 Distrito Federal*. Medida Cautelar de Urgência. (...) Cuida-se de pedido de medida cautelar em ação direta de inconstitucionalidade proposta pelo Conselho Federal da Ordem dos Advogados do Brasil – CFOAB contra o inteiro teor da Medida Provisória nº 954, de 17 de abril de 2020 (...). Requerente: Conselho Federal da Ordem dos Advogados do Brasil – CFOAB. Intimado: Presidente da República. Procurador: Advogado-Geral da União. Relatora: Ministra Rosa Weber, 24 de abril de 2020a, p. 1-13. Disponível em: http://www.stf.jus.br/arquivo/cms/noticiaNoticiaStf/anexo/ADI6387MC.pdf. Acesso em: 11 jan. 2021. Do voto do Ministro Gilmar Mendes extrai-se a seguinte passagem que bem retrata a questão: "A afirmação de um direito fundamental à privacidade e à proteção de dados pessoais deriva, ao contrário, de uma compreensão integrada do texto constitucional lastreada (i) no direito fundamental à dignidade da pessoa humana, (ii) na concretização do compromisso permanente de renovação da força normativa da proteção constitucional à intimidade (art. 5º, inciso X, da CF/88) diante do espraiamento de novos riscos derivados do avanço tecnológico e ainda (iii) no reconhecimento da centralidade do *Habeas Data* enquanto instrumento de tutela material do direito à autodeterminação informativa." (BRASIL. Supremo Tribunal Federal. *Referendo na medida cautelar na ação direta de Inconstitucionalidade 6.389 Distrito Federal*. Voto Conjunto ADIs 6.389, 6.390, 6.393, 6.388 e 6.387. (...) Trata-se de ações diretas de inconstitucionalidade, com pedidos de medida cautelar, ajuizadas contra o inteiro teor da Medida Provisória 954, de 17 de abril de 2020, que dispõe sobre "o compartilhamento de dados por empresas de telecomunicações prestadoras de Serviço Telefônico Fixo Comutado e de Serviço Móvel Pessoal com a Fundação Instituto Brasileiro de Geografia e Estatística, para fins de suporte à produção estatística oficial durante a situação de emergência de saúde pública de importância internacional decorrente do coronavírus (covid19), de que trata a Lei nº 13.979, de 6 de fevereiro de 2020" (...). Requerente: Partido Socialista Brasileiro – PSB. Intimado: Presidente da República. Procurador: Advogado-geral da União. Relatora: Ministra Rosa Weber, [2020b], p. 1-32. Disponível em: https://www.conjur.com.br/dl/pandemia-reforca-necessidade-protecao.pdf. Acesso em: 11 jan. 2021, p. 20.).

Com a promulgação da Emenda Constitucional nº 115, de 10 de fevereiro de 2022,[43] não resta mais dúvida da fundamentalidade material e formal do direito à proteção de dados pessoais, bem como da inexistência de sobreposição total em relação ao direito à privacidade.[44]

Essa "abrangência" da proteção de dados pessoais é relevante para que se possa adequadamente entender o instituto e seu campo de proteção, que deve ser compatível aos direitos personalíssimos e fundamentais em jogo. Conforme foi visto, quando se fala em proteção de dados pessoais, está-se a falar em um conjunto de direitos personalíssimos que vão muito além da privacidade. Liberdade, igualdade, honra, imagem, identidade pessoal são alguns deles. Logo, a grande maioria dos atos praticados em violação à legislação de proteção de dados pessoais importará em ferimento de direitos personalíssimos, elevados, inclusive, à categoria de direitos fundamentais.[45] Fica claro, portanto, que o direito à proteção de dados pessoais não alcança um único bem jurídico, mas sim interesses complexos e múltiplos.[46]

E considerando a relevância desses direitos, obviamente a autodeterminação informativa do titular, ou seja, o exercício da sua

---

[43] BRASIL. Secretaria-Geral. Subchefia para Assuntos Jurídicos. *Emenda Constitucional nº 115, de 10 de fevereiro de 2022.* Altera a Constituição Federal para incluir a proteção de dados pessoais entre os direitos e garantias fundamentais e para fixar a competência privativa da União para legislar sobre proteção e tratamento de dados pessoais. Brasília, DF: Presidência da República, 2022. Disponível em: http://www.planalto.gov.br/ccivil_03/constituicao/Emendas/Emc/emc115.htm#:~:text=EMENDA%20CONSTITUCIONAL%20N%C2%BA%20115%2C%20DE,e%20tratamento%20de%20dados%20pessoais. Acesso em: 12 maio 2022.

[44] SARLET, Ingo Wolfgang; SAAVEDRA, Giovani Agostini. Fundamentos jusfilosóficos e âmbito de proteção do direito fundamental à proteção de dados pessoais. *Revista Direito Público-RDP*, Brasília, v. 17, nº 93, p. 33-57, maio-jun. 2020. Disponível em: https://www.portaldeperiodicos.idp.edu.br/direitopublico/article/view/4315. Acesso em: 11 jan. 2021

[45] A respeito do paralelismo entre direitos fundamentais e direitos da personalidade, ver: RODRIGUES JUNIOR, Otávio Luiz. Direitos fundamentais e direitos da personalidade. *In:* TOFFOLI, José Antonio Dias. *30 anos da constituição brasileira*: democracia, direitos fundamentais e instituições. Rio de Janeiro: Forense, p. 679-703.

[46] Correspondendo, portanto, com a proteção contra a criação de perfis de personalidade, a proteção da reputação de uma pessoa, a proteção contra estigmatização e discriminação, a proteção de expectativas normativamente justificadas de privacidade, a proteção contra o roubo da identidade, a proteção contra vigilância e a proteção da integridade contextual. (ALBERS, Marion. A complexidade da proteção de dados. *Direitos Fundamentais & Justiça*, Belo Horizonte, ano 10, nº 35, p. 19-45, jul./dez. 2016. Disponível em: http://dfj.emnuvens.com.br/dfj/article/view/93. Acesso em: 21 jan. 2021, p. 37).

autonomia privada como poder de regular as relações jurídicas, pensada em contexto liberal e "pré-Internet", não é suficiente para a efetiva proteção dos dados pessoais,[47] já que não se pode simplesmente deixar que as pessoas decidam sobre questões de tamanha importância,[48] cujos riscos não conseguem perceber claramente. Nas palavras de Ulrich Beck – tratando da liberdade e do risco digital, mas que pode ser aplicada à generalidade da matéria –, há uma "disparidade entre a realidade percebida e a realidade efetiva".[49]

Ademais, há uma imensa assimetria de poder entre as partes envolvidas (o titular dos dados e o agente de tratamento de dados), decorrente especialmente do déficit de transparência e da concentração de poder na área,[50] somado aos custos decorrentes da não anuência do titular em ceder os seus dados, o que faz com que a prestigiada autodeterminação informativa seja mera ficção na atualidade.[51]

Soma-se a isso que é comum o uso da inteligência artificial no tratamento de dados com vistas à obtenção de inferências não intuitivas[52] que não raro causam discriminação inadmissível. Isso demonstra que, além da questão de que tipos de dados podem ser coletados (que parece ser o campo de maior inflexão da privacidade

---

47 Nesse sentido: ALBERS, Marion. A complexidade da proteção de dados. *Direitos Fundamentais & Justiça*, Belo Horizonte, ano 10, nº 35, p. 19-45, jul./dez. 2016. Disponível em: http://dfj.emnuvens.com.br/dfj/article/view/93. Acesso em: 21 jan. 2021, p. 25.

48 A respeito do tema, ver: BORGES, Roxana Cardoso Brasileiro. *Disponibilidade dos direitos de personalidade e autonomia privada*. São Paulo: Saraiva, 2005.

49 BECK, Ulrich. *A metamorfose do mundo*: novos conceitos para uma nova realidade. Rio de Janeiro: Zahar, 2018, p. 185.

50 "O principal efeito do fenômeno da ubiquidade da tecnologia da informação é o desequilíbrio de poderes entre o indivíduo e os organismos que processam os dados pessoais e a consequente perda de controle individual do fluxo de seus dados. Percebe-se, assim, que essas novas condições tecnológicas alteram o pressuposto central no qual se baseia o conceito clássico de dados pessoais: a possibilidade do indivíduo de efetivamente controlar o fluxo dos dados pessoais na sociedade." (MENDES, Laura Schertel. *Privacidade, proteção de dados e defesa do consumidor*: linhas gerais de um novo direito fundamental. São Paulo: Saraiva, 2014, p. 79).

51 HOFFMANN-RIEM, Wolfgang. *Big data:* desafíos también para el Derecho. Tradução de Eduardo Knör Argote. Pamplona: Civitas / Thomson Reuters, 2018, p. 111.

52 Afirma-se que, com apenas 250 "curtidas", é possível que o algoritmo (re)conheça o titular dos dados melhor que ele próprio. (LISSARDY, Gerardo. 'Despreparada para a era digital, a democracia está sendo destruída', afirma guru do 'big data'. *BBC News Brasil* [on-line], Da BBC Mundo em Nova York, [Brasil], 9 de abril de 2017. Disponível em: https://www.bbc.com/portuguese/geral-39535650. Acesso em: 15 jan. 2021).

e da autodeterminação informativa), é necessário pensar o "como" e o "para que" do tratamento de dados pessoais. Nesse sentido, deve-se buscar o "Direito a inferências razoáveis", que se baseia, ao lado da possibilidade de contestação posterior, no controle *ex ante* do uso dos dados pessoais pelo agente de tratamento, que pressupõe, primeiro, se é aceitável a utilização de uma determinada base de dados para a inferência específica buscada; segundo, se a inferência buscada é relevante e aceitável para o propósito do processamento; e, terceiro, se os dados e métodos utilizados são precisos e confiáveis.[53]

Ademais, dúvida não há de que o mau uso dos dados pessoais pode gerar riscos que perpassam a pessoa, atingindo a coletividade. O chamado caso Facebook/Cambridge Analytica bem demonstra o elevado risco e os danos sociais (no sentido coletivo) que o tratamento de dados gera/pode gerar. Afinal, ainda que o dano individual para cada titular de dados não seja tão significativo, a possibilidade de que o uso dos dados pessoais para induzimento político tenha sido relevante no resultado da eleição presidencial norte-americana deixa claro os riscos à democracia.[54]

Por tudo isso, é necessário pensar a proteção de dados pessoais como "instrumento" adequado à proteção da pessoa humana como um todo, em suas múltiplas dimensões, abrangendo seus direitos personalíssimos e fundamentais, bem como os interesses coletivos quando se mostrarem presentes, focando nos riscos que a atividade de tratamento de dados pessoais gera. Deve-se ir além da privacidade e da autodeterminação informativa, cuja principal utilidade centra-se na legalidade da coleta dos dados, para também tutelar a forma com que se dá o tratamento dos dados pessoais e a finalidade para a qual o tratamento é realizado.

---

[53] Ver, a respeito: WACHTER, Sandra; MITTELSTADT, Brent. A right to reasonable inferences: re-thinking data protection law in the age of big data and AI. *Columbia Business Law Review – Vol. 2019 – Issue 2*. Disponível em: https://ssrn.com/abstract=3248829. https://papers.ssrn.com/sol3/papers.cfm?abstract_id=3248829. Acesso em: 13 jan. 2021.

[54] Maiores detalhes do caso podem ser encontrados em: LLANO, Pablo de; SÁNCHEZ, Álvaro. Vazamento de dados do Facebook causa tempestade política mundial: caso Cambridge Analytica. *El País* [on-line], Miami / Bruxelas, 20 de março de 2018. Disponível em: https://brasil.elpais.com/brasil/2018/03/19/internacional/1521500023_469300.html. Acesso em: 11 jan. 2021.

5 O problema da essência do direito fundamental à proteção de dados pessoais

A contribuição do Direito Comunitário Europeu é relevante para compreender a essência do direito fundamental à proteção de dados pessoais e sua distinção com relação ao direito à privacidade, ante seu pioneirismo e a clara inspiração do constituinte derivado brasileiro, ainda que não haja absoluto consenso no além-mar a respeito de tais definições.[55]

Gabriela Zanfir sustenta que o foco deve ser no desenvolvimento de "salvaguardas adequadas" independentemente da base legal do tratamento, o que considera como a nova "pedra angular" do direito à proteção de dados.[56] Essas salvaguardas correspondem a prerrogativas, garantias, criadas em favor do titular dos dados pessoais a fim de que seus dados (pessoais) e os direitos substantivos em jogo possam ser protegidos de forma efetiva. Argumenta que tais garantias podem ser estruturadas em três grupos: a) os direitos dos titulares de dados – cujo cerne consiste em formas do titular controlar o processamento de seus dados, independentemente da base legal de tratamento; b) os requisitos de finalidade – pois o propósito funciona como força orientadora de toda a atividade de tratamento de dados pessoais; e c) os mecanismos de responsabilização – sobre os quais compete aos agentes de tratamento de dados o ônus de implementar

---

[55] A respeito disso, consultar: BRKAN, Marja. The essence of the fundamental rights to privacy and data protection: finding the way through the maze of the CJEU's constitutional reasoning. *German Law Journal*, v. 20 Special, Issue 6, p. 864-883, Sept./2019. doi:10.1017/glj.2019.66. Disponível em: https://www.cambridge.org/core/journals/german-law-journal/article/essence-of-the-fundamental-rights-to-privacy-and-data-protection-finding-the-way-through-the-maze-of-the-cjeus-constitutional-reasoning/00621C26FA14CCD55AD0B4F4AD38ED09. Acesso em: 11 ago. 2022. A respeito da distinção entre essência e atributos, ver: Porcedda, Maria Grazia. On boundaries: finding the essence of the right to the protection of personal data. *In:* LEENES, Van Brakel; DE HERT; GUTWIRTH (eds.). *Privacy and data protection: the internet of bodies.* [*S. l.*]: Hart Publishing, 2018, p. 1-30, p. 29. Disponível em: https://ssrn.com/abstract=3627579. Acesso em: 12 ago. 2022.

[56] Zanfir, Gabriela. Forgetting about consent: why the focus should be on "suitable safeguards" in Data Protection Law. In: Gutwirth, Serge; Leenes, Ronald; De Hert, Paul (eds.). *Reloading data protection. [S. l.]:* Springer, Dordrecht, 2014, p. 25. Disponível em: https://doi.org/10.1007/978-94-007-7540-4_12. Acesso em: 11 ago. 2022.

os comandos legais, bem como responder por eventuais equívocos na esfera administrativa e judicial.[57] (Tradução nossa)

Por sua vez, Lorenzo Dalla Corte destaca duas particularidades do direito à proteção de dados pessoais: a primeira, relativa à sua responsividade ao desenvolvimento tecnológico da informática e à relevância que o tratamento de dados assumiu na atualidade; a segunda, referente ao fato de que sua formalização como direito autônomo se deu anteriormente na legislação ordinária para, somente após, tornar-se direito fundamental. Com base nisso, teoriza que o direito fundamental à proteção de dados pessoais importa em um direito a ter um conjunto de regras as quais se voltem a regular o processamento de dados pessoais, ecoando, com isso, na noção de procedimentalismo decorrente da teoria democrática. Conclui no sentido da natureza pragmática e *sui generis* do direito fundamental à proteção de dados pessoais, bem como na relevância do que denomina como "direito derivado" para definir sua essência.[58]

Com base em tais lições, pode-se afirmar que a essência do direito fundamental à proteção de dados, no ordenamento jurídico brasileiro, corresponde à existência de salvaguardas constitucionalmente adequadas. Na falta de qualquer indicação de tais salvaguardas no texto constitucional, à exceção do *habeas data,* é correto defender que devem ser buscadas (as salvaguardas constitucionalmente adequadas) na dinâmica entre a Constituição e a LGPD, mediante o chamado círculo hermenêutico.[59] Pode-se até mesmo pensar em um "bloco de constitucionalidade", no sentido de que os "princípios" fundantes da LGPD passam a integrar o conteúdo constitucional do referido direito fundamental.[60]

---

57 Zanfir, Gabriela. Forgetting about consent: why the focus should be on "suitable safeguards" in Data Protection Law. In: Gutwirth, Serge; Leenes, Ronald; De Hert, Paul (eds.). *Reloading data protection. [S. l.]:* Springer, Dordrecht, 2014, p. 249-255. Disponível em: https://doi.org/10.1007/978-94-007-7540-4_12. Acesso em: 11 ago. 2022.

58 CORTE, Lorenzo Dalla. A right to a rule: on the substance and essence of the fundamental right to Personal Data Protection. *In*: HALLINAN, Dara *et al.* (eds.). *Data protection and privacy*: data protection and democracy. Oxford: Hart Publishing, 2020. passim.

59 Na perspectiva de que, no processo de atribuição de sentido ao direito fundamental à proteção de dados, cabe ao intérprete ir da parte ao todo e do todo à parte. Consultar a respeito em: STRECK, Lenio Luiz. *Dicionário de hermenêutica*: quarenta temas fundamentais da teoria do direito à luz da crítica hermenêutica do Direito. Belo Horizonte: Letramento; Casa do Direito, 2017a, p. 25-31.

60 A respeito do chamado "bloco de constitucionalidade", consultar: COELHO, Bernardo Leôncio Moura. O bloco de constitucionalidade e a proteção à criança. *Revista de Informação*

Veja-se que a LGPD trouxe, no Art. 6º, 10 incisos que formam a "coluna vertebral" do direito à proteção de dados pessoais no direito brasileiro,[61] de modo que devem ser considerados como arquétipos legais.[62] Afinal, eles (tais incisos) sintetizam de forma paradigmática toda a lógica e função do direito à proteção de dados pessoais, mediante a concepção de uma "cartografia" de toda a tradição e estrutura da sistemática de proteção de dados pessoais e, ainda, trazem o significado do que há de mais relevante na temática. Pode-se mesmo afirmar que parcela considerável da LGPD é claramente deduzível de tais disposições legais.

É importante, ainda, ressaltar a clara inspiração do legislador brasileiro com relação ao RGPD ante a proximidade de conteúdo com tal regulamento, ainda que não haja correspondência exata,[63] sendo que tal leque (do RGPD) é fruto do progressivo desenvolvimento havido no continente europeu, ao menos, desde o Convênio 108/1981.[64] Assim, conclui-se que a LGPD positiva a

---

Legislativa, Senado Federal, Subsecretaria de Edições Técnicas, Brasília, DF, v. 31, nº 123, p. 259-266, jul./set. 1994. Disponível em: https://www2.senado.leg.br/bdsf/item/id/176262. Acesso em: 27 jun. 2023.

FERREIRA, Rafael Fonseca; LIMBERGER, Têmis. Um diálogo sobre a autonomia da Constituição e os direitos humanos: aproximações hermenêuticas à noção de bloco de constitucionalidade. *Revista de Investigações Constitucionais*, Núcleo de Investigações Constitucionais, Curitiba, v. 5, nº 1, p. 317-330, jan./abr. 2018. DOI: http://dx.doi.org/10.5380/rinc.v5i1.51457. Disponível em: https://revistas.ufpr.br/rinc/article/view/51457. Acesso em: 05 set. 2022.

61 BRASIL. *Lei nº 13.709, de 14 de agosto de 2018*. Lei Geral de Proteção de Dados Pessoais (LGPD). Brasília, DF: Presidência da República, 2018. Disponível em: http://www.planalto.gov.br/ccivil_03/_ato2015-2018/2018/lei/L13709.htm. Acesso em: 15 abr. 2023.

62 Vera a respeito: BUSATTA, Eduardo Luiz: Os princípios sequestrados pelo positivismo jurídico: um modelo à regulação da inteligência artificial no Brasil? *In:* EHRHARDT JÚNIOR, Marcos; CATALAN, Marcos; NUNES, Cláudia Ribeiro Pereira (Coord.). *Inteligência artificial e relações privadas*: possibilidades e desafios. Belo Horizonte: Fórum, 2023, v. 1, p. 41-71.

63 Os "princípios relativos ao tratamento de dados pessoais" estão elencados no Art. 5º do RGPD (REINO UNIDO. EUR-Lex. Parlamento Europeu. Atos Legislativos. Regulamento (UE) 2016/679 do Parlamento Europeu e do Conselho de 27 de abril de 2016. Relativo à proteção das pessoas singulares no que diz respeito ao tratamento de dados pessoais e à livre circulação desses dados e que revoga a Diretiva 95/46/CE (Regulamento Geral sobre a Proteção de Dados). *Jornal Oficial da União Europeia*, Bruxelas, Bélgica, p. I. 119/1-I.119-88, 2016. Disponível em: https://eur-lex.europa.eu/legal-content/PT/TXT/?uri=celex%3A32016R0679. Acesso em: 15 abr. 2023.).

64 STRASBOURG. Council of Europe. *Convention for the Protection of Individuals with regard to Automatic Processing of Personal Data*. European Treaty Series – No. 108. (...) Recognising that it is necessary to reconcile the fundamental values of the respect for privacy and the free flow of information between peoples (...). Strasbourg, France: Council de Europe-COE, Jan./1981. Disponível em: https://rm.coe.int/1680078b37. Acesso em: 15 abr. 2023.

tradição legítima e atual a respeito do tema por meio dos arquétipos legais contidos no citado Art. 6º da mencionada lei.[65]

Da análise sistemática e teleológica dos arquétipos legais acima mencionados, é possível sistematizar quatro salvaguardas constitucionalmente adequadas, que são a essência do direito fundamental à proteção de dados pessoais. São elas:

a) salvaguarda de escopo ou finalidade;
b) salvaguarda de transparência e controle;
c) salvaguarda de segurança e prevenção;
d) salvaguarda de responsabilização e prestação de contas.

A primeira salvaguarda – salvaguarda de escopo ou finalidade – veda qualquer tratamento de dados pessoais que não possua finalidade legítima (lícita e não discriminatória), com exigência, ainda, acerca da necessária correlação entre os dados utilizados e seu contexto, ou seja, que os dados possuam necessária adequação. Ademais, a finalidade deve ser específica[66] e, com isso, somente o

---

[65] BRASIL. *Lei nº 13.709, de 14 de agosto de 2018*. Lei Geral de Proteção de Dados Pessoais (LGPD). Brasília, DF: Presidência da República, 2018. Disponível em: http://www.planalto.gov.br/ccivil_03/_ato2015-2018/2018/lei/L13709.htm. Acesso em: 15 abr. 2023.

[66] Quanto à forma que a *Big data* tem sido explorada na atualidade – que contraria o princípio da finalidade –, interessante a seguinte passagem: "*Big data* se distingue das formas tradicionais de processamento de dados no sentido de que os dados e seu processamento geralmente representam um negócio valioso como tal, em vez de o processamento de dados ser um efeito colateral de outras atividades. Quando os dados pessoais são processados para atingir uma determinada finalidade – como dados de clientes sendo processados para vender bens e serviços, dados de funcionários para gerenciar a relação de trabalho ou informações de contato para *marketing* – [,] o objetivo principal do processamento (nos nossos exemplos: vendas, (*sic*) e *marketing*, respectivamente) serve como uma referência natural para avaliar o processamento. O tratamento é necessário e proporcionado a esta (*sic*) finalidade? Precisamos de todos esses dados para esse fim? No contexto de *big data*, esse *benchmark* raramente existe. O processamento de *big data* é caracterizado por 'tentativa e erro', o que significa que os dados são processados na expectativa de encontrar algo interessante, não para cumprir um objetivo predeterminado. Os dados produzidos pelos ecossistemas online são geralmente heterogêneos, não estruturados e coletados com a suposição de que serão úteis no futuro. No momento do processamento, o objetivo final do processamento permanece desconhecido e, consequentemente, é impossível predeterminar se todos os dados e operações de processamento são necessários". (KARJALAINEN, Tuulia. All talk, no action? The effect of the GDPR accountability principle on the EU data protection paradigm. *European Data Protection Law Review*, [s. l.], v. 8, Issue 1, p. 27, 2022a. DOI: https://doi.org/10.21552/edpl/2022/1/6. Disponível em: https://edpl.lexxion.eu/article/edpl/2022/1/6/display/html#8. Acesso em: 01 fev. 2023. (Grifo do autor. Tradução nossa.) Texto original: "*Big data distinguishes itself from traditional forms of data processing in the sense that the data and its processing usually represent a valuable business as such, instead of data processing being a side effect of other activities. When personal data is processed to achieve a certain purpose – such as customer data being processed to sell goods and services, employee data to manage the employment relationship, or contact information for marketing – the primary purpose*

mínimo de dados necessários ao escopo deve ser tratado. Da mesma forma, o uso secundário dos dados deve ser compatível com a finalidade inicial.

De fato, o arquétipo legal *finalidade*, positivado no inciso I do art. 6º da LGPD, estabelece que o tratamento de dados pessoais somente pode se dar "(...) para propósitos legítimos, específicos, explícitos e informados ao titular, sem possibilidade de tratamento posterior de forma incompatível com essas finalidades". Por sua vez, o arquétipo legal *adequação*, conforme o inciso II do art. 6º da LGPD, estabelece que o tratamento de dados pessoais observará "(...) as finalidades informadas ao titular, de acordo com o contexto do tratamento". Em contrapartida, o arquétipo legal *necessidade*, previsto no inciso III do art. 6º da LGPD, estabelece que o tratamento de dados pessoais deve se limitar "(...) ao mínimo necessário para a realização de suas finalidades, com abrangência dos dados pertinentes, proporcionais e não excessivos em relação (...)" ao escopo do tratamento de dados pessoais. Ademais, tem-se o arquétipo legal da *qualidade dos dados* (inciso V do art. 6º da LGPD), que garante aos titulares a correção, clareza, relevância e atualização dos dados, com vistas à necessidade e à finalidade do tratamento. Não menos importante é o arquétipo legal *não discriminação*, que afasta o tratamento de dados pessoais que tenha finalidades discriminatórias ou abusivas (inciso IX do Art. 6º da LGPD).[67]

Da simples leitura dos cinco dispositivos legais, percebe-se claramente que todos gravitam sobre a finalidade do tratamento de dados pessoais. De fato, toda a atividade de tratamento de dados é realizada em razão de uma finalidade buscada pelo agente de tratamento. Essa finalidade deve, isso posto, perseguir interesses

of processing (in our examples: sales, employment, and marketing respectively) serves as a natural benchmark against which to assess the processing. Is the processing necessary for and proportionate to this purpose? Do we need all this data for this purpose? In the big data context, such a benchmark rarely exists. Big data processing is characterised by 'trial and error,' meaning that data is processed in anticipation of finding something interesting, not to fulfil a predetermined goal. 81 The data produced by online ecosystems is generally heterogeneous, unstructured, and collected with the assumption of it becoming useful in the future. At the time of processing, the ultimate purpose of processing remains unknown and, consequently, it is impossible to predetermine whether all the data and processing operations are necessary". (*Ibid.*, p. 27).

67 BRASIL. *Lei nº 13.709, de 14 de agosto de 2018*. Lei Geral de Proteção de Dados Pessoais (LGPD). Brasília, DF: Presidência da República, 2018. Disponível em: http://www.planalto.gov.br/ccivil_03/_ato2015-2018/2018/lei/L13709.htm. Acesso em: 15 abr. 2023.

legítimos, de forma que deve haver necessária correlação com os dados utilizados e seu contexto. Ainda, deve ser específica, não se admitindo generalizações, razão pela qual somente o mínimo de dados necessários ao escopo deve ser tratado. Obviamente, a exatidão dos dados é imposição lógica. E, além disso, deve ser devidamente informada ao titular dos dados pessoais. Assim, pode-se dizer que a finalidade não só legitima o tratamento dos dados pessoais, mas, especialmente, serve de limite objetivo à atividade do agente de tratamento.

As questões atinentes à finalidade do tratamento de dados pessoais serviram de principal fundamento na citada decisão do Supremo Tribunal Federal quando do referendo da medida liminar pelo Plenário no julgamento da ADI 6389. De fato, considerou-se que a vagueza do texto da Medida Provisória nº 954/2020 não permitia a análise da adequação e necessidade do tratamento, em especial da compatibilidade dos dados pessoais com as finalidades informadas. Da mesma forma, entendeu-se pela excessividade da conservação dos dados pelo Poder Público por 30 dias após o fim da situação de emergência em saúde pública ante a finalidade do tratamento de dados pessoais declarada.[68]

Outro ponto crítico a respeito refere-se ao uso secundário dos dados pessoais. Assim, dados pessoais tratados para uma dada finalidade não podem ser reutilizados para finalidades outras incompatíveis com a inicial. Certamente se trata de disposição crítica. Isso em razão de que, no aspecto teórico, não é fácil definir o que pode ser considerado como tratamento incompatível – incompatível significa *inconciliável, incombinável, que não pode coexistir*. Obviamente, não se trata de incompatibilidade física (uma vez que esta não existiria dada a natureza dos dados pessoais), mas sim jurídica,

[68] BRASIL. Supremo Tribunal Federal. (1. Turma). *Referendo na Medida Cautelar na Ação Direta de Inconstitucionalidade 6.389 Distrito Federal*. MEDIDA CAUTELAR EM AÇÃO DIRETA DE INCONSTITUCIONALIDADE. REFERENDO. MEDIDA PROVISÓRIA Nº 954/2020. EMERGÊNCIA DE SAÚDE PÚBLICA DE IMPORTÂNCIA INTERNACIONAL DECORRENTE DO NOVO CORONAVÍRUS (COVID-19). COMPARTILHAMENTO DE DADOS DOS USUÁRIOS DO SERVIÇO TELEFÔNICO FIXO COMUTADO E DO SERVIÇO MÓVEL PESSOAL, PELAS EMPRESAS PRESTADORAS, COM O INSTITUTO BRASILEIRO DE GEOGRAFIA E ESTATÍSTICA. *FUMUS BONI JURIS. PERICULUM IN MORA*. DEFERIMENTO. (...). Requerente: Partido Socialista Brasileiro-PSB. Intimado: Presidente da República. Relatora: Ministra Rosa Weber, 07 de maio de 2020. Disponível em: https://portal.stf.jus.br/processos/detalhe.asp?incidente=5895168. Acesso em: 19 maio 2023.

de forma que se deve entender como tratamento que não guarde relação de proximidade com o tratamento inicial. Assim, dados pessoais coletados para fins de *marketing* não podem ter como uso secundário a análise de crédito, por exemplo. A atribuição de sentido ao adjetivo em questão deve ser feita com base na boa-fé objetiva, a fim de proteger a legítima confiança do titular. No aspecto prático, a questão não apresenta menores dificuldades. Primeiro, em razão do difícil controle e fiscalização do uso secundário. Segundo, em razão de que, no geral, as finalidades previstas e informadas pelos agentes de tratamento são bastante (intencionalmente) amplas e abrangentes.[69]

A segunda salvaguarda (de transparência e controle) impõe que seja possibilitado ao titular dos dados pessoais conhecimento amplo e profundo a respeito do tratamento de seus dados pessoais, independentemente da base legal usada pelo agente, bem como a consequente possibilidade de controlar o fluxo de dados de acordo com as especificidades do tratamento de dados em questão.

Tal salvaguarda tem conexão com o inciso IV do art. 6º da LGPD, que traz o arquétipo legal *livre acesso*, o qual garante aos titulares de dados pessoais o conhecimento sobre a integralidade dos seus dados pessoais objeto de tratamento, incluindo a forma e a duração do tratamento, gratuita e facilitadamente. Há, aqui, evidente proximidade com o conteúdo constitucional do *Habeas Data* (CF, Art. 5º, LXII).[70] Importante ressaltar que tal dispositivo alcança todo e qualquer dado pessoal tratado, independentemente da base legal para o tratamento. Aliás, é justamente nas hipóteses legais de tratamento distintas do consentimento do titular que ele ganha maior relevância. Em continuidade, o inciso VI do Art. 6º da LGPD traz o arquétipo legal *transparência*, que garante aos titulares dos dados pessoais a obtenção "(...) de informações claras, precisas e facilmente acessíveis sobre a realização do tratamento

[69] A título de exemplo, consultar acerca da política de privacidade do Google, especialmente na parte "Por que o Google coleta dados" (POLÍTICA de privacidade. Por que o Google coleta dados. *In:* GOOGLE.com. [Brasil], 2023. Disponível em: https://policies.google.com/privacy?hl=pt-BR#whycollect. Acesso em: 27 jun. 2023.).

[70] BRASIL. [Constituição (1988)]. *Constituição da República Federativa do Brasil de 1988*. Brasília, DF: Presidência da República, 1988. Disponível em: http://www.planalto.gov.br/ccivil_03/constituicao/constituicao.htm. Acesso em: 11 jan. 2023.

e os respectivos agentes de tratamento, observados os segredos comercial e industrial".[71]

A prerrogativa de controle a ser exercida pelo titular encontra regulamentação detalhada no art. 18 da LGPD, que estabelece os comumente chamados "direitos ARCO" (já explicitados), ou seja, *acesso* (inciso II), *retificação* (inciso III), *cancelamento* (inciso IV) e *oposição* (inciso IX). Além disso, outros direitos diretamente ligados ao controle por parte do titular correspondem ao direito à portabilidade dos dados pessoais (inciso V) e à revisão das decisões automatizadas (art. 20).[72]

A terceira salvaguarda (segurança e prevenção) exige do agente de tratamento de dados pessoais que sejam tomadas as medidas assecuratórias adequadas e proporcionais aos riscos concretos decorrentes da atividade de tratamento de dados pessoais, a fim de evitar perda, distribuição, vazamento e mau uso dos dados pessoais, bem como minimizar os riscos a que estão sujeitos os titulares de dados pessoais.

O arquétipo legal *segurança* consiste, de acordo com a LGPD, na "utilização de medidas técnicas e administrativas aptas a proteger os dados pessoais de acessos não autorizados e de situações acidentais ou ilícitas de destruição, perda, alteração, comunicação ou difusão" (Art. 6º, VII).[73]

Rita Peixoto Ferreira Blum, nesse contexto, aponta que: "[o]s dados organizados eletronicamente devem, portanto, estar em ambiente informacional que disponha de ferramentas adequadas e atualizadas de segurança da informação".[74] O foco, pois, é a adoção de medidas que sejam aptas a impedir os ataques cibernéticos, realizados por *hackers* e *crackers*, e que têm causado inúmeros prejuízos em todo o mundo.[75] Trata-se, nesse caso, do risco mais

---

71 BRASIL. *Lei nº 13.709, de 14 de agosto de 2018*. Lei Geral de Proteção de Dados Pessoais (LGPD). Brasília, DF: Presidência da República, 2018. Disponível em: http://www.planalto.gov.br/ccivil_03/_ato2015-2018/2018/lei/L13709.htm. Acesso em: 15 abr. 2023.

72 *Ibid.*, 2018.

73 *Ibid.*, 2018.

74 BLUM, Rita Peixoto Ferreira. *O direito à privacidade e a proteção de dados do consumidor*. São Paulo: Almedina, 2018, p. 161.

75 Estima-se que somente um dos ataques realizados no ano de 2017, chamado de *WannaCry*, tenha gerado prejuízos superiores a US$ 8 bilhões (PARENTY, Thomas J.; DOMET, Jack J. Como avaliar riscos cibernéticos. *Harvard Business Review Brasil* (*on-line*), [Brasil], Edição Especial, RFM Editores, p. 56, abr./2020.).

visível em matéria de proteção de dados pessoais, até mesmo em razão das reiteradas falhas de segurança, como já ressaltado.

Por outro lado, o arquétipo legal *prevenção* evoca, nos termos positivados, a "adoção de medidas para prevenir a ocorrência de danos em virtude do tratamento de dados pessoais" (Art. 6º, VIII).[76] Ou seja, traz para o bojo da atividade relativa ao tratamento de dados pessoais a necessidade de atuação proativa, técnica, científica e economicamente voltada à evitabilidade do dano. Cumpre aos agentes de tratamento de dados, nessa perspectiva, a efetiva averiguação dos riscos que recaem sobre sua atividade, o mapeamento dos pontos críticos e a realização das ações necessárias à mitigação dos riscos. Exige-se do agente de tratamento de dados, à vista disso, uma política factual de gestão de riscos, em sentido amplo, que vai muito além da segurança de *hardware* e *software*.[77]

Por fim, a quarta salvaguarda (de responsabilização e prestação de contas) impõe a responsabilização do agente de tratamento de dados pessoais tanto na efetivação de práticas e técnicas ao correto tratamento de dados pessoais (responsabilização *ex ante)* como no dever de reparar os danos causados aos titulares de dados pessoais (responsabilização *ex post*), e, ainda, de prestar contas dos atos praticados frente aos órgãos administrativos e judiciais. Referida salvaguarda decorre do arquétipo legal *responsabilização e prestação de contas* (inciso X), que estabelece que cabe ao agente de tratamento de dados demonstrar a "(...) adoção de medidas eficazes e capazes de comprovar a observância e o cumprimento das normas de proteção de dados pessoais e, inclusive, da eficácia dessas medidas".[78]

Importante enfatizar que esse arquétipo legal se desdobra em duas facetas distintas, porém complementares. A *responsabilização* requer a imposição do dever de efetiva realização das medidas aptas ao cumprimento das normas de proteção de dados, o que importa dizer, em um reforço à concretização factual do respeito devido

---

76 BRASIL. *Lei nº 13.709, de 14 de agosto de 2018*. Lei Geral de Proteção de Dados Pessoais (LGPD). Brasília, DF: Presidência da República, 2018. Disponível em: http://www.planalto.gov.br/ccivil_03/_ato2015-2018/2018/lei/L13709.htm. Acesso em: 15 abr. 2023.

77 A *prevenção* será objeto do Capítulo II (desta pesquisa), subseção 3.1 e seguintes, razão pela qual não são realizados maiores aprofundamentos neste momento.

78 BRASIL, *op cit.*, 2018.

aos direitos dos titulares dos dados pessoais. Por ele, busca-se a materialização dos deveres impostos aos agentes de tratamento de dados pessoais, a adoção de medidas concretas de aproximação do *ser* com o *dever* ser. Note-se que a responsabilização em questão é prévia à responsabilização prevista nos Arts. 42 e seguintes da LGPD.[79] Aqui se está a falar de uma "(...) responsabilidade prospectiva (*responsability* em inglês)",[80] que pode ser chamada de responsabilidade de primeira ordem, no sentido de ser responsável pela prática dos atos de proteção de dados pessoais (dever primário). A responsabilidade civil, estabelecida nos Arts. 42 e seguintes da LGPD (supracitados), é pretérita (*liability* em inglês), decorrente do descumprimento do dever primário. Trata-se, esta, de uma responsabilidade de segunda ordem, portanto, e, como tal, complementar em relação à primeira.

A noção de que o agente de tratamento de dados é o responsável por cumprir os ditames legais parece, numa primeira análise, trivial. Contudo, deve-se ter em conta que, como será visto no próximo capítulo, nas gerações anteriores de leis de proteção de dados pessoais, era atribuída a "responsabilidade" pela governança dos dados pessoais aos próprios titulares. Assim, o arquétipo legal em questão importa em uma ruptura com o paradigma anteriormente dominante.

A *prestação de contas* – a segunda faceta desse arquétipo legal – conduz à efetiva demonstração das medidas tomadas em prol do cumprimento das normas de proteção de dados pessoais. Assim, não basta agir de forma oportuna e adequada; é necessário prestar contas, demonstrar – ao titular dos dados pessoais, às autoridades judiciária e administrativa – quais medidas foram tomadas e a eficiência destas.

Em alentada pesquisa, Bruno Ricardo Bioni defende que a prestação de contas é essencial para a existência de um fluxo de dados pessoais adequado. Na visão do autor, tem como função "(...) dar voz aos indivíduos afetados pelo tratamento de dados, bem

---

79 *Ibid.*, 2018.

80 LOUREIRO, João Carlos. Constituição, tecnologia e risco(s): entre medo(s) e esperança(s). *In:* MENDES, Gilmar Ferreira; SARLET, Ingo Wolfgang; COELHO, Alexandre Zavaglia P. (coord.). *Direito, inovação e tecnologia.* São Paulo: Saraiva, 2015, p. 73.

como as (*sic*) entidades representativas de seus direitos".[81] Sustenta ainda que, com a adoção de tal arquétipo, a LGPD passa a deter uma *racionalidade precaucionária* (com que não se concorda, uma vez que a precaução deve ser extraída do rol taxativo de hipóteses em que se admite o tratamento de dados e do arquétipo legal finalidade) de forma que, juntamente com o arquétipo legal *precaução*, faz com a que a LGPD "(...) não se satisfa[ça] apenas com a mera adoção de medidas de contenção de danos (...)", sendo necessário também cumprir o que designa como "dever de demonstração".[82]

Prossegue o autor, ainda, sustentando que a *accountability* (prestação de contas) funciona como um "(...) mecanismo de modulação do poder no campo da proteção de dados pessoais (...)",[83] serve como condição de possibilidade de codeliberação em um fórum público em que todos os interessados são chamados a discutir e a deliberar para destravar o fluxo informacional.

À vista do exposto, tem-se que as salvaguardas constitucionalmente adequadas – na forma acima especificada –, extraídas do art. 6º da LGPD, densificam o direito fundamental à proteção de dados pessoais e, de tal maneira, formam o núcleo duro que não pode ser afastado, sob pena de ferimento ao próprio direito fundamental. Apesar de exceder ao texto escrito da Constituição, possuem (as salvaguardas) conteúdo materialmente constitucional. Referem-se, por conseguinte, a parâmetros mínimos que orientam a atribuição de sentido ao direito fundamental referido.[84] Assim, eventual diploma normativo que venha a excluir qualquer uma das referidas salvaguardas será considerado inconstitucional, por ferir a essência do direito fundamental à proteção de dados pessoais.

Por fim, é importante enfatizar que não se desconhecem os desafios na concretização de tais salvaguardas. Contudo, é imperioso

---

[81] BIONI, Bruno Ricardo. *Regulação e proteção de dados pessoais*: o princípio da *accountability*. Rio de Janeiro: Forense, 2022, p. 244.

[82] BIONI, Bruno Ricardo. *Regulação e proteção de dados pessoais*: o princípio da *accountability*. Rio de Janeiro: Forense, 2022, p. 42.

[83] BIONI, Bruno Ricardo. *Regulação e proteção de dados pessoais*: o princípio da *accountability*. Rio de Janeiro: Forense, 2022, p. 71; *passim*.

[84] COELHO, Bernardo Leôncio Moura. O bloco de constitucionalidade e a proteção à criança. *Revista de Informação Legislativa*, Senado Federal, Subsecretaria de Edições Técnicas, Brasília, DF, v. 31, nº 123, p. 263, jul./set. 1994. Senado Federal. Disponível em: https://www2.senado.leg.br/bdsf/item/id/176262. Acesso em: 27 jun. 2023.

que a situação fática seja alterada, o que exige, dentre outras abordagens, maior sistematização e desenvolvimento e, especialmente, soluções que vão além das tradicionalmente empregadas.

6 Conclusão

A pesquisa defendeu que o direito à proteção de dados pessoais teve origem na privacidade, no sentido de um direito a não ser importunado, passando pela autodeterminação informativa, consistente no empoderamento do titular sobre as informações que lhe digam respeito, ambos de matiz liberal. Contudo, a digitalização e a ubiquidade da Internet geram profundas transformações na sociedade, a ponto de fundir os mundos físico, digital e biológico, redundando na chamada vida "onlife", o que impõe o alargamento do âmbito de proteção conferida pelo Direito aos dados pessoais.

Assim, considerando que o problema que se busca resolver no presente ensaio corresponde se (e em que medida) a proteção de dados vai além da privacidade e da autodeterminação informativa, a resposta é que se deve considerar que a proteção de dados pessoais é fundada na dignidade da pessoa humana e na cláusula geral de proteção da personalidade, de forma a abranger todos os direitos de personalidade e os direitos fundamentais, bem como os direitos e interesses coletivos.

Nessa medida, a essência do direito fundamental a proteção de dados pessoais, a ser obtida mediante a criação de um bloco de constitucionalidade, encontra-se nos arquétipos legais trazidos pela Lei Geral de Proteção de Dados Pessoais em seu art. 6º.

Entender o âmbito e a essência do direito fundamental à proteção de dados pessoais para além da privacidade e da autodeterminação informativa é condição de possibilidade para que essa área do Direito seja apta a fazer frente aos riscos e desafios impostos pelas novas tecnologias. Afinal, não se podem proteger pessoas expostas a riscos próprios do século XXI com ideias presas no século XIX.

Referências

ALBERS, Marion. A complexidade da proteção de dados. *Direitos Fundamentais & Justiça*, Belo Horizonte, ano 10, n. 35, p. 19-45, jul./dez. 2016. Disponível em: http://dfj.emnuvens.com.br/dfj/article/view/93. Acesso em: 21 jan. 2021.

BECK, Ulrich. *A metamorfose do mundo:* novos conceitos para uma nova realidade. Rio de Janeiro: Zahar, 2018.

BIONI, Bruno Ricardo. *Proteção de dados pessoais*: a função e os limites do consentimento. Rio de Janeiro: Forense, 2019.

BIONI, Bruno Ricardo. *Regulação e proteção de dados pessoais*: o princípio da *accountability*. Rio de Janeiro: Forense, 2022.

BLACK, Edwin. *IBM e o holocausto:* a aliança estratégica entre a Alemanha Nazista e a mais poderosa empresa americana. São Paulo: Editora Campus, 2001.

BLUM, Rita Peixoto Ferreira. *O direito à privacidade e a proteção de dados do consumidor*. São Paulo: Almedina, 2018.

BORGES, Roxana Cardoso Brasileiro. *Disponibilidade dos direitos de personalidade e autonomia privada*. São Paulo: Saraiva, 2005.

BRANDEIS, Louis D.; WARREN, Samuel D. The right to privacy. *Havard Law Review*, v. 4, n. 5, Dec. 15, 1890, p. 193-220.

BRASIL. Secretaria-Geral. Subchefia para Assuntos Jurídicos. *Emenda Constitucional nº 115, de 10 de fevereiro de 2022*. Altera a Constituição Federal para incluir a proteção de dados pessoais entre os direitos e garantias fundamentais e para fixar a competência privativa da União para legislar sobre proteção e tratamento de dados pessoais. Brasília, DF: Presidência da República, 2022. Disponível em: http://www.planalto.gov.br/ccivil_03/constituicao/Emendas/Emc/emc115.htm#:~:text=EMENDA%20CONSTITUCIONAL%20N%C2%BA%20115%2C%20DE,e%20tratamento%20de%20dados%20pessoais. Acesso em: 12maio 2022.

BRASIL. Secretaria-Geral. Subchefia para Assuntos Jurídicos. *Lei nº 13.709, de 14 de Agosto de 2018*. Dispõe sobre a proteção de dados pessoais e altera a Lei nº 12.965, de 23 de abril de 2014 (Marco Civil da Internet). Lei Geral de Proteção de Dados Pessoais (LGPD). Brasília, DF: Presidência da República, 2018. Disponível em: http://www.planalto.gov.br/ccivil_03/_ato2015-2018/2018/lei/L13709.htm. Acesso em: 15 jan. 2021.

BRASIL. Secretaria-Geral. Subchefia para Assuntos Jurídicos. *Lei nº 13.853, de 8 de Julho de 2019*. Altera a Lei nº 13.709, de 14 de agosto de 2018, para dispor sobre a proteção de dados pessoais e para criar a Autoridade Nacional de Proteção de Dados; e dá outras providências. Brasília, DF: Presidência da República, 2019a. Disponível em: http://www.planalto.gov.br/ccivil_03/_Ato2019-2022/2019/Lei/L13853.htm. Acesso em: 15 jan. 2021.

BRASIL. Senado Federal. Comissão de Constituição, Justiça e Cidadania. *Proposta de Emenda à Constituição n. 17, de 2019*. Acrescenta o inciso XII-A ao art. 5º e o inciso XXX ao art. 22 da Constituição Federal, para incluir a proteção de dados pessoais entre os direitos fundamentais do cidadão e fixar a competência privativa da União para legislar sobre a matéria. Apresentação: 03 de julho de 2019. Brasília, DF: Senado Federal, 2019b. Disponível em: https://www25.senado.leg.br/web/atividade/materias/-/materia/135594. Acesso em: 15 jan. 2021.

BRASIL. Supremo Tribunal Federal. *Medida Cautelar na Ação Direta de Inconstitucionalidade 6.387 Distrito Federal*. Medida Cautelar de Urgência. (...) Cuida-se de pedido de medida cautelar em ação direta de inconstitucionalidade proposta pelo Conselho Federal da Ordem dos Advogados do Brasil – CFOAB contra o inteiro teor da Medida Provisória n. 954, de 17 de abril de 2020 (...). Requerente: Conselho Federal da Ordem dos Advogados do Brasil – CFOAB. Intimado: Presidente da República. Procurador: Advogado-Geral da União. Relatora: Ministra Rosa Weber, 24 de abril de 2020a, p. 1-13. Disponível em: http://www.stf.jus.br/arquivo/cms/noticiaNoticiaStf/anexo/ADI6387MC.pdf. Acesso em: 11 jan. 2021.

BRKAN, Marja. The essence of the fundamental rights to privacy and data protection: finding the way through the maze of the CJEU's constitutional reasoning. *German Law Journal*, v. 20 Special, Issue 6, p. 864-883, Sept./2019. doi:10.1017/glj.2019.66. Disponível em: https://www.cambridge.org/core/journals/german-law-journal/article/essence-of-the-fundamental-rights-to-privacy-and-data-protection-finding-the-way-through-the-maze-of-the-cjeus-constitutional-reasoning/00621C26FA14CCD55AD0B4F4AD38ED09. Acesso em: 11 ago. 2022.

BUSATTA, Eduardo Luiz: Os princípios sequestrados pelo positivismo jurídico: um modelo à regulação da inteligência artificial no Brasil? *In:* EHRHARDT JÚNIOR, Marcos; CATALAN, Marcos; NUNES, Cláudia Ribeiro Pereira (Coord.). *Inteligência artificial e relações privadas*: possibilidades e desafios. Belo Horizonte: Fórum, 2023, v. 1. p. 41-71.

CARVALHO, Antonio Ramalho de Souza. Os dados no contexto da quarta revolução industrial. *In: Proteção de dados pessoais:* privacidade versus avanço tecnológico. Cadernos Adenauer XX (2019), nº 3, p. 93-111. Rio de Janeiro: Fundação Konrad Adenauer, out. 2019.

CASTELLS, Manuel. *A galáxia da internet*: reflexões sobre a internet, os negócios e a sociedade. Rio de Janeiro: Zahar, 2003.

COELHO, Bernardo Leôncio Moura. O bloco de constitucionalidade e a proteção à criança. *Revista de Informação Legislativa*, Senado Federal, Subsecretaria de Edições Técnicas, Brasília, DF, v. 31, n. 123, jul./set. 1994. Senado Federal. Disponível em: https://www2.senado.leg.br/bdsf/item/id/176262. Acesso em: 27 jun. 2023.

CORTE, Lorenzo Dalla. A right to a rule: on the substance and essence of the fundamental right to Personal Data Protection. *In*: HALLINAN, Dara *et al*. (eds.). *Data protection and privacy*: data protection and democracy. Oxford: Hart Publishing, 2020. passim.

DAVENPORT, Thomas H.; BECK, John C. *E economia da atenção.* Rio de Janeiro: Editora Campus Elsevier, 2001.

DONEDA, Danilo Cesar Maganhoto. *Da privacidade à proteção de dados pessoais*: elementos da formação da Lei Geral de Proteção de Dados. 2. ed. São Paulo: Thomson Reuters, 2019.

ENGELMANN, Wilson; BASAN, Arthur; REICH, José Antônio. A Lei Geral de Proteção de Dados Pessoais e a tutela dos direitos fundamentais nas relações privadas. *Interesse Público – IP*, Belo Horizonte, ano 22, n. 121, p. 77-110, maio/jun. 2020.

ENGELMANN, Wilson; WERNER, Deivid Augusto. Inteligência artificial e direito. *In:* FRAZÃO, Ana; MULHOLLAND, Caitlin (Coord.). *Inteligência artificial e direito:* ética, regulação e responsabilidade. São Paulo: Thomson Reuters Brasil, 2019.

FLORIDI, Luciano. *The fourth revolution*: how the infosfere is reshaping human relaity. Oxford University Press: Oxford, 2014.

FLORIDI, Luciano. *The onlife manifesto*: being human in a hyperconnected era. Springer: London, 2015.

HAN, Byung-Chul. *No enxame:* perspectivas do digital. Tradução Lucas Machado. Petrópolis, RJ: Vozes, 2018.

HOFFMANN-RIEM, Wolfgang. *Big data:* desafíos también para el Derecho. Tradução de Eduardo Knör Argote. Pamplona: Civitas / Thomson Reuters, 2018.

HOFFMANN-RIEM, Wolfgang. *Teoria geral do direito digital*: transformação digital: desafios para o direito. Tradução de Italo Fuhrmann. Rio de Janeiro: Forense, 2021.

HOROWITZ, Julia. John Hancock wants to turn life insurance into a wellness game. *CNN Business* [on-line], 19 de setembro de 2017. Disponível em: https://money.cnn.com/2018/09/19/news/companies/john-hancock-life-insurance-vitality/index.html#:~:text=The%20financial%20services%20company%20said,Amazon%20(AMZN)%20and%20REI. Acesso em: 15 jan. 2021.

KARJALAINEN, Tuulia. All talk, no action? The effect of the GDPR accountability principle on the EU data protection paradigm. *European Data Protection Law Review*, [*s. l.*], v. 8, Issue 1, p. 27, 2022a. DOI: https://doi.org/10.21552/edpl/2022/1/6. Disponível em: https://edpl.lexxion.eu/article/edpl/2022/1/6/display/html#8. Acesso em: 01 fev. 2023.

LEONHARD, Gerd. *Tecnologia versus humanidade:* o confronto futuro entre a máquina e o homem. Lisboa: Gadiva Publicações, 2018.

LÉVY, Pierre. *O que é virtual?* Tradução de Paulo Neves. 2. ed. São Paulo: Editora 34, 2011.

LLANO, Pablo de; SÁNCHEZ, Álvaro. Vazamento de dados do Facebook causa tempestade política mundial: caso Cambridge Analytica. *El País* [on-line], Miami / Bruxelas, 20 de março de 2018. Disponível em: https://brasil.elpais.com/brasil/2018/03/19/internacional/1521500023_469300.html. Acesso em: 11 jan. 2021.

LIMBERGER, Têmis. *Cibertransparência:* informação pública em rede: a virtualidade e suas repercussões na realidade. Porto Alegre: Livraria do Advogado, 2016.

LISSARDY, Gerardo. "Despreparada para a era digital, a democracia está sendo destruída", afirma guru do *big data*. *BBC News Brasil* [on-line], Da BBC Mundo em Nova York, [Brasil], 9 de abril de 2017. Disponível em: https://www.bbc.com/portuguese/geral-39535650. Acesso em: 15 jan. 2021.

LOUREIRO, João Carlos. Constituição, tecnologia e risco(s): entre medo(s) e esperança(s). *In:* MENDES, Gilmar Ferreira; SARLET, Ingo Wolfgang; COELHO, Alexandre Zavaglia P. (coord.). *Direito, inovação e tecnologia*. São Paulo: Saraiva, 2015.

MENDES, Laura Schertel. *Privacidade, proteção de dados e defesa do consumidor*: linhas gerais de um novo direito fundamental. São Paulo: Saraiva, 2014.

MORAES, Maria Celina Bodin de. Ampliando os direitos da personalidade. *In:* MORAES, Maria Celina Bodin de. *Na medida da pessoa humana*. Estudos de Direito Civil-Constitucional. Rio de Janeiro: Renovar, 2010. p. 121-148.

PARENTY, Thomas J.; DOMET, Jack J. Como avaliar riscos cibernéticos. *Harvard Business Review Brasil* (*on-line*), [Brasil], Edição Especial, RFM Editores, p. 56, abr./2020.

PEIXOTO, Erick Lucena Campos; EHRHARDT JÚNIOR, Marcos. Breves notas sobre a ressignificação da privacidade. *Revista Brasileira de Direito Civil* – RBDCivil, Belo Horizonte, v. 16, p. 35-56, abr./jun. 2018.

PIÑAR MAÑAS, José Luis. El derecho de la proteción de datos personales en la perspectiva europea. *In:* BAUZÁ REILY, Marcelo (Director). *El Derecho de las TIC en Iberoamérica*, Montevideo: Ed. La Ley Uruguay, 2019. 1.327 p. cap. XII, p. 345-372.

POLÍTICA de privacidade. Por que o Google coleta dados. *In:* GOOGLE.com. [Brasil], c2023. Disponível em: https://policies.google.com/privacy?hl=pt-BR#whycollect. Acesso em: 27 jun. 2023.

POSNER, Richard A. *A economia da justiça*. São Paulo: Editora WMF Martins Fontes, 2010.

PORCEDDA, Maria Grazia. On boundaries: finding the essence of the right to the protection of personal data. *In:* LEENES, Van Brakel; DE HERT; GUTWIRTH (eds.). *Privacy and data protection:* the internet of bodies. [*S. l.*]: Hart Publishing, 2018. p. 1-30. Disponível em: https://ssrn.com/abstract=3627579. Acesso em: 12 ago. 2022.

REINO UNIDO. EUR-Lex. Parlamento Europeu. *Directiva 95/46/CE do Parlamento Europeu e do Conselho de 24 de outubro de 1995.* Relativa à proteção das pessoas singulares no que diz respeito ao tratamento de dados pessoais e à livre circulação desses dados. Jornal Oficial das Comunidades Europeias. p. 31-50. Luxemburgo, 1995. Disponível em: https://eur-lex.europa.eu/legal-content/PT/ALL/?uri=CELEX%3A31995L0046. Acesso em: 15 jan. 2021.

REINO UNIDO. EUR-Lex. Parlamento Europeu. Atos Legislativos. *Regulamento (UE) 2016/679 do Parlamento Europeu e do Conselho de 27 de abril de 2016.* Relativo à proteção das pessoas singulares no que diz respeito ao tratamento de dados pessoais e à livre circulação desses dados e que revoga a Diretiva 95/46/CE (Regulamento Geral sobre a Proteção de Dados). Jornal Oficial da União Europeia. 88 p. Bruxelas, 2016. Disponível em: https://eur-lex.europa.eu/legal-content/PT/TXT/?uri=celex%3A32016R0679. Acesso em: 15 jan. 2021.

RODOTÀ, Stefano. *A vida na sociedade da vigilância*: A privacidade hoje. Organização, seleção e apresentação de Maria Celina Bodin de Moraes. Tradução de Danilo Doneda e Luciana Cabral Doneda. São Paulo: Renovar, 2008.

RODRIGUES JUNIOR, Otávio Luiz. Direitos fundamentais e direitos da personalidade. *In:* TOFFOLI, José Antonio Dias. *30 anos da constituição brasileira:* democracia, direitos fundamentais e instituições. Rio de Janeiro: Forense. p. 679-703.

SARLET, Ingo Wolfgang; SAAVEDRA, Giovani Agostini. Fundamentos jusfilosóficos e âmbito de proteção do direito fundamental à proteção de dados pessoais. *Revista Direito Público-RDP*, Brasília, v. 17, n. 93, p. 33-57, maio-jun. 2020. Disponível em: https://www.portaldeperiodicos.idp.edu.br/direitopublico/article/view/4315. Acesso em: 11 jan. 2021

SCHWAB, Klaus. *A quarta revolução industrial.* Tradução de Daniel Moreira Miranda. São Paulo: Edipro, 2016.

STRASBOURG. Council of Europe. *Convention for the Protection of Individuals with regard to Automatic Processing of Personal Data.* European Treaty Series – nº 108. (...) Recognising that it is necessary to reconcile the fundamental values of the respect for privacy and the free flow of information between peoples (...). Strasbourg, France: Council de Europe-COE, Jan./1981. Disponível em: https://rm.coe.int/1680078b37. Acesso em: 15 abr. 2023.

THE WORLD'S most valuable resource is no longer oil, but data. *The Economist.* [Reino Unido], 6 de maio de 2017. Disponível em: https://www.economist.com/leaders/2017/05/06/the-worlds-most-valuable-resource-is-no-longer-oil-but-data. Acesso em: 30 dez. 2020.

USP. UNIVERSIDADE DE SÃO PAULO. Biblioteca Virtual de Direitos Humanos. *Carta dos Direitos Fundamentais da União Europeia – 2000.* Comissão de Direitos Humanos da USP. [Brasil, 20??]. Disponível em: http://www.direitoshumanos.usp.br/index.php/Documentos-n%C3%A3o-Inseridos-nas-Delibera%C3%A7%C3%B5es-da-ONU/carta-dos-direitos-fundamentais.html. Acesso em: 30 dez. 2020.

WACHTER, Sandra; MITTELSTADT, Brent. A right to reasonable inferences: re-thinking data protection law in the age of big data and AI. *Columbia Business Law Review – Vol. 2019 – Issue 2.* Disponível em: https://papers.ssrn.com/sol3/papers.cfm?abstract_id=3248829. Acesso em: 13 jan. 2021.

ZANFIR, Gabriela. Forgetting about consent: why the focus should be on "suitable safeguards" in Data Protection Law. *In:* Gutwirth, Serge; Leenes, Ronald; De Hert, Paul (eds.). *Reloading data protection.* [*S. l.*]: Springer, Dordrecht, 2014. p. 25. Disponível em: https://doi.org/10.1007/978-94-007-7540-4_12. Acesso em: 11 ago. 2022.

ZUBOFF, Shoshana. *The age of surveillance capitalismo:* the fight for a human future at the new frontier of power. Nova Iorque: PublicAffairs, 2019.

NATUREZA JURÍDICA DOS DADOS PESSOAIS: ENTRE AS PROJEÇÕES EXISTENCIAIS E OS DIREITOS PATRIMONIAIS[1]

MAURÍCIO REQUIÃO
GUSTAVO CUNHA PRAZERES

1 Introdução

A regulação dos dados pessoais no Brasil se dá a partir da Lei Geral de Proteção de Dados (LGPD). Embora a citada Lei traga definições de diversas categorias relevantes, inclusive a de dado pessoal, não se ocupa de definir a natureza jurídica deste.

Se, por um lado, não há a obrigatoriedade de a Lei se prestar a tal discussão, por outro, é certo que definir a natureza jurídica dos dados pessoais é relevante, pois impacta nas respostas para diversas outras questões, de utilidade prática, e que são comumente encontradas, sobretudo nas discussões civilísticas.

O projeto de pesquisa se propôs a investigar a natureza jurídica da proteção de dados pessoais a partir da seguinte questão-problema: na regulação do fluxo dc informação social, em que situações os dados pessoais devem ser considerados como projeções existenciais (direitos da personalidade) ou patrimoniais de seus titulares?

Este artigo, entretanto, não se limita apresentar considerações sobre a natureza jurídica dos dados pessoais, mas também, considerando seu grau de importância, a suscitar discussões sobre algumas das questões práticas acima indicadas:

a. análise de existência de prazos prescricionais ou decadenciais para proteção de tais direitos;

[1] Esse texto é uma versão do relatório apresentado como fruto de projeto selecionado em edital lançado pelo ITS-Rio, com o propósito de identificar e estimular pesquisas capazes de contribuir com as discussões relacionadas à reforma do Código Civil, sobretudo a partir do diálogo do Direito Civil com as novas tecnologias.

b. possibilidade ou não de institutos relacionados à posse e propriedade, como a usucapião e as ações possessórias;
c. possibilidade ou não de alienação do direito decorrente dos dados pessoais;
d. duração e possibilidade ou não de transmissão aos herdeiros dos direitos decorrentes dos dados pessoais.

No que toca ao caminho para alcançar as respostas pretendidas, a pesquisa focou em duas frentes principais. Por um lado, foi realizada revisão de literatura para apurar o estado da arte e questões controversas em torno do tema, tanto na doutrina nacional quanto na internacional. Em razão da tradição ainda nascente do Brasil em matéria de proteção de dados e do perfil global do tema, partiu-se da análise comparativa de práticas e diretrizes dos sistemas europeu e norte-americano, já bem estabelecidos, para identificar os caminhos que melhor se harmonizam com a cultura e vocação jurídica pátria.

Em um segundo fronte, foi feita pesquisa qualitativa jurisprudencial, com análise de todos os acórdãos do Superior Tribunal de Justiça (STJ) sobre proteção de dados pessoais até o momento. Neste ponto, o objetivo foi verificar se, nas decisões analisadas, haveria manifestações que indicariam tendência da Corte em tratar a proteção de dados pessoais mais sob o aspecto existencial ou patrimonial, bem como o seu alinhamento com os entendimentos doutrinários.

2 Revisão de literatura

2.1 Proteção de dados: propostas e modelos regulatórios

A proteção de dados compõe campo de trajetória jurídica relativamente curta. Até meados do século XX, aquele que precisasse recorrer ao judiciário para conter a propagação de alguma informação haveria de buscar suporte em outros direitos, a exemplo da inviolabilidade do lar, da não autoincriminação, da honra, da imagem ou da privacidade.

O direito à proteção de dados se estrutura, como campo autônomo, em resposta aos dilemas e desafios que assumiram relevância a partir da popularização dos computadores e das redes expansíveis de comunicação, como a *internet*. O impacto dessas tecnologias foi significativo. Elas reformularam o fluxo de informação, permitiram a progressiva automatização dos processos sociais e direcionaram o foco da economia para o tratamento de dados, dando azo a um modelo que ficou conhecido como sociedade da informação.[2]

As primeiras – e incipientes – leis que se ocupam da proteção de dados surgem na década de 1970, tanto nos Estados Unidos da América (EUA) quanto na Europa, e são objeto de rápida expansão, tanto em termos de objetivos quanto de abrangência territorial. Em que pese legítima a tentativa de apontar um processo de desenvolvimento histórico relativamente linear, considerando os – importantes – pontos de convergência,[3] as especificidades culturais e as diferenças de estrutura entre sistemas e tradições jurídicas produziram, também, dissidências.

O contexto político de uma Europa comprometida com a formação de um bloco comunitário estimulou o desenvolvimento de um modelo de proteção de dados relativamente uniforme em todo o continente. Oportuna a categorização histórica proposta por Viktor Mayer-Schönberger em torno de quatro gerações de leis temáticas de proteção de dados. Em um primeiro instante, as leis têm como preocupação central os governos e os usos que podem fazer da capacidade de processamento massivo de dados dos cidadãos. O segundo momento é marcado pelo despertar para os problemas associados ao tráfego de dados entre agentes privados. Aqui se situam as primeiras diretrizes voltadas ao tratamento de dados por pessoas jurídicas de direito privado. As leis que integram a geração seguinte assentam as bases comuns de um regime

---

2 A doutrina em geral identifica o economista Fritz Machlup como um dos pioneiros no tema, atribuindo-lhe a popularização do conceito de sociedade da informação em seu livro *The Production and Distribution of Knowledge in the United States*, de 1962. O termo, em específico, contudo, foi cunhado por Daniel Bell, sociólogo estadunidense, que o utilizou em seu livro *O advento da sociedade pós-industrial*, de 1973. A respectiva popularização ficou por conta do relatório "A Sociedade da Informação" publicado pela Comissão das Comunidades Europeias em 1996.

3 MAYER-SCHÖNBERGER, Viktor. Generational Development of Data Protection in Europe. *In*: AGRE, Philip E.; ROTENBERG, Marc (Orgs.), *Technology and privacy:* the new landscape. Cambridge, Mass.: The MIT Press, 1998, p. 219–241.

regulatório de dados – notadamente do modelo europeu. Nesta fase são criados grandes marcos gerais temáticos, comprometidos em alçar o usuário à condição de titular dos seus dados. A última fase é marcada por uma espécie de esgotamento e desilusão. Constata-se que simplesmente reconhecer o particular como titular dos dados que lhes dizem respeito, delegando-lhe a respectiva gestão, não é suficiente, sobretudo por conta do ônus que isso, na prática, representa. A fase é marcada pela criação de agências regulatórias bem como pela adoção de fórmulas e estratégias de alocação e gerenciamento de riscos capazes de racionalizar a tutela dos dados pessoais, além de atenuar vulnerabilidades e assimetrias fáticas.[4]

A despeito de esses movimentos impactarem nos EUA, o modelo de proteção de dados que lá prevalece apresenta diferenças significativas. Tem-se, em primeiro plano, um sistema muito mais fragmentado e disperso, fruto da estrutura federativa e da peculiar fórmula de construção das soluções jurídicas no âmbito do *Common Law*.[5] Acresce-se a isso a importância culturalmente conferida à liberdade e à autonomia individual no âmbito norte-americano. Como pontua Nadezhda Purtova, desde 1970, quando despertaram para a importância da proteção de dados, os EUA flertam com estratégias jurídicas que buscam reproduzir a lógica e os mecanismos típicos da economia de mercado.[6]

Dentre as principais abordagens norte-americanas para regular o fluxo de informação, identifica-se a proposta de tratar os dados como

---

4 *Ibid.*

5 DONEDA, Danilo; ZANATTA, Rafael A. F. Personality rights in brazilian data protection law: a historical perspective. *In:* ALBERS, Marion; SARLET, Ingo Wolfgang (Orgs.). *Personality and data protection rights on the internet*: brazilian and german approaches. Cham: Springer International Publishing, 2022, p. 35–53. (Ius Gentium: Comparative Perspectives on Law and Justice).

6 No sistema norte-americano, a proteção à privacidade baseia-se principalmente no *Tort Law*, que engloba quatro categorias principais: intromissão na vida privada, divulgação de informações privadas embaraçosas, publicidade enganosa e uso indevido de nome ou imagem. Esses *torts* têm escopo limitado, muito mais focado em responder a violações de privacidade do que em antecipar e prevenir infrações, além de não abordarem diretamente a proteção de dados. Além disso, a privacidade não é garantida explicitamente pela Constituição dos EUA, mas é inferida indiretamente das Emendas 4ª, 14ª e 5ª, relacionadas à proteção contra buscas e apreensões governamentais arbitrárias, garantia de devido processo legal e direito à não autoincriminação. Por fim, a ausência de um regulamento federal resulta em uma abordagem descentralizada, com normas que variam de estado a estado. (PURTOVA, Nadezhda. Property rights in personal data: learning from the american discourse. *Computer Law & Security Review*, v. 25, n. 6, p. 507–521, 2009).

commodities, deixando para os atores de mercado a tarefa de regular o respectivo uso e acesso. O ponto de partida da fórmula é o liberalismo econômico. Parte-se do pressuposto de que os usuários, elevados à condição de proprietários dos seus dados, poderão tomar as decisões que reflitam os seus melhores interesses. Isso, por seu turno, haverá de servir de estímulo para que empresas invistam e utilizem tecnologias amigáveis e efetivas na proteção aos dados e demais direitos do usuário.

Em meio a este cenário é que se identificam propostas de promover o equacionamento entre a autonomia individual e os interesses de mercado a partir de uma lógica estritamente monetária. É o que sugerem, por exemplo, Robert Shapiro e Siddhartha Aneja ao proporem modelo regulatório que não apenas reconheça os dados como um direito de propriedade, mas que também garanta aos usuários acesso e participação igualitária nos lucros produzidos para os grandes conglomerados tecnológicos a partir da nova "moeda" digital.[7]

De todo modo, é importante registrar que a fórmula da mercantilização, mesmo nos EUA, está longe de constituir consenso. Há, mesmo entre os defensores do liberalismo econômico, críticas. É o caso de Richard Posner, que enxerga na fórmula uma forma de legitimar a censura privada.[8] O ponto, contudo, é que nos EUA a crença na capacidade adaptativa do mercado serve de pilar estrutural.

Apesar de pontos de aproximação, os modelos norte-americano e europeu de proteção de dados apresentam perfis distintos, como é possível extrair da tabela a seguir:

Critério	Europa (GDPR)	Estados Unidos
Abordagem e alcance	Abordagem abrangente e rigorosa. Aplica-se a todas as empresas que processam dados de residentes da UE.	Abordagem fragmentada e setorial. Leis federais e estaduais específicas do setor.

7 SHAPIRO, Robert; ANEJA, Siddhartha. *who owns americans' personal information and what is it worth?* Disponível em: https://assets.futuremajority.org/uploads/report-for-future-majority-on-the-value-of-people-s-personal-data-shapiro-aneja-march-8-2019.pdf/. Acesso em: 03 jan. 2020, p.5

8 POSNER, Richard A.; POSNER, R. a, *The economics of justice*. Revised Edition. Cambridge, Mass.: Harvard University Press, 1983.

Critério	Europa (GDPR)	Estados Unidos
Consentimento e controle de dados	Autodeterminação informativa. O consentimento é figura central, e os titulares são investidos de direitos abrangentes para tutelar seus dados.	O consentimento tem papel de menor destaque, e há maior enfoque em estratégias de autocertificação e normas setoriais.
***Enforcement* e penalidades**	Penalidades severas por violações.	Penalidades geralmente menos rigorosas, variáveis de acordo com legislação setorial e específica.
Transferência de dados internacionais	Restrições e exigências rigorosas para a transferência de dados para fora da UE.	Menos restritivo, dependente de ajustes e estruturas internacionais, como o *Data Privacy Framework*.
Cultura de privacidade e de proteção de dados	Proteção de dados vista como direito autônomo e fundamental.	Proteção de dados como reflexo de outros direitos, como a privacidade e o direito à imagem, que deve ser casuisticamente modelado, respeitando valores como a liberdade de expressão e interesses comerciais.

Em essência, enquanto a formatação do modelo europeu de proteção de dados se assenta na premissa da tutela dos direitos e interesses do usuário, corrigindo relações fáticas de vulnerabilidade e assimetria, o sistema norte-americano ostenta certa afinidade com uma lógica de livre mercado e autorregulação.

2.2 Situando o Brasil no campo da proteção de dados

No Brasil, a cultura jurídica de proteção à personalidade e aos seus aspectos existenciais é uma tônica estabelecida muito antes do seu expresso acolhimento pela legislação. Em meados do século XX, juristas como Orlando Gomes[9] e Limongi França[10] já sustentavam a prevalência de uma categoria de direitos

[9] GOMES, Orlando. Direitos de personalidade. *Revista de informação legislativa*, v. 3, n. 11, p. 39–48, 1966.

[10] FRANÇA, R. Limongi. Direitos da personalidade: coordenadas fundamentais. *Revista dos Tribunais*, v. 72, n. 567, p. 9–16, 1983.

diferenciada, porque de vital importância para o desenvolvimento da individualidade humana. A Constituição Federal de 1988, ao estabelecer o compromisso com a dignidade humana como princípio fundamental, primeiro, e o Código Civil de 2002, ao assentar a tutela substancial da personalidade na sequência, apenas validaram o compromisso.[11]

Essa ligação da cultura jurídica brasileira com os direitos da personalidade é, em grande medida, resultado do vínculo historicamente construído com o direito ocidental europeu – do qual, na condição de ex-colônia portuguesa, as tradições e os princípios foram herdados –, e se fez refletir nas estratégias de proteção de dados acolhidas. Mesmo antes da edição de um marco geral, a tutela da proteção de dados no Brasil era promovida sob os influxos dos direitos da personalidade – ainda que, por vezes, buscasse suporte ou se confundisse com projeções afins e correlatas, a exemplo da privacidade, do direito à imagem, da transparência e acesso à informação ou dos direitos consumeristas.[12]

Com a edição da Lei Geral de Proteção de Dados (LGPD), o Brasil reafirmou a sua maior aproximação com a tradição jurídica europeia. Apesar de o marco normativo não representar uma mera reprodução de conteúdo, há nítida convergência em torno de eixos fundamentais: a base principiológica, ancorada na autodeterminação informacional; o modelo de regulação *ex ante*, que trabalha sobre a lógica da alocação dos riscos sociais; a segmentação do regime de dados pessoais conforme o grau de potencial exposição e sensibilidade correlato; e a ideia de *accountability* a impor dever geral de documentação e transparência aos agentes de tratamento.[13-14]

---

11 DONEDA, Danilo; ZANATTA, Rafael A. F. Personality rights in brazilian data protection law: a historical perspective. *In:* ALBERS, Marion; SARLET, Ingo Wolfgang (Orgs.). *Personality and data protection rights on the internet:* brazilian and german approaches. Cham: Springer International Publishing, 2022, p. 35–53. (Ius Gentium: Comparative Perspectives on Law and Justice).

12 *Ibid.*

13 BIONI, Bruno; MENDES, Laura Schertel Ferreira. Regulamento Europeu de Proteção de Dados Pessoais e a Lei Geral Brasileira de Proteção de Dados: mapeando convergências na direção de um nível de equivalência. *In:* TEPEDINO, Gustavo; FRAZÃO, Ana; OLIVA, Milena Donato (Orgs.). *Lei Geral de Proteção de Dados Pessoais e suas repercussões no direito brasileiro.* São Paulo: Revista dos Tribunais, 2019.

14 ABRAMOVAY, Ricardo; ZANATTA, Rafael. *Dados pessoais abertos*: novos pilares dos mercados digitais? v. 16, 2019, p. 157.

Na prática, isso significa que, em matéria de proteção de dados, a doutrina, a jurisprudência e as leis brasileiras seguiram o caminho do empoderamento do usuário, garantindo que o acesso e controle do fluxo de informação pessoal lhe fosse salvaguardado como direito fundamental da personalidade. A distinção implica a observância de um regime jurídico diferenciado, mais restrito e protetivo do que aquele reservado aos direitos meramente patrimoniais.

Critério	Direitos da personalidade	Direitos patrimoniais
Projeção	Absolutos: reconhecidos a todos os indivíduos independentemente de atos ou relações jurídicas anteriores.	Absolutos ou relativos: conforme se enquadrem na lógica da propriedade ou dos direitos de crédito.
Disponibilidade	(Relativamente) Indisponíveis: não sujeitos a ato de disposição voluntária que os elimine ou restrinja de forma excessiva.	Disponíveis: podem ser objeto de transações e disposições.
Transmissibilidade	Intransmissíveis: vinculados a aspectos essenciais do titular, perdem sentido quando dissociados dele.	Transmissíveis: podem ser transferidos ou herdados.
Vitaliciedade	Vitalícios: extinguem-se com o óbito do titular.	Não vitalícios: com o óbito do titular, transmitem-se ao sucessor.
Prescritibilidade	Imprescritíveis: ressalvadas as repercussões econômicas (danos morais), a pretensão ao direito não tem limite temporal.	Prescritíveis: submetem-se a prazos prescricionais.
Caducabilidade	Incaducáveis: o decurso do tempo não extingue o direito.	Caducáveis: podem ser extintos pelo decurso do tempo.

2.3 Em busca do modelo ideal (ou sobre dados e mercadorias)

Embora divirjam em torno de pressupostos e estratégias, tanto o modelo norte-americano, mais afeito à lógica de livre mercado, quanto o europeu, focado na correção de assimetrias e vulnerabilidades sociais, perseguem o mesmo objetivo: responder aos dilemas intrínsecos à sociedade da informação.

A mediação tecnológica das relações sociais, que caracteriza a era digital, impactou em diversos domínios, inclusive o da economia. Antes da era digital, qualquer empreitada empresarial era cercada de incertezas; seu eventual sucesso somente poderia ser aferido *a posteriori*, com base em métricas relacionadas ao consumo e, sobretudo, ao preço. O signo da distinção, da qualidade e do êxito de um produto ou serviço estava na margem de lucro que se poderia extrair dele. Neste cenário, sustentava-se que o lucro era reflexo da capacidade do empresário de antever tendências e oportunidades. Era um mérito dele, portanto.

Com as novas tecnologias, essas premissas clássicas da lógica de mercado perderam lugar. O atravessamento da vida cotidiana por minicomputadores associado ao desenvolvimento da aprendizagem de máquina e a sofisticados algoritmos estão substituindo os preços como principais motores de mercados. O que antes era expresso de forma necessariamente imperfeita por métricas de consumo associadas a preços – um instrumento descentralizado para refletir aspirações, necessidades e capacidades produtivas da sociedade – está sendo gradualmente substituído pelo *Big Data*, um banco de dados do qual é possível extrair informações substanciais, diretas, cada vez mais densas e precisas. Esta mudança paradigmática representa uma realidade em que dados definem e balizam as dinâmicas de mercado.[15]

A economia contemporânea se sustenta nos dados, estruturando um complexo ecossistema que engloba desde a captura e o armazenamento até a extração de valor, por meio de análises preditivas ou modulatórias de comportamento. Gostos e predileções não só podem ser aferidos de forma prévia, como passam a ser identificados com muito mais rigor e precisão.

O cenário é complexo e comporta análises múltiplas. Shoshana Zuboff o descreve como uma nova etapa do modelo de produção, o capitalismo de vigilância. Empresas de tecnologia, como Google, Amazon, Meta, Microsoft e Apple, extraem nossos dados em proveito próprio e em detrimento de nossas individualidades. A autora é enfática ao apontar como o extrativismo digital e as técnicas de modulação de comportamento social que lhe são associadas impactam nas relações e na dimensão psicológica dos indivíduos, colocando em risco a sua autonomia existencial.[16]

---

15 ABRAMOVAY, Ricardo; ZANATTA, Rafael. *Dados pessoais abertos*: novos pilares dos mercados digitais? v. 16, p. 155–178, 2019, p. 161.

16 ZUBOFF, Shoshana. *The age of surveillance capitalism:* the fight for a human future at the new frontier of power. Kindle ed. Nova Iorque: PublicAffairs, 2018.

Com viés mais especulativo e exploratório, Viktor Mayer-Schönberger e Thomas Ramge vislumbram um cenário em que informações mais precisas e abrangentes sobre desejos e necessidades são utilizadas para tomar decisões econômicas mais eficientes e inclusivas, reinventando os mercados.[17]

As visões dos autores citados expressam, em alguma medida, as divergências entre os modelos de proteção de dados norte-americano e europeu. De um lado, tem-se a crença na possibilidade de resolver os problemas sociais a partir das próprias dinâmicas de mercado – ainda que reinventadas. De outro, aflora preocupação com uma abordagem mais protetiva, centrada na correção de assimetrias e na proteção contra vulnerabilidades sociais.

A verdade, porém, é que não há soluções fáceis. O efetivo exercício da autodeterminação informativa é desafiado por um contexto em que usuários, inundados por pedidos de autorização, concedem consentimentos mal compreendidos (fadiga do consentimento) e em que, perdidos em meio a painéis de personalização de coleta e uso de dados, desistem de qualquer customização, cedendo à alternativa padrão e geralmente mais invasiva (paradoxo do controle). Por outro lado, a formatação de uma economia de dados com maior vocação social reclama estratégia e intervenções para quebrar o círculo de extração de valor dos dados, hoje restrito a grandes empresas com capacidade e recursos suficientes para coletar, armazenar e extrair valor deles.

Não se trata de abandonar ou diminuir a feição fundamental constitucionalmente reconhecida à proteção de dados, mas de expandir horizontes para poder mirar os momentos em que os dados apresentam relevante expressão econômica. Negá-lo é recusar a oportunidade de regulação, o que, como bem pontua Nadezhda Portuova, implica deixar, ao talante daqueles agentes com acesso aos melhores recursos, as decisões fundamentais sobre titularidade e prerrogativas.[18]

Ilustra bem a disputa pela titularidade/propriedade dos dados o movimento de alguns dos principais jornais dos Estados Unidos

---

17 MAYER-SCHÖNBERGER, Viktor; RAMGE, Thomas. *Reinventing capitalism in the age of Big Data*. New York: Basic Books, 2018.

18 PURTOVA, Nadezhda. The illusion of personal data as no one's property. *Law, Innovation and Technology*, v. 7, n. 1, p. 83–111, 2015.

em face à OpenAI, empresa responsável pelo ChatGPT. Segundo noticiado,[19] desde agosto de 2023, pelo menos 535 organizações de notícias, incluindo o New York Times, a Reuters e o The Washington Post, instalaram bloqueadores para impedir que seu conteúdo seja coletado e usado para treinar o modelo de linguagem computacional. Agora, concentram seus esforços em negociações para assegurar alguma forma de remuneração para que o *chatbot* possa exibir *links* para notícias individuais em suas respostas.

Ao lado dessa, diversas outras situações, restritas ao plano individual, ilustram a necessidade de melhor regulamentação da possibilidade e dos limites de uso de dados. É o que ocorre nos casos de redes sociais e avatares de pessoas falecidas, geralmente identificados como herança digital. A questão ganha, ainda, complexidade ao atentar para o fato de que as inferências extraídas de dados, ainda quando relacionados a um único indivíduo, tendem a transcendê-lo. Pode-se ilustrar a situação com a hipótese de escolha de melhor abordagem médica que dependa de informação genética. Ao se defrontar sobre a questão, Nadezhda Portuova aponta, como conclusão intuitiva, a ideia de uma titularidade coletiva de dados, passível de ser fragmentada em grupos ou comunidades, ao lado ou como alternativa ao modelo da apropriação individual.[20]

As soluções parecem passar pela busca de um justo equacionamento entre projeções existenciais e patrimoniais dos dados, erigindo um sistema em que se tenha clareza dos momentos em que o regime jurídico dos direitos da personalidade haverá de prevalecer e daqueles em que as fórmulas apropriativas têm espaço. O que não se pode perder de vista, contudo, é que a expressão econômica é apenas e tão somente uma dimensão secundária e reflexa dos dados. Qualquer fórmula que permita extrair vantagens financeiras deles deve levar em consideração que, prioritariamente, existe uma dimensão existencial a ser preservada e que autoriza, por exemplo, a revogação de autorizações e consentimentos pelo titular.

---

[19] Jornais dos EUA querem remuneração por notícias usadas para alimentar o ChatGPT. *Estadão*. Disponível em: https://www.estadao.com.br/link/cultura-digital/jornais-dos-eua-querem-remuneracao-por-noticias-usadas-para-alimentar-o-chatgpt/. Acesso em: 5 nov. 2023.

[20] PURTOVA, The illusion of personal data as no one's property, p. 110.

3 Análise de decisões do superior tribunal de justiça

A pesquisa de decisões judiciais se deu a partir da análise de todos os acórdãos do Superior Tribunal de Justiça (STJ) que foram encontrados mediante busca, na ferramenta de pesquisa jurisprudencial do próprio Tribunal, utilizando a expressão "proteção de dados pessoais".

Essa busca retornou um total de 10 acórdãos e 83 decisões monocráticas. A escolha pela análise dos acórdãos se deu tanto pelo intuito de analisar decisões colegiadas, o que tende a mostrar já algum consenso ou dissenso nestas, como também pelo curto tempo que foi concedido para a pesquisa.

Foi então realizada a leitura integral de cada um dos acórdãos buscando analisar se traziam algum elemento que pudesse ser útil para a análise realizada nesta pesquisa, ou seja, se apresentavam conteúdo que permitisse entender aproximação da proteção de dados pessoais com aspectos existenciais ou patrimoniais.

Após a análise, concluiu-se que em apenas quatro dos dez acórdãos houve conteúdo que dialogasse com o objeto da pesquisa. Em todos, já se destaca de antemão, a aproximação foi sempre com aspectos existenciais, como se poderá ver na análise, em ordem cronológica, apresentada a seguir.

3.1 REsp 1660168 / RJ. Recurso Especial 2014/0291777-1

REsp 1660168 / RJ. RECURSO ESPECIAL 2014/0291777-1
Ministros: Marco Aurélio Bellizze (relator), Nancy Andrighi, Ricardo Villas Bôas Cueva, Mora Ribeiro e Paulo de Tarso Sanseverino.

O Recurso Especial foi interposto por Google Brasil Internet Ltda., Yahoo! do Brasil Internet Ltda. e Microsoft Informática Ltda., irresignadas com Acórdão do Tribunal de Justiça do Estado do Rio de Janeiro que lhes impôs a obrigação de implementar filtro de pesquisa em seus mecanismos de busca para desvincular o nome da autora de notícias relacionadas a suposta fraude em Concurso da Magistratura do Estado.

A principal pauta da deliberação foi a análise de pertinência da decisão recorrida com o julgamento do RE nº 1.010.606/RJ, em que o Supremo Tribunal Federal (STF) fixou a seguinte tese de Tema 786, firmando que o direito ao esquecimento, "entendido como o poder de obstar, em razão da passagem do tempo, a divulgação de fatos ou dados verídicos e licitamente obtidos e publicados em meios de comunicação social analógicos ou digitais" não tem guarida constitucional.

A Terceira Turma do STJ, por maioria, entendeu inexistir incompatibilidade entre a decisão recorrida e o Tema 768. Para tanto, recorreu à distinção entre o chamado direito ao esquecimento e o direito à desindexação. Embora o decurso do tempo, por si só, não conceda a ninguém a prerrogativa de evitar a divulgação de fatos a si relacionados, entende-se viável eliminar associações e reduzir visibilidade, quando deletéria e prejudicial a aspectos existenciais do indivíduo.

Diferentemente do direito ao esquecimento – identificado como um direito a filtragem de conteúdo –, a desindexação se associa ao fluxo de informação e à proteção de dados. Por meio da desindexação autoriza-se desvincular nome e outras informações pessoais de um determinado indivíduo em relação a eventos e termos junto aos provedores de busca. Não há, aqui, debate sobre veracidade, divagações acerca de decurso de lapso temporal relevante nem, tampouco, tentativa de responsabilizar agentes intermediários por conteúdo publicado por terceiros.

A Ministra Nancy Andrighi, relatora originária da espécie recursal, apresentou voto divergente, tendo sido acompanhado pelo Ricardo Villas Bôas Cueva.

O julgado é relevante por referendar uma ferramenta/estratégia para a proteção da privacidade e dos dados pessoais em meio ao ambiente digital.

A desindexação se presta a evidenciar a proximidade entre a proteção de dados e os direitos da personalidade. Seu objetivo primordial é, precisamente, garantir que os direitos da personalidade dos usuários/titulares de dados sejam preservados sempre que não prejudique o cumprimento de obrigações legais ou o legítimo exercício da liberdade de expressão (e congêneres, como a liberdade de imprensa). Não raro, exigir-se-á juízo de ponderação, diante do caso concreto, para identificar se a intervenção judicial no fluxo de informação social se justifica. Fato é que a desindexação não implica exclusão da notícia ou informação original, mas tão somente redução de visibilidade da fonte.

A desindexação dialoga de forma intensa com o princípio da autodeterminação informacional, que, assente na Lei nº 13.709/2018 (Lei Geral de Proteção de Dados), defere ao titular dos dados a possibilidade de gerir o fluxo de seus dados pessoais.

3.2 AgInt no AgInt nos EDcl no Recurso Especial nº 1841944 – CE

AgInt no AgInt nos EDcl no RECURSO ESPECIAL Nº 1841944 – CE
Ministros: Moura Ribeiro (relator), Nancy Andrighi, Paulo de Tarso Sanseverino, Ricardo Villas Bôas Cueva e Marco Aurélio Bellizze

Trata-se de caso ocorrido em 2016, em que a empresa Up Media (provedor de aplicação), depois de ter sido *hackeada*, informou à Sky (provedor de conexão) o IP e horário aproximado da infração, requerendo os dados de identificação do usuário que haveria incorrido na prática ilícita. Em ação judicial, tal pedido foi deferido liminarmente.

A Sky não cumpriu a liminar alegando que a tarefa seria impossível, por desconhecer a "porta lógica" do usuário. Aduziu ainda que a guarda de tal dado caberia à própria Up Media.

A lide no processo se desdobra, basicamente, em torno da discussão de quem estaria obrigado a identificar a porta lógica e, portanto, a preservar certos dados de acesso do usuário, se a Sky (provedor de conexão) ou a UP Media (provedor de aplicação).

A decisão do STJ determina que a guarda de tais dados é obrigação do provedor de aplicação.

Ainda que à luz do Marco Civil da Internet, o acórdão trata a proteção de dados pessoais aproximando-o do direito à privacidade. Destaca, inclusive, ao citar a LGPD, que a privacidade do usuário se relaciona "com o direito do usuário de transitar livremente nos corredores da Sociedade da Informação sem ter sua identificação revelada e seus dados pessoais captados sem o seu consentimento" (p. 7). Há, portanto, aproximação com o aspecto existencial.

3.3 Agravo em Recurso Especial nº 2.130.619 – SP (2022/0152262-2)

AGRAVO EM RECURSO ESPECIAL Nº 2.130.619 – SP (2022/0152262-2)
Ministros: Francisco Falcão (relator), Mauro Campbell Marques, Humberto Martins, Herman Benjamin e Assusete Magalhães

Caso em que houve vazamento de dados pessoais, e a titular ingressou com ação indenizatória contra a controladora (Eletropaulo). O STJ decidiu que o vazamento por si só, decorrente de ação de terceiro estranho à relação comercial, não gera dano moral. Também houve pronunciamento no sentido de que os dados vazados não seriam sensíveis, citando que o art. 5º, II, da LGPD, dispõe de forma expressa quais dados podem ser considerados sensíveis, firmando a taxatividade deste rol.

O acórdão, no desenvolvimento da sua fundamentação, ao tratar de dados pessoais sensíveis, referiu-se a estes como sendo os "considerados de índole íntima" (p. 10) e "que dizem respeito à intimidade da pessoa natural". Tem-se, também aqui, a aproximação com aspectos existenciais.

3.4 Recurso em Mandado de Segurança nº 71025 – PR (2023/0102642-5)

RECURSO EM MANDADO DE SEGURANÇA Nº 71025 – PR (2023/0102642-5)
Ministros: Reynaldo Soares da Fonseca (relator), Ribeiro Dantas, Joel Ilan Paciornik, Messod Azulay Neto e João Batista Moreira (Desembargador convocado do TRF1)

O caso trata de "ordem judicial que determina quebra de sigilo de dados informáticos estáticos relativos a dados pessoais e registros de conexão ou acesso a servidores, navegadores ou aplicativos de internet, delimitada por parâmetros de pesquisa em determinada região e por período de tempo".

Abordou a relatividade do direito ao sigilo que pode vir a sofrer restrição quando imprescindível ao interesse público. Conclui, ao fim, com fundamento na proporcionalidade e na ponderação entre os interesses públicos e privados, pela licitude da ordem judicial.

Na construção da decisão, afirma-se que o sigilo é "expressão de um direito fundamental de alta relevância ligado à personalidade" (p. 13). Afirma ainda que "não haveria, tampouco, afronta ao direito à privacidade de eventuais indivíduos não envolvidos com o delito investigado, na medida em que os dados coletados, além de protegidos pelo segredo de justiça, não seriam utilizados para nenhum outro fim que não a elucidação do crime e eventuais informações sem relevância para a investigação seriam descartadas". (p. 15) Traça, portanto, relação entre privacidade e proteção de dados, com aproximação no aspecto existencial.

4 Conclusões

Diante do levantamento realizado, nota-se que a tradição até então existente sobre proteção de dados pessoais no ordenamento jurídico brasileiro se aproxima mais do modelo europeu do que do norte-americano. Isso, por conseguinte, leva a uma configuração da proteção de dados pessoais que se coaduna com a dos direitos da personalidade.

Isso, entretanto, não inviabiliza que sejam eles objetos de negócios jurídicos patrimoniais, como, inclusive, já acontece com os outros direitos da personalidade. Porém, traz a tais negócios restrições e proteções aos titulares que não existiriam caso a proteção aos dados pessoais se enquadrasse unicamente como proteção à propriedade.

4.1 Análise de existência de prazos prescricionais ou decadenciais para proteção de tais direitos

A proteção aos direitos da personalidade se enquadra nas ações imprescritíveis. Portanto, havendo violação à proteção aos dados pessoais, o titular pode ingressar com ação a qualquer tempo para buscar a garantia do seu direito. Tal premissa, inclusive, acopla-se de modo adequado à realidade, já que é razoavelmente comum que os titulares só tomem conhecimento da violação à proteção dos seus dados pessoais muito tempo após a ocorrência do ilícito.

Isso acontece porque o direito de impedir a ocorrência ou fazer cessar a lesão a um direito da personalidade é um direito potestativo. Enquadrar-se-ia, a partir da observação da doutrina de Agnelo Amorim Filho, em uma categoria destes que

> (...) podem ser exercitados mediante simples declaração da vontade do seu titular, sem apelo à via judicial, mas somente se aquele que sofre a sujeição concordar com tal forma de exercício. Se não houver concordância, o titular do direito potestativo pode recorrer à via judicial para exercitá-lo. Tal via funciona, aí, apenas subsidiariamente.[21]

Já a prescrição se aplica somente para reflexos patrimoniais indenizatórios de violação dos dados pessoais do titular, pois aqui se estaria diante de um direito a uma prestação.[22] Assim, por exemplo, se um sujeito, a partir de um tratamento indevido de seus dados, faz jus a uma indenização por perdas e danos, à pretensão decorrente de tal violação se aplicaria o prazo prescricional devido.

4.2 Possibilidade ou não de alienação do direito decorrente dos dados pessoais

Esse é um campo em que a distinção entre as projeções econômicas e existências dos dados pessoais apresenta maior utilidade.

Isso porque aquilo que efetivamente for identificado como aspecto da personalidade haverá de se submeter ao regime delineado no art. 11 do Código Civil, que impõe a intransmissibilidade, irrenunciabilidade e a impossibilidade de limitação voluntária do seu exercício.

Entretanto, já há muito tempo prevalece o entendimento de que é possível extrair vantagem econômica de direitos da personalidade, desde que não implique separação entre o titular e o direito em si.[23] Isso significa que, respeitado o núcleo fundamental do direito, negócios com propósito patrimonial podem tê-los por objeto.

---

[21] AMORIM FILHO, Agnelo. *Critério científico para distinguir a prescrição da decadência e para identificar as ações imprescritíveis*. p. 5

[22] Ibidem, p. 10.

[23] BORGES, Roxana Cardoso Brasileiro. *Direitos de personalidade e autonomia privada*. 2. ed. São Paulo: Saraiva, 2007.

Assim, é possível a licença para tratamento de dados pessoais, seja a título gratuito ou oneroso, mas estes continuariam integrando a esfera existencial dos seus titulares. Aliás, outro não é o pensamento trazido pela própria LGPD ao garantir ao titular direitos que, mesmo após o início do tratamento, ainda que por consentimento seu, podem ser opostos ao controlador.

4.3 Possibilidade ou não de aplicar institutos relacionados à posse e propriedade, como a usucapião e as ações possessórias

Ante a possibilidade de extrair valor econômico de dados pessoais, é comum que se flerte com a sistemática classicamente reservada à propriedade e à posse. A tendência reflete um impulso natural, já visto em momentos pretéritos, em que houve expansão do conceito amplo de propriedade.[24]

A propriedade e a posse, na forma como contempladas no Livro III do Código Civil, possuem alcance e escopo bem delimitados. Prestam-se a delinear o regime jurídico do Direito das Coisas. O respectivo propósito não é o de exaurir todo o feixe de projeções patrimoniais socialmente possíveis, mas tão só disciplinar a distribuição das vantagens econômicas extraíveis das coisas, bens corpóreos por definição.[25]

A tutela patrimonial é bem mais ampla. Envolve toda a temática de crédito, responsabilidade civil, empresa, obrigações, contratos, direitos autorais e propriedade intelectual, apenas para citar exemplos. Todos esses campos possuem suas especificidades e regras próprias, distintas daquelas reservadas ao Direito das Coisas.

A construção de um regime patrimonial de dados há de ser feita em linha similar. Ao se mencionar eventual propriedade

---

24 A título de ilustração, menciona-se os direitos autorais e a propriedade intelectual. Perdurou, durante muito tempo, debate sobre a possibilidade de recorrer aos meios de tutela da posse para a respectiva salvaguarda. A querela só veio a arrefecer depois da edição da Súmula nº 228, por meio da qual o STJ estabeleceu não caber "a utilização dos interditos possessórios para a defesa dos direitos autorais". Tem-se, ainda, a título de exemplo histórico, a defesa do uso de interditos possessórios para proteção de bens não corpóreos, como energia elétrica, linha telefônica e até mesmo de cargos públicos.

25 ASCENSÃO, José de Oliveira. *Direito Civil* – reais. 5. ed. Coimbra: Coimbra Editora, 1993.

de dados, não se deve ter em mente o regime especificamente reservado às coisas. Tem-se por pauta, afinal, a regulamentação de efeitos econômicos associados a utilidades intangíveis, que contemplam desafios muito diferentes daqueles suscitados pela apropriação dos bens de atendimento às primeiras necessidades da vida (analógica).

Nota-se que, ante a inexaurabilidade característica do universo digital, sequer a percepção dos dados como efetiva propriedade é tão imediata e natural. É necessário algum esforço para perceber que o valor economicamente associável a eles está em vantagens competitivas que deles se pode extrair. Como explica Shoshana Zuboff, a comoditização dos dados passa pela capacidade preditiva a eles associada. O valor dos dados não lhes é intrínseco. Isoladamente, pouco agregam. A coleta massiva, contudo, permite que determinados agentes extraiam informações e inferências relevantes para reduzir custos e riscos associados a uma série de atividades.[26] Em linha semelhante, Nadezhda Purtova sustenta que os dados devem ser vistos como ecossistema, a envolver pessoas, plataformas eletrônicas, registros e inferências extraídas.[27]

Por se tratar de um sistema complexo de atividades e comportamentos coordenados, as técnicas de tutela da posse e da propriedade clássicas têm pouca ou nenhuma serventia em matéria de dados pessoais. Não há sentido em recorrer a fórmulas como a dos interditos possessórios, da usucapião ou dos direitos reais pelo simples fato de partirem de pressupostos fáticos absolutamente diversos.

Hoje, apesar dos debates e propostas legislativas, não existe uma regulamentação específica para a tutela patrimonial dos dados pessoais. Deixar a questão em aberto é prejudicial por duas perspectivas. Em um primeiro plano, porque traz incerteza para a vida cotidiana. A ausência de disciplina específica não implica anomia, mas disputas sobre regras e diretrizes aplicáveis. Negócios serão celebrados, mas faltará clareza sobre limites, direitos e deveres dos agentes envolvidos. A situação é ruim por si só, já que falha em endereçar uma das funções mais basilares do sistema jurídico. Mas se torna pior, e aqui se apresenta a segunda dimensão do problema,

---

[26] ZUBOFF, *The Age of Surveillance Capitalism.*

[27] PURTOVA, *The illusion of personal data as no one's property.*

porque, em um cenário de incerteza ou deficiência regulatória, as regras de livre mercado tendem a prevalecer, contemplando os agentes investidos de melhores recursos técnicos e econômicos. Por incúria, corre-se o risco de abdicar de compromisso cultural e historicamente assumido com a construção de uma ordem normativa voltada à redução de assimetrias e vulnerabilidades, permitindo o predomínio da autorregulação da vida.

4.4 Duração e possibilidade ou não de transmissão aos herdeiros dos direitos decorrentes dos dados pessoais

Não haveria aos herdeiros transmissão do direito aos dados pessoais do falecido, já que estes, integrando sua personalidade, não estariam sujeitos ao regime patrimonial de transmissão de bens. Poderiam, entretanto, beneficiar-se de aspectos patrimoniais que envolvam os dados pessoais do falecido oriundos de fato anterior ao falecimento. Assim, por exemplo, poderiam continuar a receber pagamento de contrato que envolvesse a exploração dos dados pessoais do *de cujus*, ou receber pleitos indenizatórios decorrentes de violações. Mas, por outro lado, não poderiam, exemplificativamente, celebrar novos contratos que tivessem por objeto os dados pessoais do falecido.

Ademais, os herdeiros, nos termos do art. 12, parágrafo único, do Código Civil, também poderiam atuar na proteção dos dados pessoais do falecido ingressando com ação para impedir qualquer violação de tal direito deste. Essa legitimidade, para fazer cessar a lesão, ou impedir o seu início, independe de a violação ter começado antes ou depois da morte do titular, bastando que seus efeitos perdurem até aquele momento. Note-se que, igualmente, teria o herdeiro a possibilidade de ingressar com ação para requerer indenização por perdas e danos nas mesmas circunstâncias.

Referências

ABRAMOVAY, Ricardo; ZANATTA, Rafael. Dados pessoais abertos: novos pilares dos mercados digitais? *Direito Público*, v. 16, p. 155–178, 2019.

ASCENSÃO, José de Oliveira. *Direito Civil* – reais. 5. ed. Coimbra: Coimbra Editora, 1993.

BECKERS, Anna; TEUBNER, Gunther. Responsibility for Algorithmic Misconduct: Unity or Fragmentation of Liability Regimes? *Yale Journal of Law and Technology*, v. 25, special issue 76, 2023. Disponível em: https://yjolt.org/. Acesso em: 15 jul. 2023.

BIONI, Bruno; MENDES, Laura Schertel Ferreira. Regulamento Europeu de Proteção de Dados Pessoais e a Lei Geral Brasileira de Proteção de Dados: Mapeando convergências na direção de um nível de equivalência. *In:* TEPEDINO, Gustavo; FRAZÃO, Ana; OLIVA, Milena Donato (Orgs.). *Lei Geral de Proteção de Dados Pessoais* – e suas repercussões no direito brasileiro. São Paulo: Revista dos Tribunais, 2019.

BORGES, Roxana Cardoso Brasileiro. *Direitos de personalidade e autonomia privada*. 2. ed. São Paulo: Saraiva, 2007.

BRASIL. Câmara dos Deputados. Projeto de Lei Complementar nº 234/2023. Autor: Arlindo Chinaglia – PT/SP. Disponível em: https://www.camara.leg.br. Acesso em: 10 nov. 2023.

DONEDA, Danilo. *Da privacidade à proteção de dados pessoais*: elementos da formação da Lei Geral de Proteção de Dados. 2. ed. São Paulo: Revista dos Tribunais, 2020.

DONEDA, Danilo; ZANATTA, Rafael A. F. Personality rights in brazilian data protection law: a historical perspective. *In:* ALBERS, Marion; SARLET, Ingo Wolfgang (Orgs.). Personality and data protection rights on the internet: brazilian and german approaches. Cham: Springer International Publishing, 2022, p. 35–53. (Ius Gentium: Comparative Perspectives on Law and Justice).

FRANÇA, R. Limongi. Direitos da personalidade: coordenadas fundamentais. *Revista dos Tribunais*, v. 72, p. 9–16, 1983.

GARCIA, David *et al.* Collective aspects of privacy in the Twitter. *Social network EPJ Data Science*, (2018) 7:3. Disponível em: https://doi.org/10.1140/epjds/s13688-018-0130-3. Acesso em: 05 jan. 2020.

GOMES, Orlando. Direitos de personalidade. *Revista de informação legislativa*, v. 3, n. 11, p. 39–48, 1966.

GROCHOWSKI, Mateusz *et al.* Algorithmic transparency and explainability for EU consumer protection: unwrapping the regulatory premises. *Critical Analysis of Law*: An International & Interdisciplinary Law Review, vol. 8, n. 1, 2021, p. 43-63.

HAN, Byung-Chul. *No enxame*: perspectivas do digital. Petrópolis: Vozes, 2018.

LEE, Kai-Fu. *Inteligência artificial*. Rio de Janeiro: Globo, 2019.

MAYER-SCHÖNBERGER, Viktor. Generational Development of Data Protection in Europe. *In*: AGRE, Philip E.; ROTENBERG, Marc (Orgs.). *technology and privacy:* the new landscape. First Printing edition. Cambridge, Mass.: The MIT Press, 1998, p. 219–241.

MAYER-SCHÖNBERGER, Viktor; RAMGE, Thomas. *Reinventing capitalism in the age of Big Data*. New York: Basic Books, 2018.

O'NEIL, Cathy. *Algoritmos de destruição em massa*. São Paulo: Rua do Sabão, 2021.

POSNER, Richard A.; POSNER, R. a. *The Economics of Justice*. Revised ed. Cambridge, Mass.: Harvard University Press, 1983.

PURTOVA, Nadezhda. The illusion of personal data as no one's property. *Law, Innovation and Technology*, v. 7, n. 1, p. 83–111, 2015.

REQUIÃO, Maurício (Org.). *Proteção de dados pessoais:* novas perspectivas. Salvador: EDUFBA, 2022. Disponível em: https://repositorio.ufba.br/handle/ri/35799.

REQUIÃO, Maurício; COSTA, Diego Carneiro. Discriminação algorítmica: ações afirmativas como estratégia de combate. *Civilistica.com,* ano 11, n. 3, 2022. Disponível em: civilistica.com. Acesso em: 10 fev. 2023.

REQUIÃO, Maurício; PRAZERES, Gustavo Cunha. Horizontes da liberdade de expressão em meio às redes sociais. *Civilistica.com*, ano 12, n. 1, 2023. Disponível em: civilistica.com. Acesso em: 10 out. 2023.

SCHREIBER, Anderson. *Direitos da personalidade.* São Paulo: Atlas, 2011.

SZANIAWSKI, Elimar. *Direitos de personalidade e sua tutela.* 2. ed. São Paulo: Revista dos Tribunais, 2005.

TEFFÉ, Chiara Spadaccini de. *Dados pessoais sensíveis*: qualificação, tratamento e boas práticas. Indaiatuba: Foco Jurídico, 2022.

ZUBOFF, Shoshana. *The age of surveillance capitalism:* the fight for a human future at the new frontier of power. Kindle ed. Nova Iorque: PublicAffairs, 2018.

AMBIENTE IMERSIVO E *NEUROGAMING*: NOTAS ACERCA DOS IMPACTOS AOS DIREITOS HUMANOS E FUNDAMENTAIS EM FACE DAS NOVAS FRONTEIRAS ADVINDAS COM A TECNOLOGIA

GABRIELLE BEZERRA SALES SARLET
VIVIANE CEOLIN DALLASTA DEL GROSSI

1 Introdução

A imersão em um ambiente pode ser percebida como o mergulho em uma liga de vários elementos que, conjugados, passam a criar uma experiência profunda e envolvente. Esses elementos podem variar dependendo do contexto tecnológico, físico ou cultural. Estímulos sensoriais, capacidade interativa, sensação de presença, continuidade narrativa, imersão emocional, personalização e controle, entre outros elementos, podem contribuir para a criação de um experimento em que os partícipes se sintam completamente absorvidos e envolvidos em um ecossistema artificialmente forjado, tais como os ambientes virtuais, as *performances* teatrais ou até algumas instalações artísticas.

Um ambiente imersivo é, em vista disso, um ambiente que envolve completamente os sentidos de uma pessoa, proporcionando uma experiência profunda, emocional e envolvente, por vezes díspar do mundo real. O termo imersão é frequentemente utilizado em contextos relacionados à tecnologia digital, como no que se refere à realidade virtual (VR) e à realidade aumentada (AR), ou seja, em uma espécie de emulação de experiência tridimensional, na qual o indivíduo é tragado para, inclusive, por vezes, assumir outra persona.

Quando um indivíduo se sente submerso em uma realidade virtual, ele experimenta uma sensação de presença tão forte, que pode sentir como se estivesse fisicamente presente, apesar de estar ciente de que é uma simulação. Assim, a existência de ambientes virtuais cada vez mais sofisticados e melhor renderizados, mediante o rastreamento de movimentos e de posicionamentos, passam a assegurar a condição de presença, auxiliados por sistemas de áudio realista e pela interação háptica.

De tal modo, oportuniza *feedback* táctil, resposta em tempo real, liberdade de movimento, sendo emoldurado adequadamente e contextualizado em uma narrativa cativante e coerente, de sorte a se caracterizar como uma das maiores revoluções da contemporaneidade, sobretudo em aplicações no mundo corporativo, na área de treinamento e de melhoramento cognitivo, no campo do entretenimento e nos setores da educação e da saúde.[1]

Portanto, em um momento em que a atenção se volta para o emprego das novas tecnologias digitais, particularmente em uma conjuntura em que as ferramentas de inteligência artificial (doravante IA), principal tecnologia de propósito geral na atualidade, passam a ser cada vez mais necessárias e disruptivas, inclusive em termos de ubiquidade, de sutileza e de pervasividade, cumpre assinalar impactos e algumas externalidades negativas, e, em razão disso, deve-se apontar algumas dissonâncias com o traço civilizatório em face das possíveis violações ao catálogo de direitos humanos e, no que concerne ao cenário doméstico, aos direitos fundamentais.

Com efeito, as aplicações com base em IA têm o potencial, positivo e negativo, de produzir profundas alterações com múltiplas repercussões para todas as formas de vida, sobretudo vidas humanas, as quais podem ser beneficiadas na medida em que terão acesso às novas ferramentas tecnológicas que, expandindo-se em largas aplicações, podem ampliar as capacidades cognitivas e, dessa forma, propiciar alternativas de tomada de decisão inovadoras, no âmbito público e privado, utilizáveis para solucionar problemas crônicos, tais como a crise dos recursos hídricos, a subnutrição, as alterações climáticas, a crise mundial de depressão, os desastres migratórios e o colapso ambiental.

No entanto, para além dos meros solucionismos tecnológicos, a adoção de aplicações de IA implica reflexão harmoniosa entre

---

1 *Como funciona o Telepathy, chip cerebral que Elon Musk diz ter sido implantado em uma pessoa.* Disponível em: https://www.bbc.com/portuguese/articles/cd182g1gp27o. Acesso em: 26 fev. 2024.

o presente e o passado, especialmente no que afeta ao futuro da espécie humana e do papel de algumas instituições sociais e políticas tendo em vista as profundas transformações que já se encontram em curso e os desafios do porvir. O cenário de vácuo legislativo, de tecnoautoritarismo, de plataformização e de algoritmização do cotidiano, sobretudo em países como o Brasil, carece de uma análise acurada, qualitativa e quantitativa, do que deve ser delegado aos módulos de IA em termos de políticas públicas, mormente em áreas estratégicas como saúde, segurança e educação.

Neurogames, em vista disso, surgem como uma aposta na conjugação de saberes, em especial advindos das neurociências e de distintas constelações de tecnologias embarcadas de IA que despertam inquietações e esperanças, mormente no campo da educação, na área da saúde digital, nas tecnologias terapêuticas aplicadas às pessoas com alguma deficiência e na área da reabilitação de pacientes.

Em caráter preliminar, no que concerne propriamente ao uso irreflexivo de *neurogames*, alerta-se que não devem ser tomados como ferramenta substitutiva das terapias tradicionais, alertando-se igualmente para que não sejam instrumentais de novas modalidades de manipulação comportamental, de vigilantismo exacerbado, de afetação à integridade física e à privacidade mental, de comprometimentos da integridade neurocognitiva, de cerceamento da liberdade e de limitação inapropriada da autonomia e, de forma mais ampliada e não menos radical, para o uso indevido dos neurodados.[2]

Para um melhor entendimento desse cenário, urgem esforços acadêmicos como esse, que, por meio de metodologia exploratória e documental, mediante emprego do método hipotético-dedutivo, intenta analisar as possibilidades de emprego dos *neurogames* para, atualizando uma pauta em prol da defesa dos direitos humanos e fundamentais, destacar uma apropriada proteção aos neurodireitos. E, consequentemente, analisar de modo adequado o conceito de

2 Dado neural deve ser entendido como qualquer informação obtida, direta ou indiretamente, da atividade do sistema nervoso central do paciente, mediante interações cérebro-computador, a exemplo de equipamentos auditivos e ortopédicos que operam por meio de sinais coletados diretamente do cérebro.

integridade neurocognitiva para compreender, em vista disso, a necessidade das molduras regulatórias e legislativas em uma sinergia harmoniosa com o texto constitucional em vigor no Brasil e com os principais documentos internacionais em favor de uma efetiva afinação com a sociedade civil e com os organismos de direitos humanos, à medida do desenvolvimento e da aplicação de módulos de IA justos, seguros, robustos e confiáveis.[3]

Para tanto, como outrora mencionado, adotar-se-á o método hipotético-dedutivo, vez que, como ponto de partida para a cadeia de raciocínio, será considerado o contexto atual, marcado por profundas transformações ocasionadas pelo emprego das tecnologias digitais de informação e de comunicação (TICs), para obter, em um segundo momento, testando algumas hipóteses, alguns parâmetros para mapear e compreender apropriadamente as ameaças para os direitos humanos e para os direitos fundamentais decorrentes do irrestrito desenvolvimento de terapias invasivas, sobretudo no que concerne ao amplo e ao desregulado desenvolvimento e uso dos *neurogames*.[4]

2 Ambiente imersivo e neurotecnologias

De acordo com a OCDE, a neurotecnologia consiste em dispositivos e em procedimentos usados para acessar, monitorar, investigar, avaliar, manipular e/ou emular a estrutura e a função dos sistemas neurais de pessoas físicas.[5] Dito de outro modo, a neurotecnologia gera impactos profundos e pode mapear e, inclusive, alterar a atividade do cérebro humano.

No atual estado da arte, as neurotecnologias[6] são amplamente utilizadas e difundidas em tratamentos das doenças psíquicas

---

[3] HOFFMANN-RIEM, Wolfgang. Big Data e Inteligência Artificial: desafios para o direito. *Revista Estudos Institucionais*, v. 6, n. 2, p. 431-506, maio/ago. 2020, p. 451.

[4] BECKERS, Anna; TEUBNER, Gunther. Three Liability Regimes for Artificial Intelligence: Algorithmic Actants, Hybrids, Crowds. p. 40.

[5] ORGANIZAÇÃO PARA A COOPERAÇÃO E DESENVOLVIMENTO ECONÔMICO (OCDE). *Recommendation of the Council on Responsible Innovation in Neurotechnology*. Doc. n. OECD/LEGAL/0457, adotada em dezembro de 2019. Disponível em: https://www.oecd.org/science/recommendation-on-responsible-innovation-in-neurotechnology.htm. Acesso em: 06 abr. 2024. p. 6.

[6] Em síntese, segundo definição da *Neurorights Foundation*, a neurotecnologia consiste em "qualquer tecnologia que registre ou interfira na atividade cerebral, especialmente as

e das doenças neurológicas, como Alzheimer, esquizofrenia, acidente vascular cerebral, transtorno de estresse pós-traumático, depressão profunda, compulsões graves e, em especial, no enfrentamento das adicções.[7] Lembre-se de que o desenvolvimento das neurotecnologias, conjugadas com os incrementos advindos com os novos módulos de IA, conduziu as tecnologias assistivas a infindáveis possibilidades de avanço e de incremento da vida cotidiana para pessoas com deficiência e com transtornos severos.[8]

Importa, *prima facie*, mencionar que, assim como não se confunde IA e automação, nem toda neurotecnologia encontra-se aplicada a uma interface cérebro-computador – ICC (ou BCI – *Brain Computer Interface*, na sigla em inglês). Do mesmo modo, para a acertada compreensão do alcance do impacto das aplicações neurotecnológicas nas paletas dos direitos humanos e fundamentais, interessa entender como elas funcionam.

No âmago das assim chamadas neurotecnologias, estão as interfaces cérebro-computador (ICC),[9] que são dispositivos que conectam o cérebro a um computador ou a outro dispositivo fora do corpo humano, como um *smartphone*, por exemplo.

As ICCs permitem uma comunicação bidirecional entre o cérebro e o mundo exterior, exportando dados do cérebro ou alterando a sua atividade, e podem operar, em regra, de dois

---

interfaces cérebro-computador". (GENSER, Jared; HERRMANN, Stephanie; YUSTE, Rafael. International human rights protection gaps in the age of neurotechnology. *NeuroRights Foundation*, maio, 2022, p. 10-15. Disponível em: https://static1.squarespace.com/static/60e5c0c4c4f37276f4d458cf/t/6275130256dd5e2e11d4bd1b/1651839747023/Neurorights+Foundation+PUBLIC+Analysis+5.6.22.pdf. p. 4. Acesso em: 05 jun. 2023.)

7 GENSER, Jared; HERRMANN, Stephanie; YUSTE, Rafael. International human rights protection gaps in the age of neurotechnology. *NeuroRights Foundation*, maio, 2022, p. 10-15. Disponível em: https://static1.squarespace.com/static/60e5c0c4c4f37276f4d458cf/t/6275130256dd5e2e11d4bd1b/1651839747023/Neurorights+Foundation+PUBLIC+Analysis+5.6.22.pdf. Acesso em: 05 jun. 2023.

8 "Por exemplo, a IA pode alimentar braços robóticos que podem ser conectados ao cérebro de uma pessoa) ou um simples *smartphone* iOs que pode traduzir palavras escritas em palavra falada para uma pessoa cega", em livre tradução. UNITED NATIONS CHILDREN´S FUND (UNICEF). Children and AI: Where are the opportunities and risks? Disponível em: https://www.unicef.org/innovation/sites/unicef.org.innovation/files/2018-11/Children%20and%20AI_Short%20Verson%20%283%29.pdf. Acesso em: 05 mar. 2024.

9 O pontapé inicial da Copa do Mundo de Futebol do Brasil 2018 foi dado por uma pessoa tetraplégica usando um robô exoesqueleto controlado por uma BCI. *Olimpíadas com neurotecnologia*. Disponível em: https://www.youtube.com/watch?v=FRKE5C50Emk. Acesso em: 25 maio 2023.

modos diferentes: 1) invasivos (estar dentro do crânio de uma pessoa). Implantes cocleares ou estimuladores cerebrais, *v.g.*, que podem ajudar as pessoas com doença de Parkinson a recuperar a mobilidade; próteses que possibilitam sentir frio e calor, auxiliando no tratamento da Esclerose Lateral Amiotrófica (ELA), entre outras; e 2) Não invasivos (vestíveis), que são colocados no corpo ou fora dele, mediante um adesivo, um capacete, tiaras ou na qualidade de uma fita sobre a cabeça.[10]

Observa-se que, em ambos os casos, há um silêncio ou vazio legislativo da maioria dos parlamentos e dos tribunais[11] em face da sanha das grandes empresas de tecnologia, e, em vista disso, há lacunas específicas na regulamentação, que, por sua vez, originam vácuos consideráveis na proteção dos direitos humanos e dos direitos fundamentais,[12] vez que, em uma alargada perspectiva há, de forma inédita, uma possibilidade real de o pensamento humano ser, em alguma medida mais radicalizada, decodificado ou manipulado.

Sendo igualmente relevante, nessa altura, apontar para as novas modalidades de violações, perpetradas por meio das neurotecnologias, estender o adensamento do emprego para as práticas vigilantistas,[13] discriminatórias[14] e estigmatizantes, estatais e não estatais. E, dessa feita, interessa alertar para o fenômeno de total exaurimento das últimas dimensões de privacidade no seio de sociedades cada vez mais tecnológicas, polarizadas, preconceituosas e complexas.[15]

---

10 Essa é considerada a classificação principal, ainda que a ICO, em seu relatório, tenha apresentado uma subclassificação de neurotecnologias semi-invasivas. Ver: ICO. *Neurotechnologies:* key definitions. Disponível em: https://ico.org.uk/about-the-ico/research-reports-impact-and-evaluation/research-and-reports/technology-and-innovation/ico-tech-futures-neurotechnology/neurotechnologies-key-definitions/. Acesso em: 10 set. 2023.

11 WARAT, Luis Alberto. Introdução geral ao direito. Vol. III. *O Direito não estudado pela teoria jurídica moderna.* Porto Alegre: Fabris Editor, 1997, p. 58.

12 LOPES, Ana Maria D'Ávila. Proteção constitucional dos direitos fundamentais culturais das minorias sob perspectiva do multiculturalismo. *Revista de Informação Legislativa*, Brasília, n. 45, p. 19-29, 2008, p. 20.

13 ZUBOFF, Shoshana. *A era do capitalismo de vigilância*: a luta por um futuro humano na nova fronteira do poder. George Schlessinger (Trad). Rio de Janeiro: Intrínseca, 2020, p. 68-69.

14 RIOS, Roger Raupp. *Direito da antidiscriminação*: discriminação direta, indireta e ações afirmativas. Porto Alegre: Livraria do Advogado Editora, 2008, p. 15.

15 SIQUEIRA, Dirceu Pereira.; CASTRO, Lorenna Roberta Barbosa. Minorias e grupos vulneráveis: a questão terminológica como fator preponderante para uma real inclusão social. *Revista Direitos Sociais e Políticas Públicas*, vol. 5, n. 1, 2017, p. 115.

Adicione-se, por oportuno, que, embora o conceito de privacidade seja eminentemente um construto burguês, entende-se que o mesmo se tornou elementar para forjar o sujeito de direito, sobretudo na perspectiva de exercício da autonomia e do livre-arbítrio, que, a despeito da sua problemática conceituação, perfazem as bases da sociedade ocidental, inclusive jurídicas. Desse emaranhado conceitual emerge aos poucos a noção de privacidade mental ainda em construção.

A bem da verdade, embora os avanços na neurotecnologia apresentem oportunidades médicas, sociais e científicas únicas, que descortinam novas fronteiras do funcionamento cerebral e, dessa feita, abrem e ainda abrirão, mais e mais, uma vasta arena não somente para a economia e para a medicina, tendendo a se capilarizar no cotidiano, enfatiza-se, nesse sentido, a urgência em refletir de forma precaucional, profunda e lúcida acerca das implicações e das externalidades sem precedentes que impactam na efetividade dos direitos humanos e fundamentais.

A propósito, as neurotecnologias têm um significativo potencial de ampliar, melhorar, impulsionar os contornos e os limites da condição humana, especialmente em situações desafiadoras como as que, *e.g.*, envolvem os quadros sindrômicos severos. Porém, precisamente, por ser tão radical, adensa fossos de desigualdades, aclara vulnerabilidades e, destarte, manifesta desafios multidimensionais inimagináveis até o momento,[16] que implicam políticas públicas adequadas.

De modo a situar a importância do debate em relação às neurotecnologias, recorda-se que as iniciativas foram impulsionadas pelo governo Obama, em 2013, que instituiu a Iniciativa BRAIN nos EUA,[17] a qual financiou pesquisas para o desenvolvimento de neurotecnologias dotadas, inclusive, de módulos de IA. Nessa

---

[16] Ver: *ICO warns of "real danger" of discrimination in new technologies that monitor the brain.* Disponível em: https://ico.org.uk/about-the-ico/media-centre/news-and-blogs/2023/06/ico-warns-of-real-danger-of-discrimination-in-new-technologies-that-monitor-the-brain/. Acesso em: 12 mar. 2024.

[17] Ver: *National Institutes of Health.* The Brain Iniative. Disponível em: https://braininitiative.nih.gov/. Acesso em: 06 abr. 2024. Ver: *Obama lança programa para mapear cérebro humano.* Disponível em: https://veja.abril.com.br/ciencia/obama-lanca-programa-para-mapear-cerebro-humano/. Acesso em: 20 dez. 2023.

tendência, países em todo o mundo começaram a financiar fortemente projetos de pesquisa semelhantes.[18]

Ou seja, as neurotecnologias, embarcadas de sofisticadas aplicações de IA, tornam-se cada vez mais o grande trunfo nas pesquisas e nos investimentos de países como os EUA e a China e suas *Bigtechs* que apostam no seu desenvolvimento e no seu uso para, principalmente, fins de segurança, sendo igualmente rentável no escopo do capitalismo de vigilância e da economia da atenção.[19]

A título ilustrativo, a empresa Meta investiu no Projeto "Brain to Text",[20] iniciado em 2017, com o desenvolvimento de BCI não invasiva para decodificar pensamentos humanos a uma taxa de 100 palavras por minuto, escrevendo-as em uma tela de computador. Em 2019, a Meta adquiriu a CTRL-Labs, por supostamente US$ 1 bilhão, interessada no desenvolvimento de uma pulseira que pode ser o primeiro produto de consumo a usar atividade neural para traduzir intenções, gestos e movimentos no controle do computador ou movimentos de um avatar robótico.[21]

De outra banda, a Kernel lançou seu Dispositivo "KernelFlow" no outono de 2020: um capacete que pode mapear a atividade do cérebro com precisão e com resolução sem antecedentes.[22] Saliente-se que muitos outros portáteis e BCIs não invasivos estão sendo

---

18 Ver: *Brain Initiative Alliance*. Disponível em: https://www.braininitiative.org/alliance/. Acesso em: 19 jan. 2024.

19 *Neurotecnologia permitirá alterar funcionamento mental, diz cientista*. Disponível em: https://epocanegocios.globo.com/ciencia-e-saude/noticia/2024/03/neurotecnologia-permitira-alterar-funcionamento-mental-diz-cientista.ghtml. Acesso em: 12 mar. 2024.

20 *Facebook reveals it's working on brain-to-text technology that can read minds*. Disponível em: https://www.gadgets360.com/social-networking/news/facebook-reveals-its-working-on-brain-to-text-technology-that-can-read-minds-1683625. Acesso em: 20 out. 2023. Ver também outras iniciativas mais recentes: *DeWave*: Brain-to-Text AI Breakthrough Revolutionizing Communication. Disponível em: https://blockchain.news/analysis/dewave-brain-to-text-ai-breakthrough-revolutionizing-communication. Acesso em: 19 jan. 2024.

21 "O negócio contribuirá com projetos de realidade virtual e aumentada da empresa de Mark Zuckerberg. Isso porque a pulseira criada pela *startup* permite que os usuários controlem outros dispositivos por meio de sua atividade neuronal. (...) A área também mantém o projeto de uma interface cérebro-computador que busca transformar pensamentos em texto." *Facebook compra* startup *que faz pulseira para "ler" sua mente*. Disponível em: https://tecnoblog.net/noticias/2019/09/24/facebook-compra-startup-ctrl-labs-pulseira-ler-sua-mente/. Acesso em: 20 nov. 2023.

22 *Kernel*. Disponível em: https://www.kernel.com/. Acesso em: 10 jan. 2024.

desenvolvidos, em níveis de alta escalabilidade, para produzir imagens e para decodificar a atividade cerebral.[23]

Em 2018, *v.g.*, o Massachusetts Institute of Technology (MIT) Media Lab usou um BCI invasivo para transcrever os pensamentos humanos em mensagens digitadas, caracterizando-se como uma investida pioneira. E a Neuralink, propriedade de Elon Musk, anunciou que está desenvolvendo um *chip* implantável sem fio para vincular mentes humanas a computadores para criar cognição "sobre-humana", assim, aprimorando humanos com IA.[24] Desta feita, evidencia-se que essas experiências flertam seriamente, em certo grau, ora com o pós-humanismo, ora com o transumanismo.[25]

De qualquer modo, os cientistas já descobriram como usar BCIs invasivos para investigar as pistas sobre a raiz última das ações acríticas, o itinerário dos processos decisórios, o grau de importância da emocionalidade e da circuitaria cerebral, notadamente tendo em vista experimentos com os cérebros de animais de laboratório, incluindo ratos.[26] Por outro trajeto, há grandes apostas em produção das tecnologias portáteis, vestíveis, não invasivas igualmente poderosas.

À guisa de ilustração, um BCI não invasivo não toca o cérebro, sendo colocado sobre a cabeça de uma pessoa. BCIs vestíveis, como capacetes, óculos e diademas, podem ser usados para prever o comportamento ou captar a intenção de movimento de uma pessoa.[27] Na realidade, são ferramentas de monitoramento

---

[23] *Facebook is building brain-computer interfaces for typing and skin-hearing.* Disponível em: https://techcrunch.com/2017/04/19/facebook-brain-interface/?guccounter=1. Acesso em: 10 maio 2022. E: *Imagining a new interface: Hands-free communication without saying a word.* Disponível em: https://tech.fb.com/ar-vr/2020/03/imagining-a-new-interface-hands-free-communication-without-saying-a-word/. Acesso em: 06 abr. 2024. Ver também: *Making the metaverse: What it is, how it will be built, and why it matters.* Disponível em: https://tech.fb.com/ideas/2022/05/making-the-metaverse/. Acesso em: 06 abr. 2024. E ver: *Facebook is building the future of connection with lifelike avatars.* Disponível em: https://tech.fb.com/ar-vr/2019/03/codec-avatars-facebook-reality-labs/. Acesso em: 06 abr. 2024.

[24] Disponível em: https://neuralink.com/applications/. Acesso em: 10 maio 2022.

[25] DE ASÍS, Rafael. Sobre la propuesta de los neuroderechos. Derechos y Libertades. *Época II*, n. 47, p. 51-70, jun. 2022, p. 56.

[26] Ver: *Cientistas descobrem primeira evidência do uso de imaginação em animais.* Disponível em: https://www.contacto.lu/sociedade/cientistas-descobrem-primeira-evidencia-do-uso-de-imaginacao-em-animais/4609898.html. Acesso em: 19 jan. 2024.

[27] A título de exemplo, ver o dispositivo Necomimi (da NeuroSky Co., Ltd./neurowear) presente na exposição "Convivendo com Robôs", na Japan House, em São Paulo.

e de neuroestimulação em tempo real, principalmente quando se tem em mente o funcionamento de algumas áreas específicas do cérebro, podendo ser igualmente utilizadas com fins terapêuticos ou não.[28] Aplicações dessa ordem podem ser manejadas para o disciplinamento e o monitoramento dos corpos de estudantes e de trabalhadores, por exemplo. Por todos, exemplifique-se fazendo a menção ao caso envolvendo a empresa Emotiv, que, gerando uma reação jurídica do judiciário chileno, foi punida recentemente.[29]

Com efeito, de modo pioneiro, a América latina vem tratando com atenção os neurodireitos, destacando-se o desenvolvimento legislativo e jurisprudencial no Chile. O país aprovou, em 2021, uma emenda modificando sua Constituição para proteger a atividade cerebral e as informações relacionadas a ela.[30] Sublinhe-se ainda a atuação da Suprema Corte do país, que decidiu o primeiro caso sobre o tema no ano passado. Nele, um cidadão chileno processou a empresa Insight,[31] que vendia dispositivos portáteis de monitoramento cerebral no país. Ao fim e ao cabo, a Corte determinou que, no caso Emotiv, a empresa não protegia adequadamente a privacidade dos usuários e, na prática, consagrou a proteção aos neurodireitos.[32]

Não se pode negligenciar que, antecipando-se, a Neurorights Foundation, em estudo divulgado já no ano de 2022, analisou as lacunas internacionais de proteção dos direitos humanos na era da neurotecnologia, sendo, de fato, a primeira revisão

Convivendo com robôs. Disponível em: https://www.japanhousesp.com.br/exposicao/convivendo-com-robos/. Acesso em: 19 jan. 2024.

[28] *A América Latina na frente pelo reconhecimento dos neurodireitos*. Disponível em: https://irisbh.com.br/a-america-latina-na-frente-pelo-reconhecimento-dos-neurodireitos/. Acesso em: 12 mar. 2024.

[29] *Neurodireitos no Chile*: consagração constitucional e regulação das neurotecnologias. Disponível em: https://www.somosiberoamerica.org/pt-br/tribunas/neurodireitos-no-chile-consagracao-constitucional-e-regulacao-das-neurotecnologias/. Acesso em: 12 mar. 2024.

[30] Ley 21383. *Modifica la carta fundamental, para establecer el desarrollo científico y tecnológico al servicio de las personas*. Disponível em: https://www.bcn.cl/leychile/navegar?Idnorma=1166983. Acesso em: 04 mar. 2024.

[31] *Emotiv insight*. Disponível em: https://fastercapital.com/pt/palavra-chave/emotiv-insight.html Acesso em: 04 mar. 2024.

[32] *Insight: um dispositivo que "lê a mente" e já foi proibido até pela Suprema Corte do Chile*. Disponível em: https://www.metroworldnews.com.br/ciencia-e-tecnologia/2023/08/20/insight-um-dispositivo-que-le-a-mente-e-ja-foi-proibido-ate-pela-suprema-corte-do-chile/. Acesso em: 04 mar. 2024.

abrangente do direito internacional dos direitos humanos aplicado à neurotecnologia.[33] Decerto, essa pesquisa serviu de alerta para os avanços no âmbito da neurotecnologia, logo, levantou as bandeiras de alerta em relação aos riscos decorrentes do arbítrio, do abuso e do emprego irreflexivo.

Para uma melhor compreensão dessa temática, cujas implicações necessariamente evocam a regulação de IA, importa focar igualmente que a Europa já se prepara para uma inadiável etapa de transição digital em que, por meio de consultas públicas, coletou subsídios, inclusive, da indústria de jogos para futura regulamentação.[34] Em verdade, a União Europeia tem encetado diversos esforços para erigir uma robusta governança algorítmica, particularmente mediante a aprovação de atos legislativos como o EU AI Act,[35] Lei dos Serviços Digitais (DSA),[36] Lei dos Mercados Digitais (DMA)[37] e o Regulamento Geral de Proteção de Dados (GPDR),[38] que, em razão do chamado efeito Bruxelas, servem e servirão de inspiração para outros países.

---

33 GENSER, Jared; HERRMANN, Stephanie; YUSTE, Rafael. *International human rights protection gaps in the age of neurotechnology*. NeuroRights Foundation, maio, 2022.

34 UNIÃO EUROPEIA (EU). *EU initiative on Web 4.0 and virtual worlds: a head start in the next technological transition*. Communication from the Commission to the European Parliament, the Council, the european economic and social committee and the committee of the regions. {SWD(2023) 250} Strasbourg, 11.7.2023 COM(2023) 442/final. Disponível em: https://digital-strategy.ec.europa.eu/en/library/eu-initiative-virtual-worlds-head-start-next-technological-transition. Acesso em: 06 abr. 2024.

35 Atualização mais recente da tramitação legislativa: "O regulamento ainda terá de ser sujeito a uma verificação final pelos juristas-linguistas, prevendo-se que venha a ser definitivamente adotado antes do final da legislatura (através do chamado 'processo de retificação'). A legislação também tem ainda de ser formalmente apoiada pelo Conselho". *Regulamento Inteligência Artificial*: Parlamento aprova legislação histórica. Disponível em: https://www.europarl.europa.eu/news/pt/press-room/20240308IPR19015/regulamento-inteligencia-artificial-parlamento-aprova-legislacao-historica. Acesso em: 18 mar. 2024.

36 *Panorâmica do Regulamento Serviços Digitais (RSD)*. Disponível em: https://commission.europa.eu/strategy-and-policy/priorities-2019-2024/europe-fit-digital-age/digital-services-act_pt. Acesso em: 06 abr. 2024. *The Digital Services Act package*. Disponível em: https://digital-strategy.ec.europa.eu/en/policies/digital-services-act-package. Acesso em: 18 mar. 2024.

37 *The Digital Markets Act*. Disponível em: https://digital-markets-act.ec.europa.eu/index_en. Acesso em: 06 abr. 2024. Ver também: *A Lei dos Mercados Digitais e da Lei dos Serviços Digitais da UE em detalhe*. Disponível em: https://www.europarl.europa.eu/pdfs/news/expert/2021/12/story/20211209STO19 124/20211209STO19124_pt.pdf. Acesso em: 18 mar. 2024.

38 REGULATION (EU) 2016/679 OF THE EUROPEAN PARLIAMENT AND OF THE COUNCIL of 27 April 2016 on the protection of natural persons with regard to the processing of personal data and on the free movement of such data, and repealing Directive 95/46/EC (General Data Protection Regulation). Disponível em: https://eur-lex.europa.

Não custa afiançar que, a despeito do que se verifica em relação ao Chile, grande parte dos países estão em um estado de limbo legislativo, do qual parece evidenciar algumas resistências em razão de algumas iniciativas parlamentares como as recentes intentadas no Estado brasileiro.[39] Seja em razão do grau inopinado da inovação, seja em relação à incerteza acerca da apropriada forma regulatória a ser adotada, perceptível e inegável é a ambiguidade de muitos parlamentos mundo afora no que toca à neurotecnologia.

De mais a mais, em razão da importância desta pauta, e levando em conta a ausência de regulamentação específica e de avaliação dos riscos e dos impactos futuros, o Comitê das Nações Unidas sobre os Direitos da Criança, no ano de 2021, entabulou a discussão por meio do Comentário Geral nº 25 sobre os Direitos da Criança no ambiente Digital – CRC/C/GC/25.[40]

3 Fenômeno do *neurogaming*

O *neurogaming* se refere à integração das tecnologias de informação e comunicação (TICs), em especial baseadas em ferramentas de IA, combinadas com os avanços das neurociências.[41]

A propósito, mediante interfaces cérebro-computador (ICC), a principal característica do *neurogaming* consiste em conectar o

---

eu/legal-content/EN/TXT/?uri=CELEX%3A02016R0679-20160504&qid=1532348683434. Acesso em: 18 mar. 2024.

39 A esse respeito ver as seguintes iniciativas: *Proposta de Emenda à Constituição nº 29, de 2023.* Disponível em: https://www25.senado.leg.br/web/atividade/materias/-/materia/158095#:~:text=Ementa%3A%20Altera%20a%20Constitui%C3%A7%C3%A3o%20Federal%20para%20incluir%2C%20entre,prote%C3%A7%C3%A3o%20%C3%A0%20integridade%20mental%20e%20%C3%A0%20transpar%C3%AAncia%20algor%C3%ADtmica. Acesso em: 06 abr. 2024. PL 522/2022. *Modifica a Lei nº 13.709, de 14 de agosto de 2018 (Lei Geral de Proteção de Dados Pessoais), a fim de conceituar dado neural e regulamentar a sua proteção.* Disponível em: https://www.camara.leg.br/propostas-legislativas/2317524. Acesso em: 06 abr. 2024.

40 Ver itens 96, 98 e 108 a 110 do Comentário Geral nº 25 sobre os Direitos da Criança no ambiente Digital do Comitê das Nações Unidas sobre os Direitos da Criança - CRC/C/GC/25. Comitê dos Direitos da Criança *Comentário geral nº 25 (2021) sobre os Direitos das Crianças em relação ao ambiente digital.* Disponível em: https://criancaeconsumo.org.br/wp-content/uploads/2022/01/comentario-geral-n-25-2021.pdf. Acesso em: 10 jul. 2022.

41 Empregam neurotecnologias que, em síntese, segundo definição da *Neurorighs Foundation* é "qualquer tecnologia que registre ou interfira na atividade cerebral, especialmente as interface cérebro-computador". *The Neurorights Foundation.* Disponível em: https://neurorightsfoundation.org/. Acesso em: 24 fev. 2024.

cérebro humano a um computador ou a um dispositivo de jogo,[42] de modo a aprimorar a imersão do jogador ao integrar *feedbacks* sensoriais mais avançados. Isso pode incluir a manipulação de ambientes virtuais com base na resposta cerebral do jogador, proporcionando uma experiência mais envolvente e personalizada. Além disso, a incorporação de interfaces como realidade virtual (VR) e realidade aumentada (AR) tem por fim elevar ainda mais a qualidade da experiência de jogo.

Trata-se de novas formas de interação focadas na relação com o incremento do potencial de uso da IA tendo em vista o *design* de jogos digitais, confluência entre a tecnologia digital e as neurociências, razão pela qual se abrem oportunidades, *e.g.*, nas áreas da saúde, da educação, dos melhoramentos cognitivos, no mundo corporativo, na área das finanças, no campo do desempenho esportivo e do planejamento urbano.

Uma das vantagens dos neurojogos, entre tantas, aponta para a possibilidade de se obter *feedback* em estado real sobre o estado e o gerenciamento atencional do jogador, inclusive evidenciando níveis de concentração, de ansiedade, de engajamento e de relaxamento.

Alguns, à guisa de ilustração, são projetados para treinamentos cognitivos aplicáveis, mediante *biofeedback*, para o incremento da memória, da concentração e, por vezes, voltadas para melhorias em outras habilidades que podem ser afetadas com o avançar da idade ou, *e.g.*, em casos de pessoas com deficiência ou déficit de atenção.

No que se refere à saúde mental, oportuniza-se o gerenciamento do estresse e da ansiedade, o treinamento de *mindfullness* e de algumas habilidades sociais, de um melhor controle das oscilações de humor. Nesse sentido, o neurojogo se torna uma parte aliada e integrada às terapias convencionais ao passo em que oferece uma abordagem mais holística, mais ajustada à realidade contemporânea e, desta feita, personalizada para o paciente.

Especificamente por meio de neurojogos torna-se factível integrar tecnologias de *biofeedback* para monitorar sinais fisiológicos,

---

[42] PASZKIEL, Szczepan. *Application of Brain-Computer Interface Technology in Neurogaming. In: Applications of Brain-Computer Interfaces in Intelligent Technologies. Studies in Computational Intelligence,* vol 1031. Springer, Cham. 2022. Disponível em: https://doi.org/10.1007/978-3-031-05501-0_4. Acesso em: 07 abr. 2024.

tais como a frequência cardíaca e as atividades cerebrais. Para além disso, os jogos podem incluir exercícios interativos de técnicas de relaxamento por meio do controle da respiração, assomando ainda a exposição do paciente aos ambientes virtuais harmoniosos, que exalam uma atmosfera de paz e tranquilidade.

Jogos voltados para incrementar a sociabilização podem incluir uma espécie de réplica de ambientes ou de ecossistemas desafiadores com intuito de propiciar a superação de traumas em pacientes com acometimentos graves ou em estados mórbidos. Por fim, desenvolver e aplicar jogos que incorporam elementos positivos como bom humor e exaltação às pequenas vitorias dos pacientes contribui para a elevação da autoestima e a valorização da empatia, por vezes, tornando mais motivadora a jornada de enfrentamento e de superação de quadros severos.

De fato, o emprego dos neurojogos pode ser uma ferramenta adicional, situando-o dentro de uma abordagem global de tratamento que inclui algumas intervenções dos profissionais de saúde, assistência personalizada, suporte social e, quando se fizer necessário, a hospitalização. Em casos de enfermidade psíquica, sobretudo grave, importa salientar que a substituição da terapia convencional é um risco considerável. Entre outras, grife-se que toda e qualquer tecnologia terapêutica deve ser analisada/avaliada continuamente, bem como devem ser observadas as condições contextuais, a construção do *insight*, que, em regra, encontra-se atrelada à relação transferencial de confiança com o terapeuta.

Nessa pauta dos neurojogos, pode-se questionar a abordagem a partir de grupos vulnerabilizados ou mesmo a existência de gradação em relação à vulnerabilidade, vez que, em princípio, todas as pessoas estariam incluídas, dado o potencial invasivo das neurotecnologias.[43] Ponto decisivo é o que alerta para a simplificação de situações complexas, para a estigmatização de

[43] As interfaces cérebro-máquina têm potencialidades que seriam inimagináveis há algumas décadas, alterando algo que foi quase sempre pensado como uma condição do ser humano, sobretudo nas suas ações racionais, que é a autopercepção. Isso põe em causa quase tudo aquilo que se defendeu ser atributo do ser responsável: consciência e vontade. (FERNANDES, J.P.M. Vanguardas da responsabilidade: direito, neurociências e inteligência artificial (Resenha). *Cadernos Ibero-Americanos de Direito Sanitário*, 2020 jan./mar.; 9(1), p. 239. Disponível em: http://dx.doi.org/10.17566/ciads.v9i1.631. Acesso em: 05 jul. 2022.)

pacientes, para o adensamento de adições e para outras formas de violações de direitos, de sorte que os desenvolvedores devem considerar fundamentalmente os parâmetros éticos para a criação de neurojogos, inclusive desde o projeto, respeitosos, seguros, robustos, confiáveis e juridicamente emoldurados.

Em relação aos jogos imersivos, merece destaque a recente evolução dos *neurogames*, que utilizam ICCs,[44] como estudos recentes referem: "Com muitas opções e funcionalidades para controlar o jogo, é possível ler as mudanças de humor dos jogadores e proporcionar-lhes uma melhor experiência de jogo".[45] De fato, não se podem subestimar as oportunidades e as possibilidades de aplicação de ferramentas neurotecnológicas com impactos positivos para pessoas com deficiência e em terapias de neurorreabilitação,[46] tampouco as proporcionadas pelas terapias *gamificadas*, incluindo *neurogames* para o cuidado da saúde mental.[47]

Há, sem dúvidas, uma série de áreas de aplicação da neurologia pediátrica dificilmente abordadas nos estudos revisados, como no caso das doenças raras. Para cerca de 95% dessas condições crônicas, a

---

44 ASLAM, Muhammad; HAYAT, Sikandar; MOETESUM, Momina *et al. A Brain Computer Interface (BCI) based Game Controller using Expressive and Cognitive Signals.* 2016. Disponível em: https://www.researchgate.net/profile/Sikandar-Hayat12/publication/350545287_A_Brain_Computer_Interface_BCI_based_Game_Controller_using_Expressive_and_Cognitive_Signals/links/60659c1092851c91b194e231/A-Brain-Computer-Interface-BCI-based-Game-Controller-using-Expressive-and-Cognitive-Signals.pdf. Acesso em: 07 abr. 2024.

45 ASLAM, Muhammad; HAYAT, Sikandar; MOETESUM, Momina *et al. A Brain Computer Interface (BCI) based Game Controller using Expressive and Cognitive Signals.* 2016. Disponível em: https://www.researchgate.net/profile/Sikandar-Hayat12/publication/350545287_A_Brain_Computer_Interface_BCI_based_Game_Controller_using_Expressive_and_Cognitive_Signals/links/60659c1092851c91b194e231/A-Brain-Computer-Interface-BCI-based-Game-Controller-using-Expressive-and-Cognitive-Signals.pdf. Acesso em: 07 abr. 2024. Para o aprofundamento do estudo em relação aos *neurogames*, ver: PASZKIEL, Szczepan. Application of Brain-Computer Interface Technology in Neurogaming. *Applications of Brain-Computer Interfaces in Intelligent Technologies. Studies in Computational Intelligence*, vol 1031. Springer, Cham. 2022. Disponível em: https://doi.org/10.1007/978-3-031-05501-0_4. Acesso em: 07 abr. 2024.

46 Em livre tradução. (IOSA, Marco; VERRELLI, Cristiano Maria; GENTILE, Amalia E. *et al. Gaming Technology for Pediatric Neurorehabilitation:* a systematic review. Front. Pediatr. 10:775356. 2022. Disponível em: https://pubmed.ncbi.nlm.nih.gov/35155305/. Acesso em: 15 jan. 2024).

47 Ver apresentação de Gabrielle Bezerra Sales Sarlet no WEBINAR: *Neurogaming: Aspectos jurídicos e saúde mental* (disponível em: https://www.youtube.com/watch?v=LRK-uPjDFss. Acesso em: 04 abr. 2024), em que referiu que "Alguns jogos *neurogaming* são projetados para oferecer benefícios à saúde mental. (...) Há pesquisas em andamento sobre o uso de *neurogaming* no tratamento de condições como ansiedade, depressão e transtornos de déficit de atenção".

neurorreabilitação é um tratamento de suporte razoável, convincente e de longa duração, vez que, a esse respeito, as tecnologias emergentes são meios de fornecer dados mais precisos a partir de análises de vídeo ou de sensores vestíveis.[48] Exemplo é o AutismVR, um jogo de realidade virtual desenvolvido pela *start-up* nigeriana Imìsí 3D, juntamente com uma equipe de especialistas interdisciplinares, para ajudar jovens usuários e adultos a simularem interações com crianças afetadas pelo transtorno do espectro autista (TEA).

O jogo utiliza técnicas de IA e foi desenvolvido para que jovens usuários e adultos não autistas, principalmente irmãos e cuidadores, possam interagir melhor com crianças com TEA. O objetivo primordial é que os usuários obtenham uma melhor compreensão da gama de capacidades e de desafios comportamentais que caracterizam as crianças autistas e, consequentemente, melhorem as formas de apoiar as suas necessidades e o seu desenvolvimento psicossocial. O aumento na sensibilização e no que tange ao exercício de alteridade proporcionado intenta, assim, reduzir o estigma que as crianças com TEA enfrentam, ajudando-as a levar suas vidas com menos discriminação, direta e indireta, e violência.[49]

De qualquer forma, os riscos éticos, bem como a proteção de dados pessoais e outros agravamentos que podem afetar a dimensão da privacidade, inclusive mental, são pontos essenciais na discussão, além da factível possibilidade de manipulação da vontade e de diminuição e supressão do livre arbítrio. Ainda merece destaque a questão da sobrecarga tecnológica e, de outra banda, a dependência tecnológica que tem caracterizado o cotidiano de grande parte da população mundial residente em meios urbanos.

De fato, em face do cenário de desigualdades que marca o panorama atual, torna-se essencial que os desenvolvedores de neurojogos considerem ativamente a inclusão, a acessibilidade, o empoderamento e a equidade em seus projetos, para além da *privacy by design* e *by default*. Além disso, por derradeiro, saliente-se que as

---

[48] Em livre tradução. (IOSA, Marco; VERRELLI, Cristiano Maria; GENTILE, Amalia E. *et al. Gaming Technology for Pediatric Neurorehabilitation:* a systematic review. Front. Pediatr. 10:775356. 2022. Disponível em: https://pubmed.ncbi.nlm.nih.gov/35155305/. Acesso em: 15 jan. 2024).

[49] UNICEF. Disponível em: https://www.unicef.org/globalinsight/policy-guidance-ai-children-pilot-testing-and-case-studies. Acesso em: 20 fev. 2024.

molduras e os instrumentos de governança podem desempenhar um papel crucial na garantia de um emprego adequado às molduras civilizatórias, sobretudo no que se refere à facilitação da vida dos usuários. Entre outras, no que toca à governança algorítmica, sublinha-se a fundamental garantia da explicabilidade, da interpretabilidade, da devida transparência e da oponibilidade de forma inalienável.

4 Novas fronteiras da tecnologia: estado da arte na regulação

Tendo em mente todo o construto histórico internacional e nacional de proteção dos direitos humanos e direitos fundamentais já consolidado, o aprofundamento e o potencial impacto das inovações recentes no campo da neurotecnologia, como referido acima, orienta neurocientistas e pesquisadores que, inclusive, impulsionaram as iniciativas,[50] os quais chamam a atenção para a necessidade de salvaguardas adicionais, tanto no âmbito nacional quanto internacional, especialmente com o foco a resguardar a centralidade da pessoa humana em todos os processos. Admite-se, *e.g.*, nessa altura a oportuna expansão do fenômeno do constitucionalismo como uma decorrência natural e imprescindível.

De qualquer sorte, vale dizer que, em 2023, a UNESCO publicou uma compilação com pontos de vista de vários especialistas para explorar os riscos dessas tecnologias cerebrais, com a proposta de averiguar se os quadros jurídicos internacionais existentes são suficientes para proteger os direitos humanos.[51]

No mesmo sentido, em junho de 2023, a autoridade de proteção de dados do Reino Unido (Information Commissioner's Office – ICO) publicou um relatório que resume o estado da arte das preocupações éticas e jurídicas, em que adverte que "as novas neurotecnologias emergentes correm o risco de discriminar as pessoas se esses grupos não forem colocados no centro do seu

[50] IENCA, M.; ANDORNO, R. *Towards new human rights in the age of neuroscience and neurotechnology*. Life Sci Soc Policy 13, 5 (2017). Disponível em: https://doi.org/10.1186/s40504-017-0050-1. Acesso em: 15 maio 2022.

[51] UNESCO. *The risks and challenges of neurotechnologies for human rights*. 2023. Disponível em: https://unesdoc.unesco.org/ark:/48223/pf0000384185. Acesso em: 12 out. 2023.

desenvolvimento", e prevê que "a utilização dessas tecnologias se torne generalizada na próxima década".[52]

À medida que as pesquisas geram resultados surpreendentes, revelam-se os seguintes principais riscos já detectados: a manipulação, a perda da privacidade individual/mental, afetações à identidade e à autonomia, e o potencial de aumento das desigualdades sociais.[53] Nesse sentido, os potenciais, positivos ou negativos, da neurotecnologia revelam a necessidade de abordagens inovadoras na proteção dos direitos humanos e fundamentais, implicando novas interpretações e esforços legislativos.

Mediante observação atenta desse panorama, o pesquisador Rafael Yuste alerta os governos de todo o mundo para que criem e protejam direitos inéditos: os neurodireitos.[54] O Chile foi pioneiro, ou seja, foi o primeiro país a incluí-los em sua Constituição.[55] Em vista disso, a Espanha já incluiu os direitos digitais no emprego das neurotecnologias.[56]

---

52 O relatório considera os seguintes aspectos: novas questões relacionadas ao tratamento de dados neurológicos subconscientes e a aplicação do RGPD do Reino Unido às interfaces cérebro-computador, tomando em consideração que a neurotecnologia apresenta um grande risco de preconceito, se não for desenvolvida e utilizada corretamente; as pessoas neurodivergentes estão particularmente expostas ao risco de discriminação, e a ICO vai elaborar orientações para os criadores de neurotecnologias, em livre tradução. (ICO. Information Commissioner´s Office. UK. *ICO tech futures: neurotechnology.* Disponível em: https://ico.org.uk/about-the-ico/research-reports-impact-and-evaluation/research-and-reports/technology-and-innovation/ico-tech-futures-neurotechnology/.Acesso em: 10 set. 2023); *Proposed UK AI regulation bill receives second reading in House of Lords.* Disponível em: https://iapp.org/news/a/proposed-uk-ai-regulation-bill-receives-second-reading-in-house-oflords/?mkt_tok=MTM4LUVaTS0wNDIAAAGS IHkMqS20_R3IninfyTWEV4ZmHH3g4WQbpO4_zjdnm-LjGhvvpL1h1axyjs6FfdEKDmjSqJy81AJxhE--ZZnAXtpcy-CKqmzOGXOeWbjzeIh7YA. Acesso em: 27 mar. 2024.

53 *Por que é preciso proibir que manipulem nosso cérebro antes que isso seja possível.* Disponível em: https://brasil.elpais.com/ciencia/2020-02-13/por-que-e-preciso-proibir-que-manipulem-nosso-cerebro-antes-que-isso-seja-possivel.html. Acesso em: 05 out. 2023.

54 Yuste adverte: "Em curto prazo, o perigo mais iminente é a perda de privacidade mental". Ele lançou sua iniciativa pelos neurodireitos após debater o assunto em Columbia com uma equipe de 25 especialistas em neurociência, direito e ética, denominado Grupo Morningside. *Por que é preciso proibir que manipulem nosso cérebro antes que isso seja possível.* Disponível em: https://brasil.elpais.com/ciencia/2020-02-13/por-que-e-preciso-proibir-que-manipulem-nosso-cerebro-antes-que-isso-seja-possivel.html. Acesso em: 05 out. 2023.

55 Artigo 19-numeral 1 da Constituição Política da República do Chile. Disponível em: https://www.bcn.cl/leychile/navegar?idNorma=242302. Acesso em: 19 de jan. 2024.
Senado do Chile (2020). Boletín nº 13.828-19. Bill of law Establishing neuroprotection. http://www.senado.cl/appsenado/templates/tramitacion/ index.php?boletin_ini=13828-19.

56 Item XXVI da *Carta Espanhola de Derechos Digitales.* Disponível em: https://espanadigital.gob.es/lineas-de-actuacion/carta-de-derechos-digitales. Acesso em: 07 abr. 2024.

Yuste aspira, ainda, que os neurodireitos sejam incorporados à Declaração de Direitos Humanos e que os governos estabeleçam um marco jurídico que evite potenciais abusos.[57]

A proposta da *Neurorights Foundation*[58] estabelece cinco neurodireitos: 1) O direito à identidade pessoal, vez que limites devem ser desenvolvidos para proibir a tecnologia de alterar o conceito de si mesmo. Ao conectar os cérebros dos indivíduos aos computadores, a neurotecnologia pode borrar a linha entre a consciência de uma pessoa e insumos tecnológicos externos; 2) O direito ao livre arbítrio, pois as pessoas devem ser capazes de tomar e ter controle sobre suas próprias decisões, sem a manipulação de neurotecnologias externas desconhecidas.

Admita-se, por precaução, que esse neurodireito tem uma delimitação complicada, pois está muito ligado ao problema da identidade pessoal, e se torna muito difícil a sua efetivação em razão da falta de consenso a respeito e a questão da transliteração que, nesse caso, seria uma espécie de compreensão efetiva da linguagem cerebral consoante com a realidade.

Ainda se faz referência ao direito à privacidade mental, ou seja, todos os dados obtidos após a medição/inferência da atividade neuronal (neurodado) devem ser rigidamente protegidos. Além disso, a venda, a transferência comercial e o uso de dados neurais devem ser estritamente regulamentados e, consequentemente, protegidos, promovidos e respeitados. Contempla-se igualmente o direito à igualdade de acesso ao incremento das capacidades do cérebro de sorte que as diretrizes devem ser estabelecidas para regular o desenvolvimento e as aplicações neurotecnológicas de aumento de capacidade/potência mental a nível internacional e nacional.

Esses parâmetros, ressalta-se, devem se basear em princípios constitucionalmente erigidos, isto é, no princípio da justiça e da

---

57 Em última análise, os tratados internacionais de direitos humanos existentes estão atualmente despreparados para proteger neurodireitos. No entanto, conforme descrito em detalhes em nossos achados, os rápidos avanços na neurotecnologia não são mais ficção científica – são ciência. É urgente que a ONU desempenhe um papel de liderança globalmente para abraçar essas inovações emocionantes, protegendo os direitos humanos e garantindo a ética Desenvolvimento da neurotecnologia (Relatório Neurorights, p. 50).

58 NeuroRights Initiative. *The Five Ethical NeuroRights*. 2021. Disponível em: https://neurorights-initiative.site.drupaldisttest.cc.columbia.edu/sites/default/files/content/The%20Five%20Ethical%20NeuroRights%20updated%20pdf_0.pdf. Acesso em: 15 jun. 2022.

dignidade da pessoa humana, e garantir, de forma adequada e equânime, a igualdade de acesso a todos os cidadãos. Por último, o direito à proteção contra vieses e discriminação mediante contramedidas, de natureza antidiscriminatória, de enfrentamento e combate aos preconceitos que devem ser estabelecidas, como padrão de aprendizado automático.

Em artigo seminal, Ienca e Andorno já haviam preceituado a necessidade de se estabelecer novas salvaguardas na era da neurociência e da neurotecnologia,[59] concluindo que as respostas normativas não devem se concentrar exclusivamente nas questões de responsabilidade civil, mas igualmente em questões fundamentais ao nível dos direitos humanos e fundamentais.[60]

Interessa arrolar, nesse sentido, o direito à liberdade cognitiva que garante o acesso aos recursos da Neurociência e seus benefícios, bem como protege contra seu uso coercitivo ou sem livre consentimento; o direito à privacidade mental que protege a segurança e a privacidade dos dados obtidos por meio das tecnologias da Neurociência; o direito à integridade mental que salvaguarda contra o uso da Neurociência direcionada a alterar ou eliminar o controle sobre o próprio comportamento; e o direito à continuidade psicológica que preserva a identidade pessoal e a coerência de comportamento do indivíduo contra alterações não autorizadas do seu encéfalo.

Atentos a esse panorama, o Comitê Jurídico Interamericano sobre Neurociência, Neurotecnologias e Direitos Humanos publicou uma declaração com os novos desafios jurídicos para as Américas – Declaração do Comitê Jurídico Interamericano sobre Neurociência, Neurotecnologias e Direitos Humanos: Novos Desafios Jurídicos para as Américas (CJI/DEC.01-XCIX-O/21) – em agosto de 2021,[61] a qual, em seus considerandos, apresenta os desafios e as

---

59 IENCA, M.; ANDORNO, R. *Towards new human rights in the age of neuroscience and neurotechnology*. Life Sci Soc Policy 13, 5 (2017). Disponível em: https://doi.org/10.1186/s40504-017-0050-1. Acesso em: 15 maio 2022.

60 IENCA, M.; ANDORNO, R. *Towards new human rights in the age of neuroscience and neurotechnology*. Life Sci Soc Policy 13, 5 (2017). Disponível em: https://doi.org/10.1186/s40504-017-0050-1. Acesso em: 15 maio 2022.

61 *Declaração do Comitê Jurídico Interamericano sobre Neurociência, Neurotecnologias e Direitos Humanos:* Novos Desafios Jurídicos para as Américas (CJI/DEC.01 (XCIX-O/21). Agosto de 2021. Disponível em: http://www.oas.org/en/sla/iajc/docs/CJI-DEC_01_XCIX-O-21_PO.pdf. Acesso em: 07 abr. 2024.

preocupações no campo ético que os avanços da neurociência e o desenvolvimento das neurotecnologias suscitam, além de impactar princípios, direitos e liberdades fundamentais, como a dignidade da pessoa humana, o livre desenvolvimento da personalidade, da identidade e da autonomia, o direito à privacidade e à intimidade, a liberdade de pensamento e de expressão, a integridade física e mental, o gozo do mais alto nível possível de saúde física e mental e o acesso aos recursos, ainda a igualdade perante a lei, bem como a proteção judicial em caso de dano, entre outros.

O documento recorda igualmente as recentes iniciativas internacionais sobre os desafios éticos, sociais e no escopo dos direitos humanos em face da neurociência e das neurotecnologias, como, *v.g.*, a "Recomendação sobre Inovação Responsável em Neurotecnologia"[62] (OECD/LEGAL/0457), adotada em dezembro de 2019 pela Organização para Cooperação e Desenvolvimento Econômico (OCDE), e o projeto do Comitê Internacional de Bioética da Organização das Nações Unidas para a Educação, a Ciência e a Cultura (UNESCO) sobre "Questões Éticas da Neurotecnologia",[63] e iniciativas de legislação nacional sobre o assunto no Chile e no Brasil.

Além disso, por oportuno, enfatiza-se a seguinte disposição da Recomendação da UNESCO para a Ética da IA:[64]

> 126. Os Estados-membros devem assegurar que as interações humano-robôs respeitem os mesmos valores e princípios que se aplicam a todos os outros sistemas de IA, incluindo direitos humanos e liberdades fundamentais, a promoção da diversidade e a proteção de pessoas vulneráveis ou pessoas em situações de vulnerabilidade. Devem ser consideradas questões éticas relacionadas a sistemas alimentados por IA para neurotecnologias e interfaces cérebro–computador, a fim de preservar a dignidade e a autonomia humanas.

---

62 ORGANIZAÇÃO para a Cooperação e Desenvolvimento Econômico (OCDE). *Recommendation of the Council on Responsible Innovation in Neurotechnology*. Doc. No. OECD/LEGAL/0457, adotada em Dezembro de 2019. Disponível em: https://www.oecd.org/science/recommendation-on-responsible-innovation-in-neurotechnology.htm. Acesso em: 07 abr. 2024.

63 UNESCO. *Report of the International Bioethics Committee Of Unesco (Ibc) On Ethical Issues Of Neurotechnology*. 2021. Disponível em: https://unesdoc.unesco.org/ark:/48223/pf0000378724. Acesso em: 07 abr. 2024.

64 UNESCO. *Recomendação sobre a Ética da Inteligência Artificial*, 2021. Disponível em: https://unesdoc.unesco.org/ark:/48223/pf0000381137_por. Acesso em: 10 jan. 2023.

A Carta de Direitos Digitais da Espanha enfoca no tema das neurotecnologias em seu capítulo XXVI – "*Derechos digitales en el empleo de las neurotecnologías*"[65] – com diversas salvaguardas expressas.

No Brasil, há uma proposta de emenda constitucional (PEC 29/2023)[66] tramitando no parlamento que intenta acostar o "direito à integridade mental" ao catálogo da Carta em vigor. Há, para além disso, um projeto de lei de 2022 para alterar a Lei de Proteção de Dados definindo o conceito de "dado neural"[67] e uma série de proteções. Ainda no ambiente doméstico, grife-se a posição do estado do Rio Grande do Sul, que aprovou, em dezembro de 2023, uma Proposta de Emenda à Constituição do Estado alterando o parágrafo único de seu artigo 235 para incluir a "integridade mental do ser humano" como uma das bases da política de pesquisa científica e tecnológica promovidas pelo governo.[68]

Advirta-se que foi aprovado pelo Plenário do Senado Federal o PL 2.796/2021,[69] que cria o "Marco Legal para a Indústria de Jogos Eletrônicos", o qual, além de incentivar o desenvolvimento nacional de jogos, prevê que jogos eletrônicos possam ser utilizados para fins didáticos, inclusive em ambiente escolar, para fins terapêuticos e em atividades de capacitação e de treinamento (art. 10, incisos II, III, IV, do PL), o que será passível de regulamentação, nos termos do art. 10, §1º ("O Poder Executivo regulamentará o disposto nos incisos III e IV do *caput* deste artigo"). A proposta

---

65 *Carta Espanhola de Derechos Digitales*. Disponível em: https://espanadigital.gob.es/lineas-de-actuacion/carta-de-derechos-digitales. Acesso em: 07 abr. 2024.

66 *Proposta de Emenda à Constituição nº 29, de 2023*. Disponível em: https://www25.senado.leg.br/web/atividade/materias//materia/158095#:~:text=Ementa%3A%20Altera%20a%20Constitui%C3%A7%C3%A3o%20Federal%20para%20incluir%2C%20entre,prote%C3%A7%C3%A3o%20%C3%A0%20integridade%20mental%20e%20%C3%A0%20transpar%C3%AAncia%20algor%C3%ADtmica. Acesso em: 06 abr. 2024.

67 PL 522/2022. *Modifica a Lei nº 13.709, de 14 de agosto de 2018 (Lei Geral de Proteção de Dados Pessoais), a fim de conceituar dado neural e regulamentar a sua proteção*. Disponível em: https://www.camara.leg.br/propostas-legislativas/2317524. Acesso em: 06 abr. 2024.

68 BOSELLI, Gisele Machado Figueiredo. *Neurodireitos*: a urgência de proteção jurídica das neurotecnologias. 6 fev. 2024. Disponível em: https://www.conjur.com.br/2024-fev-06/neurodireitos-a-urgencia-de-protecao-juridica-das-neurotecnologias/. Acesso em: 04 mar. 2024.

69 SENADO Federal. *Projeto de Lei nº 2.796, de 2021*. Disponível em: https://www25.senado.leg.br/web/atividade/materias/-/materia/154931. Acesso em: 26 mar. 2024.

estabelece ainda que o Poder Público poderá criar um repositório de jogos para uso por instituições públicas de ensino, de pesquisa e de saúde.[70]

Por fim, o Capítulo III do texto aprovado que segue para a Câmara dos Deputados dispõe especificamente sobre a proteção das crianças e dos adolescentes, por *design*, com respeito ao superior interesse da criança desde a concepção dos jogos, com medidas adequadas de mitigação dos riscos, criação, pelas empresas, de canais oficiais de escuta, de diálogo e de denúncia (artigos 17 a 19 do Projeto de Lei) seguindo os parâmetros internacionais de proteção aos direitos da criança mais robustos e atuais.

Vale mencionar igualmente que o Capítulo III supramencionado segue a mesma linha do invocado pela Lei nº 14.826/2024, sancionada em 20 de março de 2024,[71] que eleva o "brincar" à condição de "direito" ("art. 2º). Assim, a parentalidade positiva[72] e o direito ao brincar constituem políticas de Estado a serem observadas no âmbito de todas as unidades da federação, ou seja, na União, nos Estados, no Distrito Federal e nos mais de cinco mil Municípios, tendo ênfase na relação da criança com a natureza, ou seja, livre de intimidação, do que se depreende como uma real salvaguarda e precioso limite à utilização de sistemas tecnológicos voltados para a otimização do tempo *online*.[73]

---

70 "Art. 10, §2º O Poder Público poderá promover políticas públicas para a utilização de jogos eletrônicos nas escolas públicas, no âmbito da Política Nacional de Educação Digital, de que trata a Lei nº 14.533, de 11 de janeiro de 2023 e §3º O Poder Público poderá criar um repositório de jogos eletrônicos financiados com recursos públicos, com uso livre por instituições públicas de ensino, pesquisa e saúde".

71 *Lei nº 14.826, de 20 de março de 2024*. Institui a parentalidade positiva e o direito ao brincar como estratégias intersetoriais de prevenção à violência contra crianças; e altera a Lei nº 14.344, de 24 de maio de 2022. Disponível em: https://www12.senado.leg.br/radio/1/noticia/2024/03/22/lei-sancionada-preve-estrategias-para-prevenir-violencia-contra-criancas. Acesso em: 26 mar. 2024.

72 "Art. 5º Para os fins desta Lei, considera-se parentalidade positiva o processo desenvolvido pelas famílias na educação das crianças na condição de sujeitos de direitos no desenvolvimento de um relacionamento fundamentado no respeito, no acolhimento e na não violência".

73 "Art. 7º A aplicação desta Lei, sem prejuízo dos princípios estabelecidos nas demais normas nacionais de proteção aos direitos da criança e do adolescente, terá como base, entre outros, os direitos e garantias fundamentais da criança e do adolescente a: I – brincar livre de intimidação ou discriminação; II - relacionar-se com a natureza; III – viver em seus territórios originários; IV – receber estímulos parentais lúdicos adequados à sua condição peculiar de pessoa em desenvolvimento."

5 Considerações finais

O deus Janus, na mitologia romana, era o porteiro celestial, sendo representado com duas faces, uma que olhava para trás, e outra, para frente, representando os términos e os começos, o passado e o futuro. Reputa-se o momento atual de evolução das neurotecnologias e da IA como uma fase de transição cuja intensidade, impactos e externalidades ainda não são aferíveis. Em certa medida, está-se em um portal, como Janus, com o olhar direcionado à construção do futuro que se mostra inevitável ao tempo, que há a angústia em relação à incerteza, à volatilidade e à falta de solidez dos paradigmas normativos existentes em relação aos argumentos tradicionalmente consolidados e em face das possibilidades tecnológicas.

Como mencionado ao longo do trabalho, a adoção dessas tecnologias emergentes deve implicar reflexão entre o presente e o passado, especialmente no que afeta ao futuro e a sobrevivência da espécie humana e ao papel das instituições sociais e políticas, observadas as profundas transformações que já se encontram em curso.

A utilização das novas tecnologias, sobretudo embarcadas de IA, em ambientes imersivos e em *neurogames* têm potencial extremamente construtivo, por exemplo, na promoção da empatia e da tolerância, na medida em que as pessoas, de forma muito realística, podem fazer exercícios de alteridade. De igual modo, no campo da educação, nas possibilidades terapêuticas aplicadas às pessoas com alguma deficiência e na área da saúde e da reabilitação de pacientes, por exemplo, os potenciais são inéditos e alvissareiros.

Entretanto, o trabalho alertou para novas modalidades de manipulação comportamental, de vigilantismo exacerbado, de afetação à integridade física e à privacidade mental, bem como de comprometimentos da integridade neurocognitiva, de cerceamento da liberdade e de limitação inapropriada da autonomia e, de forma mais ampliada e não menos radical, o uso indevido dos neurodados.

Como apresentado, já há um movimento internacional com ramificações significativas no âmbito nacional para a devida regulamentação tanto no que toca ao desenvolvimento, à importação quanto à utilização ética. Interessa destacar que, em se tratando de fenômeno de natureza transnacional, deve ser reafirmado o respeito irrestrito aos direitos humanos em face dessas novas tecnologias em uma confluência internacional de uma agenda voltada para a proteção dos neurodireitos. A ideia central seria não somente ressaltar a cartela de direitos humanos, mas, sobretudo, atualizá-la em função dos avanços que tem se evidenciado.

Com efeito, revela-se necessário, de fato, o real engajamento multissetorial neste debate e a criação de uma agenda internacional robusta, inclusive, voltada para estabelecimento de instrumentos de governança algorítmica e, dessa forma, para a aplicação prática dos Princípios Orientadores para Empresas de Tecnologia,[74] assegurando a implementação de salvaguardas desde a concepção dos produtos e serviços, para além do engajamento de todos os atores sociais para o aprofundamento deste debate e posterior regulamentação adequada.

Como aporte ao amplo diálogo, ainda que estudos recentes afirmem que, em relação à privacidade mental, o atual grau de desenvolvimento das neurotecnologias sugira que a cooperação dos sujeitos envolvidos se afigura necessária tanto para treinar quanto para aplicar a decodificação mental, é certo também que desenvolvimentos futuros poderão permitir que os descodificadores contornem esses requisitos e, desse modo, emerjam com real potencial de violações a esse nível de privacidade.[75]

Além disso, tais estudos alertam que, mesmo que as previsões do decodificador sejam imprecisas sem a cooperação do sujeito, elas poderiam ser intencionalmente mal interpretadas para fins maliciosos. Por essas e outras razões, previsíveis e ainda um tanto quanto imprevistas, afigura-se fundamental aumentar a conscientização sobre os riscos da tecnologia de decodificação cerebral[76] e se

---

[74] A/HRC/50/56. La aplicación práctica de los Principios Rectores sobre las Empresas y los Derechos Humanos a las actividades de las empresas tecnológicas. *Informe de la Oficina del Alto Comisionado de las Naciones Unidas para los Derechos Humanos*. Disponível em: https://www.ohchr.org/es/documents/thematic-reports/ahrc5056-practical-application-guiding-principles-business-and-human. Acesso em: 21 mar. 2024.

[75] TANG, Jerry; LEBEL, Amanda; JAIN, Shailee *et al.* Semantic reconstruction of continuous language from non-invasive brain recordings. *Nature Neuroscience*, 26, 858–866 (2023), p. 864-5. Disponível em: https://doi.org/10.1038/s41593-023-01304-9. Acesso em: 10 mar. 2024.

[76] TANG, Jerry; LEBEL, Amanda; JAIN, Shailee *et al.* Semantic reconstruction of continuous

voltar para a tentativa de estabelecimento de uma pauta regulatória segura e efetiva.

Conclui-se ser imprescindível incrementar o nível de consciência, de adensamento do debate público e de amadurecimento de uma agenda, perpassando pela regulação do desenvolvimento e manejo de aplicações de IA, bem como dos demais sistemas e de instrumentos de governança que evidentemente se inserem na necessidade e na urgência de regulação das neurotecnologias, sobretudo, para aplicações em jogos, de modo que os benefícios tenham proeminência, enquanto os riscos e as externalidades negativas sejam melhor aferíveis para fins de prevenção, enfrentamento e mitigação apropriada[77] dentro das molduras estruturadas nos direitos humanos e, especificamente no caso brasileiro, igualmente no catálogo de direitos fundamentais em vigor.

Referências

A América Latina na frente pelo reconhecimento dos neurodireitos. Disponível em: https://irisbh.com.br/a-america-latina-na-frente-pelo-reconhecimento-dos-neurodireitos/. Acesso em: 12 mar. 2024.

A Lei dos Mercados Digitais e da Lei dos Serviços Digitais da UE em detalhe. Disponível em: https://www.europarl.europa.eu/pdfs/news/expert/2021/12/story/20211209STO19124/20211209STO19124_pt.pdf. Acesso em: 18 mar. 2024.

A/HRC/50/56. La aplicación práctica de los Principios Rectores sobre las Empresas y los Derechos Humanos a las actividades de las empresas tecnológicas. *Informe de la Oficina del Alto Comisionado de las Naciones Unidas para los Derechos Humanos*. Disponível em: https://www.ohchr.org/es/documents/thematic-reports/ahrc5056-practical-application-guiding-principles-business-and-human. Acesso em: 21: mar. 2024.

language from non-invasive brain recordings. *Nature Neuroscience*, 26, 858–866 (2023), p. 864-5. Disponível em: https://doi.org/10.1038/s41593-023-01304-9. Acesso em: 10 mar. 2024.

77 Entende-se que essa pauta de debate se encontra ainda no seu princípio histórico, haja vista as recentes iniciativas e os projetos de pesquisa fomentados para o estudo das implicações cognitivas e comportamentais para os seres humanos em interação com sistemas de IA e a necessidade de aplicações éticas. A esse respeito, ver: *Next generation AI and Human Behaviour*: promoting an ethical approach. Disponível em: https://digital-skills-jobs.europa.eu/en/opportunities/funding/next-generation-ai-and-human-behaviour-promoting-ethical-approach. Acesso em: 07 ab 2024. *Ethics By Design and Ethics of Use Approaches for Artificial Intelligence*. Disponível em: https://ec.europa.eu/info/funding-tenders/opportunities/docs/20 21-2027/horizon/guidance/ethics-by-design-and-ethics-of-use-approaches-for-artificialintelligence_he_ en.pdf. Acesso em: 18 mar. 2024.

ASLAM, Muhammad; HAYAT, Sikandar; MOETESUM, Momina *et al. A Brain Computer Interface (BCI) based Game Controller using Expressive and Cognitive Signals.* 2016. Disponível em: https://www.researchgate.net/profile/Sikandar-Hayat12/publication/350545287_A_Brain_Computer_Interface_BCI_based_Game_Controller_using_Expressive_and_Cognitive_Signals/links/60659c1092851c91b194e231/A-Brain-Computer-Interface-BCI-based-Game-Controller-using-Expressive-and-Cognitive-Signals.pdf. Acesso em: 07 abr. 2024.

BECKERS, Anna; TEUBNER, Gunther. *Three liability regimes for artificial intelligence*: algorithmic actants, hybrids, crowds.

BOSELLI, Gisele Machado Figueiredo. *Neurodireitos*: a urgência de proteção jurídica das neurotecnologias. 6 fev 2024. Disponível em: https://www.conjur.com.br/2024-fev-06/neurodireitos-a-urgencia-de-protecao-juridica-das-neurotecnologias/. Acesso em: 04 mar. 2024.

Brain Initiative Alliance. Disponível em: https://www.braininitiative.org/alliance/. Acesso em: 19 jan. 2024.

BRASIL. *Lei nº 14.826, de 20 de março de 2024*. Institui a parentalidade positiva e o direito ao brincar como estratégias intersetoriais de prevenção à violência contra crianças; e altera a Lei nº 14.344, de 24 de maio de 2022. Disponível em: https://www12.senado.leg.br/radio/1/noticia/2024/03/22/lei-sancionada-preve-estrategias-para-prevenir-violencia-contra-criancas. Acesso em: 26 mar. 2024.

BRASIL. *PL 522/2022*. Modifica a Lei nº 13.709, de 14 de agosto de 2018 (Lei Geral de Proteção de Dados Pessoais), a fim de conceituar dado neural e regulamentar a sua proteção. Disponível em: https://www.camara.leg.br/propostas-legislativas/2317524. Acesso em: 06 abr. 2024.

BRASIL. Senado Federal. *Proposta de Emenda à Constituição nº 29, de 2023*. Disponível em: https://www25.senado.leg.br/web/atividade/materias/-/materia/158095#:~:text=Ementa%3A%20Altera%20a%20Constitui%C3%A7%C3%A3o%20Federal%20para%20incluir%2C%20entre,prote%C3%A7%C3%A3o%20%C3%A0%20integridade%20mental%20e%20%C3%A0%20transpar%C3%AAncia%20algor%C3%ADtmica. Acesso em: 06 abr. 2024.

BRASIL. Senado Federal. *Projeto de Lei nº 2.796, de 2021*. Disponível em: https://www25.senado.leg.br/web/atividade/materias/-/materia/154931. Acesso em: 26 mar. 2024.

Cientistas descobrem primeira evidência do uso de imaginação em animais. Disponível em: https://www.contacto.lu/sociedade/cientistas-descobrem-primeira-evidencia-do-uso-de-imaginacao-em-animais/4609898.html. Acesso em: 19 jan. 2024.

Carta Espanhola de Derechos Digitales. Disponível em: https://espanadigital.gob.es/lineas-de-actuacion/carta-de-derechos-digitales. Acesso em: 07 abr. 2024.

CHILE. Constituição Política da República do Chile. Disponível em: https://www.bcn.cl/leychile/navegar?idNorma=242302. Acesso em: 19 jan. 2024.

CHILE. Ley 21383. *Modifica la carta fundamental, para establecer el desarrollo científico y tecnológico al servicio de las personas*. Disponível em: https://www.bcn.cl/leychile/navegar?Idnorma=1166983. Acesso em: 04 mar. 2024.

COMITÊ DOS DIREITOS DA CRIANÇA. *Comentário geral nº 25 (2021) sobre os Direitos das Crianças em relação ao ambiente digital*. Disponível em: https://criancaeconsumo.org.br/wp-content/uploads/2022/01/comentario-geral-n-25-2021.pdf. Acesso em: 10 jul. 2022.

Como funciona o Telepathy, chip cerebral que Elon Musk diz ter sido implantado em uma pessoa. Disponível em: https://www.bbc.com/portuguese/articles/cd182g1gp27o. Acesso em: 26 fev. 2024.

Convivendo com robôs. Disponível em: https://www.japanhousesp.com.br/exposicao/convivendo-com-robos/. Acesso em: 19 jan. 2024.

DE ASÍS, Rafael. Sobre la propuesta de los neuroderechos. Derechos y Libertades. *Época II*, n. 47, p. 51-70, jun. 2022.

Declaração do Comitê Jurídico Interamericano sobre Neurociência, Neurotecnologias e Direitos Humanos: Novos Desafios Jurídicos para as Américas (CJI/DEC.01 (XCIX-O/21), Agosto de 2021. Disponível em: http://www.oas.org/en/sla/iajc/docs/CJI-DEC_01_XCIX-O-21_PO.pdf. Acesso em: 07 abr. 2024.

DeWave: Brain-to-Text AI Breakthrough Revolutionizing Communication. Disponível em: https://blockchain.news/analysis/dewave-brain-to-text-ai-breakthrough-revolutionizing-communication. Acesso em: 19 jan. 2024.

Emotiv insight. Disponível em: https://fastercapital.com/pt/palavra-chave/emotiv-insight.html. Acesso em: 04 mar. 2024.

Ethics By Design and Ethics of Use Approaches for Artificial Intelligence. Disponível em: https://ec.europa.eu/info/funding-tenders/opportunities/docs/2021-2027/horizon/gui dance/ethics-by-design-and-ethics-of-use-approaches-for-artificialintelligence_he_ en.pdf. Acesso em: 18 mar. 2024.

Facebook compra startup que faz pulseira para "ler" sua mente. Disponível em: https://tecnoblog.net/noticias/2019/09/24/facebook-compra-startup-ctrl-labs-pulseira-ler-sua-mente/. Acesso em: 20 nov. 2023.

Facebook is building brain-computer interfaces for typing and skin-hearing. Disponível em: https://techcrunch.com/2017/04/19/facebook-brain-interface/?guccounter=1. Acesso em: 10 maio 2022.

Facebook is building the future of connection with lifelike avatars. Disponível em: https://tech.fb.com/ar-vr/2019/03/codec-avatars-facebook-reality-labs/. Acesso em: 06 abr. 2024.

Facebook Reveals It's Working on Brain-to-Text Technology That Can Read Minds. Disponível em: https://www.gadgets360.com/social-networking/news/facebook-reveals-its-working-on-brain-to-text-technology-that-can-read-minds-1683625. Acesso em: 20 out. 2023.

FERNANDES, J.P.M. Vanguardas da responsabilidade: direito, neurociências e inteligência artificial (Resenha). *Cadernos Ibero-Americanos de Direito Sanitário,* 2020 jan./mar.; 9(1), p. 239. Disponível em: http://dx.doi.org/10.17566/ciads.v9i1.631. Acesso em: 05 jul. 2022

GENSER, Jared; HERRMANN, Stephanie; YUSTE, Rafael. International Human Rights Protection Gaps in the Age of Neurotechnology. *NeuroRights Foundation,* maio, 2022, p. 10-15. Disponível em: https://static1.squarespace.com/static/60e5c0c4c4f37276f4d458cf/t/6275130256dd5e2e11d4bd1b/1651839747023/Neurorights+Foundation+PUBLIC+Analys is+5.6.22.pdf. Acesso em: 05 jun. 2023

HOFFMANN-RIEM, Wolfgang. Big data e inteligência artificial: desafios para o direito. *Revista Estudos Institucionais,* v. 6, n. 2, p. 431-506, maio/ago. 2020.

ICO. Information Commissioner's Office. UK. *ICO tech futures: neurotechnology.* Disponível em: https://ico.org.uk/about-the-ico/research-reports-impact-and-evaluation/research-and-reports/technology-and-innovation/ico-tech-futures-neurotechnology/. Acesso em: 10 set. 2023.

ICO. *Neurotechnologies: Key definitions.* Disponível em: https://ico.org.uk/about-the-ico/research-reports-impact-and-evaluation/research-and-reports/technology-and-innovation/ico-tech-futures-neurotechnology/neurotechnologies-key-definitions/. Acesso em: 10 set. 2023.

ICO. *ICO warns of "real danger" of discrimination in new technologies that monitor the brain.* Disponível em: https://ico.org.uk/about-the-ico/media-centre/news-and-blogs/2023/06/ico-warns-of-real-danger-of-discrimination-in-new-technologies-that-monitor-the-brain/. Acesso em: 12 mar. 2024.

IENCA, M.; ANDORNO, R. Towards new human rights in the age of neuroscience and neurotechnology. *Life Sci Soc Policy 13,* 5 (2017). Disponível em: https://doi.org/10.1186/s40504-017-0050-1. Acesso em: 15 maio 2022.

Imagining a new interface: Hands-free communication without saying a word. Disponível em: https://tech.fb.com/ar-vr/2020/03/imagining-a-new-interface-hands-free-communication-without-saying-a-word/. Acesso em: 06 abr. 2024.

Insight: um dispositivo que "lê a mente" e já foi proibido até pela Suprema Corte do Chile. Disponível em: https://www.metroworldnews.com.br/ciencia-e-tecnologia/2023/08/20/insight-um-dispositivo-que-le-a-mente-e-ja-foi-proibido-ate-pela-suprema-corte-do-chile/. Acesso em: 04 mar. 2024.

IOSA, Marco; VERRELLI, Cristiano Maria; GENTILE, Amalia E. *et al. Gaming Technology for Pediatric Neurorehabilitation:* a systematic review. Front. Pediatr. 10:775356. 2022. Disponível em: https://pubmed.ncbi.nlm.nih.gov/35155305/. Acesso em: 15 jan. 2024.

Kernel. Disponível em: https://www.kernel.com/. Acesso em: 10 jan. 2024.

LOPES, Ana Maria D'Ávila. Proteção constitucional dos direitos fundamentais culturais das minorias sob perspectiva do multiculturalismo. *Revista de Informação Legislativa,* Brasília, n. 45, p. 19-29, 2008.

Making the metaverse: What it is, how it will be built, and why it matters. Disponível em: https://tech.fb.com/ideas/2022/05/making-the-metaverse/. Acesso em: 06 abr. 2024.

National Institutes of Health. The Brain Iniative. Disponível em: https://braininitiative.nih.gov/. Acesso em: 06 abr. 2024.

NeuroRights Initiative. *The Five Ethical NeuroRights.* 2021. Disponível em: https://neurorightsinitiative.site.drupaldisttest.cc.columbia.edu/sites/default/files/content/The%20Five%20Ethical%20NeuroRights%20updated%20pdf_0.pdf. Acesso em: 15 jun. 2022.

Neurodireitos no Chile: consagração constitucional e regulação das neurotecnologias. Disponível em: https://www.somosiberoamerica.org/pt-br/tribunas/neurodireitos-no-chile-consagracao-constitucional-e-regulacao-das-neurotecnologias/. Acesso em: 12 mar. 2024.

Neurotecnologia permitirá alterar funcionamento mental, diz cientista. Disponível em: https://epocanegocios.globo.com/ciencia-e-saude/noticia/2024/03/neurotecnologia-permitira-alterar-funcionamento-mental-diz-cientista.ghtml. Acesso em: 12 mar. 2024.

Next generation AI and Human Behaviour: promoting an ethical approach. Disponível em: https://digital-skills-jobs.europa.eu/en/opportunities/funding/next-generation-ai-and-human-behaviour-promoting-ethical-approach. Acesso em: 07 abr. 2024.

ORGANIZAÇÃO PARA A COOPERAÇÃO E DESENVOLVIMENTO ECONÔMICO (OCDE). *Recommendation of the Council on Responsible Innovation in Neurotechnology.* Doc. n. OECD/LEGAL/0457, adotada em Dezembro de 2019. Disponível em: https://www.oecd.org/science/recommendation-on-responsible-innovation-in-neurotechnology.htm. Acesso em: 07 abr. 2024.

Olimpíadas com neurotecnologia. Disponível em: https://www.youtube.com/watch?v=FRKE5C50Emk. Acesso em: 25 maio 2023.

Panorâmica do Regulamento Serviços Digitais (RSD). Disponível em: https://commission.europa.eu/strategy-and-policy/priorities-2019-2024/europe-fit-digital-age/digital-services-act_pt. Acesso em: 06 abr. 2024.

PASZKIEL, Szczepan. Application of Brain-Computer Interface Technology in Neurogaming. *In: Applications of Brain-Computer Interfaces in Intelligent Technologies. Studies in Computational Intelligence*, vol 1031. Springer, Cham. 2022. Disponível em: https://doi.org/10.1007/978-3-031-05501-0_4. Acesso em: 07 abr. 2024.

Por que é preciso proibir que manipulem nosso cérebro antes que isso seja possível. Disponível em: https://brasil.elpais.com/ciencia/2020-02-13/por-que-e-preciso-proibir-que-manipulem-nosso-cerebro-antes-que-isso-seja-possivel.html. Acesso em: 05 out. 2023.

Proposed UK AI regulation bill receives second reading in House of Lords. Disponível em: https://iapp.org/news/a/proposed-uk-ai-regulation-bill-receives-second-reading-in-house-oflords/?mkt_tok=MTM4LUVaTS0wNDIAAAGSIHkMqS20_R3IninfyTWEV4ZmHH3g4WQbpO4_zjdnm-LjGhvvpL1h1axyjs6FfdEKDmjSqJy81AJxhE--ZZnAXtpcy-CKqmzOGXOeWbjzeIh7YA. Acesso em: 27 mar. 2024.

Regulamento Inteligência Artificial: Parlamento aprova legislação histórica. Disponível em: https://www.europarl.europa.eu/news/pt/press-room/20240308IPR19015/regulamento-inteligencia-artificial-parlamento-aprova-legislacao-historica. Acesso em: 18 mar. 2024.

REGULATION (EU) 2016/679 OF THE EUROPEAN PARLIAMENT AND OF THE COUNCIL of 27 April 2016 on the protection of natural persons with regard to the processing of personal data and on the free movement of such data, and repealing Directive 95/46/EC (General Data Protection Regulation). Disponível em: https://eur-lex.europa.eu/legal-content/EN/TXT/?uri=CELEX%3A02016R0679-20160504&qid=1532348683434. Acesso em: 18 mar. 2024.

RIOS, Roger Raupp. *Direito da antidiscriminação*: discriminação direta, indireta e ações afirmativas. Porto Alegre: Livraria do Advogado Editora, 2008.

SIQUEIRA, Dirceu Pereira; CASTRO, Lorenna Roberta Barbosa. Minorias e grupos vulneráveis: a questão terminológica como fator preponderante para uma real inclusão social. *Revista Direitos Sociais e Políticas Públicas*, vol. 5, n. 1, 2017.

TANG, Jerry; LEBEL, Amanda; JAIN, Shailee *et al*. Semantic reconstruction of continuous language from non-invasive brain recordings. *Nature Neuroscience*, 26, 858–866 (2023), p. 864-5. Disponível em: https://doi.org/10.1038/s41593-023-01304-9. Acesso em: 10 mar. 2024.

The Digital Markets Act. Disponível em: https://digital-markets-act.ec.europa.eu/index_en. Acesso em: 06 abr. 2024.

The Digital Services Act package. Disponível em: https://digital-strategy.ec.europa.eu/en/policies/digital-services-act-package. Acesso em: 18 mar. 2024.

The Neurorights Foundation. Disponível em: https://neurorightsfoundation.org/. Acesso em: 24 fev. 2024.

UNESCO. *Recomendação sobre a ética da inteligência artificial*, 2021. Disponível em: https://unesdoc.unesco.org/ark:/48223/pf0000381137_por. Acesso em: 10 jan. 2023.

UNESCO. *Report of the International Bioethics Committee Of Unesco (Ibc) On Ethical Issues Of Neurotechnology*. 2021. Disponível em: https://unesdoc.unesco.org/ark:/48223/pf0000378724. Acesso em: 07 abr. 2024.

UNESCO. *The risks and challenges of neurotechnologies for human rights*. 2023. Disponível em: https://unesdoc.unesco.org/ark:/48223/pf0000384185. Acesso em: 12 out. 2023.

UNIÃO EUROPEIA (EU). *EU initiative on Web 4.0 and virtual worlds:* a head start in the next technological transition. Communication from the Commission to the European Parliament, the Council, the european economic and social committee and the committee of the regions. {SWD(2023) 250} Strasbourg, 11.7.2023 COM(2023) 442/final. Disponível em: https://digital-strategy.ec.europa.eu/en/library/eu-initiative-virtual-worlds-head-start-next-technological-transition. Acesso em: 06 abr. 2024.

UNICEF. Disponível em: https://www.unicef.org/globalinsight/policy-guidance-ai-children-pilot-testing-and-case-studies. Acesso em: 20 fev. 2024.

UNITED NATIONS CHILDREN´S FUND (UNICEF). *Children and AI*: Where are the opportunities and risks? Disponível em: https://www.unicef.org/innovation/sites/unicef.org.innovation/files/2018-

11/Children%20and%20AI_Short%20Verson%20%283%29.pdf. Acesso em: 05 mar. 2024.

WARAT, Luis Alberto. Introdução geral ao direito. Vol. III. O *Direito não estudado pela teoria jurídica moderna*. Porto Alegre: Fabris Editor, 1997.

WEBINAR: *Neurogaming:* aspectos jurídicos e saúde mental. Disponível em: https://www.youtube.com/watch?v=LRK-uPjDFss. Acesso em: 04 abr. 2024.

ZUBOFF, Shoshana. *A era do capitalismo de vigilância*: a luta por um futuro humano na nova fronteira do poder. Tadução de George Schlessinger. Rio de Janeiro: Intrínseca, 2020.

RISCOS ADVINDOS DA COLETA E DO USO DE DADOS NEURAIS: PROBLEMATIZANDO SUA NECESSÁRIA REGULAMENTAÇÃO

BRUNO CAVALCANTE LEITÃO SANTOS
FRANCISCO DE ASSIS DE FRANÇA JÚNIOR

1 Introdução

O mundo contemporâneo revela uma complexidade crescente em relações intersubjetivas, intensificada pelos efeitos da transformação digital. Reinhart Koselleck aponta que, especialmente após o Iluminismo, vivenciamos uma *aceleração do tempo*,[1] resultando na redução progressiva do espaço de experiência em um sentido qualitativo. Esse fenômeno impacta todos os cidadãos, que são forçados a enfrentar uma variedade de novas entidades, o que complica a realização de experiências reflexivas. Com a vida cada vez mais irreflexiva, a ignorância se expande e, com ela, os riscos se multiplicam, especialmente numa era em que o regime disciplinar se apoia em informações e dados. A ilusória sensação de liberdade, proporcionada pelos incontáveis espaços de conexão, confere mais poder e controle àqueles que detêm mais informações.

As preocupações com os riscos que as inovações tecnológicas podem apresentar incluem o que chamamos de neurodireitos. A interação entre homem e máquina pode trazer riscos ampliados, especialmente com o avanço das tecnologias de coleta de dados neurais e a potencial indução de comportamentos. Isso representa uma ameaça a vários direitos jurídicos já estabelecidos, que estão principalmente relacionados à proteção da liberdade individual, incluindo privacidade, segurança, autonomia e direitos do consumidor. Portanto, é necessária uma reinterpretação e uma

[1] KOSELLECK, Reinhart. *Estratos do tempo: estudos de história*. Tradução de Markus Hediger. Rio de Janeiro: Contraponto; Ed. PUC-Rio, 2014, p. 187.

análise hermenêutica detalhada para reavaliar tais proteções frente aos riscos emergentes dessa nova forma de interação.

Atualmente, a utilização dessas tecnologias não se restringe apenas à área médica, mas se estende a inúmeras outras, incluindo atividades de lazer e entretenimento. No campo da saúde, as aptidões dessas tecnologias indicam potenciais riscos associados às suas capacidades de indução de comportamento. Além disso, a liberdade cognitiva em geral, que abrange a coleta de informações, pode ser classificada como dados pessoais. Esses dados são utilizados para os mais diversos fins, incluindo econômicos, pelas empresas que operam tais tecnologias.

A vasta gama de riscos, tanto reais quanto potenciais, decorrentes do desenvolvimento e aplicação dessa tecnologia levanta um problema jurídico concreto. Inicialmente, esse problema se resume à seguinte questão: "Existe a necessidade de uma regulamentação específica para dados neurais no ordenamento jurídico brasileiro?". Partimos do pressuposto afirmativo considerando que, embora a privacidade mental já esteja reconhecida como direito fundamental na Constituição, concluímos que é imprescindível uma regulamentação específica que aborde os diversos riscos associados à coleta e ao uso de dados neurais. Essa necessidade, em teoria, já é alvo de várias iniciativas legislativas, algumas das quais serão objeto de nossa análise.

Para verificar a hipótese proposta, adotamos uma abordagem metodológica hipotético-dedutiva. Essa abordagem, que analisa os dados neurais e os riscos associados a sua coleta e uso, demonstrará que, apesar da existência de fundamentos constitucionais para a proteção do direito à privacidade mental, há uma regulamentação incipiente em legislação infraconstitucional para sua proteção específica. Por fim, com base na legislação estrangeira, decisões de direito comparado e propostas de alteração legislativa em andamento no país, delimitaremos parâmetros para a adequada regulamentação e utilização dessa tecnologia.

2 O que são dados neurais, como eles têm sido coletados e quais seus riscos

Os riscos associados ao uso de neurotecnologias têm impulsionado uma reconfiguração dos direitos humanos em ambientes digitais. Por essa razão, as liberdades clássicas necessitam de uma nova interpretação, que introduza conceitos como a liberdade cognitiva ou privacidade mental, a integridade psicológica, a garantia de decisões livres de preconceitos algorítmicos, além da equidade no acesso às tecnologias.[2] Esses são os chamados neurodireitos,[3] que passam a ser tratados como uma atualização necessária dos direitos fundamentais clássicos.

A proteção da privacidade mental, uma faceta dos neurodireitos, tornou-se extremamente relevante nos últimos anos. Esse fenômeno deve-se, em grande parte, ao rápido avanço das tecnologias que permitem com alta precisão a coleta e análise de dados neurais – o cerne dos neurodireitos. Essa realidade, somada a uma cultura que não apenas coleta, mas também quantifica e utiliza esses dados para influenciar comportamentos com fins econômicos, destaca a necessidade premente de proteger tais informações.

No que diz respeito às metodologias de coleta de dados neurais e riscos associados, destaca-se a tecnologia da interface cérebro-máquina, também conhecida como *brain-computer interface* (BCI).[4] Esta não representa uma inovação recente, tendo seus primeiros registros de uso datados da década de 1970. A BCI, em sua forma inicial, utilizava o eletroencefalograma, uma tecnologia que remonta à década de 1920 e permite a medição da atividade elétrica do cérebro. Com o passar do tempo, a BCI avançou para incluir uma gama mais ampla de métodos, alguns dos quais são significativamente mais invasivos.[5]

---

2 Para Rafael Yuste, seriam prioridades éticas a orientar o desenvolvimento de neurotecnologias e inteligência artificial. Cf. YUSTE, R.; GOERING, S.; ARCAS, B. *et al.* Four ethical priorities for neurotechnologies and AI. *Nature,* v. 551, p. 159–163, 2017. https://doi.org/10.1038/551159a

3 CORNEJO-PLAZA I.; CIPPITANI R.; PASQUINO V. (2024) Chilean Supreme Court ruling on the protection of brain activity: neurorights, personal data protection, and neurodata. Front. Psychol, *v.* 15, 2024. https://doi.org/10.3389/fpsyg.2024.1330439

4 VIDAL, Jacques J. Toward direct brain-computer communication. *Annu Rev Biophys Bioeng,* v. 2, p. 157-180, 1973.

5 "Uma variedade de métodos para monitorar a atividade cerebral pode servir como BCI. Estes incluem, além da eletroencefalografia (EEG) e métodos eletrofisiológicos mais invasivos, magnetoencefalografia (MEG), tomografia por emissão de pósitrons (PET), ressonância magnética funcional (fMRI) e imagem óptica." Cf. WOLPAW, J. R.; BIRBAUMER, N.; MCFARLAND, D. J.; PFURTSCHELLER, G.; VAUGHAN, T. Brain-computer interfaces for communication and control. *Clinical Neurophysiology,* v. 113, p. 767-791, 2002. https://doi.org/10.1016/S1388-2457(02)00057-3

É importante ressaltar que grande parte dessas aplicações, inclusive as citadas como referências, foram desenvolvidas para uso na área da saúde. Elas visam identificar dados neurais que são úteis para diagnósticos mais precisos, assim como para o tratamento de diversos problemas de saúde.

O ritmo acelerado no desenvolvimento de novas tecnologias, sobretudo aquelas que empregam inteligência artificial, tem resultado na introdução de novos produtos em uma progressão geométrica nos últimos anos. Estima-se que 80% das empresas utilizarão inteligência artificial até o ano de 2026.[6] Especificamente em relação à interface cérebro-computador (BCI), estudos indicam um aumento de aproximadamente 1,5 vezes no número de publicações científicas sobre o tema entre os anos de 2016 e 2021.[7] Os Estados Unidos e a China destacam-se nesse crescimento, sendo este último o país com maior expansão nessas pesquisas.

Inclusive, é importante destacar que, no campo das interfaces não invasivas, existem inúmeros exemplos, como no caso das interfaces cérebro-cérebro. Nesses casos, mecanismos de coleta e transmissão da atividade elétrica neural conectam mais de um cérebro, sendo utilizados não só em ratos,[8] mas também em humanos.[9] Esses sistemas analisam padrões, processam imagens, informações táteis e até previsão do tempo, comprovando ser possível apresentar desempenho igual ou superior ao de testes realizados individualmente, apresentando-nos outros riscos que essa tecnologia pode oferecer.

É importante ressaltar que grande parte do interesse atual não se baseia primordialmente na melhoria operacional das atividades, mas sim no entendimento de que a coleta de dados se tornou um

---

6 ORTIZ, Sabrina. 80% of enterprises will have incorporated AI by 2026, according to a Gartner report. *ZDNet*, Innovation 12 out. 2023. Disponível em: https://www.zdnet.com/article/80-of-enterprises-will-have-incorporated-ai-by-2026-according-to-a-gartner-report/. Acesso em: 10 abr. 2024.

7 MAISELI, Baraka *et al.* Brain-computer interface: trend, challenges, and threats. *Brain informatics*, v. 10. 4 Aug. 2023. Disponível em: https://doi.org/10.1186/s40708-023-00199-3

8 PAIS-VIEIRA, M. *et al.* Building an organic computing device with multiple interconnected brains. *Scientific Reports*, v. 5, 09 jul. 2015. Disponível em: https://doi.org/10.1038/srep11869.

9 JIANG, L. *et al.* BrainNet: A Multi-Person Brain-to-Brain Interface for Direct Collaboration Between Brains. *Scientific reports*, v. 9, 16 Apr. 2019. Disponível em: https://doi.org/10.1038/s41598-019-41895-7.

dos ativos mais valiosos da atualidade. Com esses dados, que incluem informações neurais, somos categorizados, permitindo que os detentores dessas informações façam um perfilamento, o qual é usado para prever e influenciar comportamentos. Byung-Chul Han, retomando a discussão de Koselleck sobre a aceleração do tempo, afirma que "a coação da comunicação acelerada nos priva da racionalidade".[10] A partir desse ponto, o controle social passa a ser exercido de maneira mais eficaz, justamente por ser menos perceptível, e pode ser empregado para os mais variados propósitos, como políticos ou consumeristas.

O aumento de interesse é proporcional à sua utilização em diversas áreas do conhecimento. Isso inclui campos altamente benéficos, como a medicina, onde auxilia na restauração de capacidades físico-motoras e cognitivas. No entanto, sua aplicação estende-se a variados campos do entretenimento, automação em geral, educação e até mesmo político. Em todos esses domínios, apresenta inúmeros riscos à privacidade e à segurança.

Nesse sentido, existe uma necessidade urgente não apenas de compreender o alcance dessa tecnologia e vislumbrar sua aplicação de maneira benéfica para a comunidade, mas também de identificar seus riscos. Este passo é crucial para reconhecer os bens jurídicos afetados pelos conflitos que surgem de seu uso, sendo fundamental delimitar o âmbito de sua proteção legal e considerar a necessidade de uma regulamentação que proteja os interesses jurídicos divergentes.

O exemplo mais recente de regulamentação, que serve como referência, é o do Estado do Colorado. Em abril de 2024, foi criada a primeira lei norte-americana que amplia os direitos de privacidade para incluir dados neurais.[11] A nova legislação, aprovada quase por unanimidade tanto na câmara quanto no senado, ampliou a definição de dados confidenciais para abranger dados biológicos, como a biometria, e neurológicos, produzidos pelo cérebro, medula

---

10 HAN, Byung-Chul. *Infocracia*: digitalização e a crise da democracia. Tradução de Gabriel S. Philipson. Petrópolis: Vozes, 2022, p. 36.

11 MOENS, J. Your brain waves are up for sale: a new law wants to change that. *New York Times*, Science, 17 abr. 2024. Disponível em: https://www.nytimes.com/2024/04/17/science/colorado-brain-data-privacy.html. Acesso em: 19 abr. 2024.

espinhal ou redes neurais. A filosofia por trás do apoio à lei é similar à da Comissão Europeia, que regula dados clínicos sob a lei federal de saúde. No entanto, destaca-se que a utilização desses dados no setor de consumo requer controles mais rigorosos, proibindo sua coleta e comercialização por empresas que empregam essa tecnologia.

3 O que existe e o que precisa ser criado em termos de sua regulamentação

Ao analisarmos a existência de um suporte fático constitucional, questionamos se os direitos potencialmente afetados pelas tecnologias no ordenamento jurídico brasileiro possuem um amparo normativo adequado. Isso inclui a densidade de um direito fundamental. Partimos do pressuposto de que não é necessário que tal garantia esteja explicitamente expressa na Constituição Federal do Brasil, embora seja possível e provável que isso ocorra. Assim, é essencial verificar inicialmente a presença desse suporte normativo, com especial atenção ao papel do intérprete constitucional.

Refletindo sobre a hermenêutica que abarca os novos riscos e as garantias existentes, bem como aquelas que ainda carecem de regulamentação constitucional, Hoffmann-Riem[12] compreende que possuímos uma carta de direitos fundamentais bastante sólida.[13] Essa carta nos oferece garantias que protegem a comunidade contra os riscos oriundos da transformação digital, iniciando pela dignidade humana e estendendo-se às várias dimensões da liberdade, igualdade, personalidade e propriedade. É essencial que tais direitos, já firmemente estabelecidos em seus princípios e normas de controle, sejam reinterpretados com o passar do tempo, assegurando que suas bases continuem pertinentes diante das mudanças sociais. No entanto, é crucial enfatizar que, se os mecanismos hermenêuticos atuais se mostrarem ineficazes diante

---

[12] HOFFMANN-RIEM, Wolfgang. *Teoria geral do direito digital*: transformação digital: desafios para o direito. Tradução de Ítalo Fuhrmann. 2. ed. Rio de Janeiro: Forense, 2022, p. 46-47.

[13] Aqui o autor tem como referência a Alemanha, mas não haveria assimetria considerável em relação ao parâmetro brasileiro, como ele destaca em sua obra supramencionada.

da gravidade de determinados desafios, poderá ser imprescindível promover inovações no sistema jurídico em vigor.

Tal percepção é coerente com a manutenção da força normativa da Constituição, da qual emanam os direitos fundamentais. Como leciona Konrad Hesse,[14] "quanto mais o conteúdo de uma Constituição lograr corresponder à natureza singular do presente, tanto mais seguro há de ser o desenvolvimento de sua força normativa". É essencial, porém, manter condições de adaptação a eventuais mudanças na sociedade, evitando sempre a "constitucionalização de interesses momentâneos ou particulares". Além do conteúdo, é necessária a *práxis*, e, nesse aspecto, a interpretação assume particular relevância. O autor sugere que "a interpretação tem significado decisivo para a consolidação e preservação da força normativa da Constituição", pois o papel do intérprete constitucional é buscar a ótima concretização da norma, respeitando os limites de sua proposição enquanto pondera possíveis conflitos.

Como referência em jurisprudência estrangeira, o Tribunal Constitucional Federal Alemão proferiu decisões inovadoras em casos análogos, destacando-se pela interpretação e aplicação dos direitos individuais. Um marco é o reconhecimento do direito geral à personalidade, abrangendo tanto a proteção ao livre desenvolvimento da personalidade quanto à dignidade humana. Essa doutrina serviu de alicerce para o reconhecimento do direito fundamental à autodeterminação informacional e do direito de assegurar a confidencialidade e integridade dos sistemas de tecnologia da informação, ambos voltados à proteção de dados pessoais. Ressalta-se que a salvaguarda desses direitos fundamentais não se dá através da criação de novos direitos, mas por meio da efetivação de novas modalidades de garantir a liberdade individual. Uma compreensão similar foi adotada pelo Tribunal de Justiça Europeu em julgamentos concernentes ao direito ao esquecimento.

Segundo Ingo Wolfgang Sarlet,[15] existe um "conceito materialmente aberto de direitos fundamentais consagrado

---

14 HESSE, Konrad. *A força normativa da Constituição*. Tradução de Gilmar Ferreira Mendes. Porto Alegre: Sergio Antonio Fabris, 1991, p. 20-23.

15 SARLET, Ingo Wolfgang. *A eficácia dos direitos fundamentais*: uma teoria geral dos direitos

pelo art. 5º, §2º, da CF", o que sugere a existência de direitos fundamentais expressos em outras partes da Constituição Federal, ou mesmo decorrentes de Tratados Internacionais. Isso permite o reconhecimento de direitos fundamentais implícitos, ou aqueles oriundos do regime e dos princípios constitucionais. Essa percepção aponta para um sistema específico de direitos fundamentais que não é lógico-dedutivo (fechado), mas sim aberto e flexível, caracterizando-se como um sistema aberto de regras e princípios, que deve se mostrar capaz de incorporar novos conteúdos que surgem no desenvolvimento social, integrando a ordem constitucional aos novos influxos.

Ao abordar nosso objeto de estudo, as interfaces cérebro-máquina, é importante reconhecer que seus riscos são variados e inerentes, especialmente quando empregadas em áreas que não têm a medicina como foco central.[16] Esta última é voltada para a proteção de bens jurídicos de alta relevância, promovendo outros direitos fundamentais, principalmente os orientados à proteção da vida e da saúde. Em contraste, os objetivos se diferenciam quando tais tecnologias são aplicadas ao lazer e entretenimento. Essa distinção já despertou o interesse regulatório em várias partes do mundo, como é o caso da Organização para Cooperação e Desenvolvimento Econômico (OCDE), que adotou entre seus nove princípios a "salvaguarda de dados pessoais do cérebro e outras informações obtidas através da neurotecnologia",[17] uma forma de *soft law* que incentiva uma inovação responsável no âmbito da neurotecnologia. Esse tipo de regulação, juntamente com outras que começam a

---

fundamentais na perspectiva constitucional. 11. ed. Porto Alegre: Livraria do Advogado, 2012, p. 71-72.

[16] Não é objeto do nosso estudo; contudo, é possível mencionar os riscos político-sociais vivenciados pela sociedade ao ser controlada pelas informações que disponibiliza nos ambientes virtuais de comunicação. Isso pode levar ao risco de uma "infocracia", termo indicado por Byung-Chul Han, na qual "o capitalismo da informação está acoplado ao capitalismo da vigilância e que degrada os seres humanos em gado, em animais de consumo e dados". Cf. HAN, Byung-Chul. *Infocracia*: digitalização e a crise da democracia. Tradução de Gabriel S. Philipson. Petrópolis: Vozes, 2022, p. 07. E para maior aprofundamento sobre "capitalismo de vigilância", conferir: ZUBOFF, Shoshana. *A era do capitalismo de vigilância*: a luta por um futuro humano na nova fronteira do poder. Tradução de George Schlesinger. Rio de Janeiro: Intrínseca, 2020.

[17] OECD. *Recommendation of the Council on Responsible Innovation in Neurotechnology*, OECD/LEGAL/0457. Disponível em: https://legalinstruments.oecd.org/en/instruments/OECD-LEGAL-0457. Acesso em: 19 abr. 2024.

emergir, proporciona uma nova margem para a reinterpretação do direito fundamental à liberdade no contexto do direito digital. Por exemplo, o princípio supramencionado indica como deveres de regulamentação:

> a) Fornecer informações claras ao público e aos participantes da pesquisa sobre a coleta, o armazenamento, processamento e uso potencial de dados cerebrais pessoais coletados para fins de saúde; b) Garantir que existam meios de obtenção de consentimento adequados para proteger a autonomia dos indivíduos, incluindo a consideração de casos especiais de capacidade limitada de tomada de decisão; c) Promover oportunidades para que os indivíduos escolham como os seus dados serão utilizados e partilhados, incluindo opções de acesso, alteração e eliminação de dados pessoais; d) Promover políticas que protejam os dados cerebrais pessoais contra a utilização para discriminar ou excluir indevidamente determinadas pessoas ou populações, especialmente para fins comerciais ou no contexto de processos legais, de emprego ou de seguros; e) Proteger as informações obtidas através da aplicação da neurotecnologia contra o uso não autorizado, inclusive através do uso de acordos de acesso a dados, quando apropriado; f) Promover a confidencialidade e a privacidade e mitigar as violações de segurança, inclusive através da implementação de padrões de segurança rigorosos; g) Garantir não só a rastreabilidade dos dados recolhidos e tratados, mas também dos atos médicos em que a neurotecnologia é utilizada. (Tradução livre)[18]

O Parlamento Europeu tem manifestado sua preocupação com a possibilidade de manipulação e riscos à autonomia pessoal pelo uso desse tipo de tecnologia. Em 16 de abril de 2024, ao debater alterações em inúmeras regulamentações sobre inteligência artificial, indicou na consideração de número 29 que:

> As técnicas de manipulação propiciadas pela IA podem ser utilizadas para persuadir as pessoas a adotarem comportamentos indesejados, ou para as enganar incentivando-as a tomar decisões de uma forma que subverta e *prejudique a sua autonomia, a sua tomada de decisões e a sua liberdade de escolha*. A colocação no mercado, a colocação em serviço ou a utilização de determinados sistemas de IA com o objetivo ou o efeito de distorcer substancialmente o comportamento humano, sendo passível a ocorrência de danos significativos, em especial com repercussões

[18] OECD. *Recommendation of the Council on Responsible Innovation in Neurotechnology*, OECD/LEGAL/0457. Disponível em: https://legalinstruments.oecd.org/en/instruments/OECD-LEGAL-0457. Acesso em: 19 abr. 2024.

> negativas suficientemente importantes na saúde física, psicológica ou nos interesses financeiros, são particularmente perigosas e deverão, por isso, ser proibidas. Esses sistemas de IA utilizam quer componentes subliminares, como estímulos de áudio, de imagem e de vídeo dos quais as pessoas não se conseguem aperceber por serem estímulos que ultrapassam a percepção humana, quer outras técnicas manipuladoras ou enganadoras que subvertem ou prejudicam a autonomia, a tomada de decisões ou a liberdade de escolha das pessoas de uma maneira de que estas não têm consciência dessas técnicas *ou que, mesmo que tenham consciência das mesmas, ainda possam ser enganadas ou não as possam impedir de controlar ou não lhes possam resistir. Tal poderá ser facilitado, por exemplo, por interfaces máquina-cérebro ou por realidade virtual,* que *permitem um maior nível de controlo do tipo de estímulos apresentados às pessoas,* na medida em que *podem distorcer substancialmente o seu comportamento de uma forma significativamente nociva.*[19] (Grifo nosso)

Independentemente de sua expressa identificação na carta constitucional, entendo que a privacidade mental é amparada como direito fundamental em nosso país. Contudo, é importante destacar que sua regulamentação se faz indispensável diante dos riscos apresentados, principalmente em relação ao uso não médico da modulação da função cerebral, visando garantir a segurança e a privacidade dos indivíduos. Segundo Cornejo-Plaza,[20] qualquer dispositivo de modulação cerebral, seja invasivo ou não, deve ser regulamentado como um dispositivo médico, independentemente da finalidade de sua comercialização, conforme proposto pela Comissão Europeia. Busca-se, assim, integrar a inovação tecnológica à investigação biomédica, mas sob a proteção da legislação biomédica, evitando que problemas dessa natureza tenham que ser tutelados pelo direito consumerista, como no caso que será citado em seguida, no Chile.

No âmbito da *hard law*, o Chile destacou-se como pioneiro ao incorporar em sua Constituição Federal, mais precisamente

---

[19] UNIÃO EUROPEIA. Parlamento Europeu. *Sessão de 16 de abril de 2024 que cria regras harmonizadas em matéria de inteligência artificial e que altera os Regulamentos (CE) nº 300/2008, (UE) nº 167/2013, (UE) nº 168/2013, (UE) 2018/858, (UE) 2018/1139 e (UE) 2019/2144 e as Diretivas 2014/90/UE, (UE) 2016/797 e (UE) 2020/1828 (Regulamento da Inteligência Artificial).* Disponível em: https://www.europarl.europa.eu/doceo/document/TA-9-2024-0138-FNL-COR01_PT.pdf. Acesso em: 21 abr. 2024.

[20] CORNEJO-PLAZA I. Chilean neurorights legislation and its relevance for mental health: Criticisms and outlook. *Salud Mental*, v. 46, n. 5, set.-out. 2023. https://doi.org/10.17711/SM.0185-3325.2023.034.

no artigo 19, o direito à integridade mental, conferindo, assim, proteção explícita aos neurodireitos. Em um caso recente, datado de agosto de 2023, a Suprema Corte[21] chilena analisou uma ação constitucional que visava a proteção da privacidade mental. A ação foi movida por Guido Girardi Lanvin em face da *Emotiv Inc.*, sediada na Califórnia, EUA, em razão dos riscos potenciais relacionados ao uso do dispositivo *Insight*. O dispositivo em questão foi projetado para captar a atividade elétrica cerebral, atuando como uma interface cérebro-máquina e, consequentemente, coletando dados pessoais categorizados como neurais, os quais eram armazenados em nuvem. A Suprema Corte do Chile acatou a demanda do autor, determinando a exclusão desses dados pessoais tanto dos portais da empresa quanto da nuvem. A decisão foi embasada em princípios legais de defesa do consumidor, alinhados às diretrizes da OCDE, considerando a violação do acesso à informação pelo autor, que foi induzido a erro e cujo consentimento informado para o uso de seus dados não foi obtido.

É importante reforçar a existência, entre outras, da Proposta de Emenda à Constituição de nº 29/2023, bem como do Projeto de Lei nº 522/2022 em relação a Lei Geral de Proteção de Dados, ambas no sentido de incluir dados neurais como objeto expresso de proteção. Diga-se de passagem, seria um reforço às garantias significativas preexistentes em nosso ordenamento, capazes de já opor resistência a possíveis desvios.

É crucial enfatizar a existência de iniciativas legislativas como a Proposta de Emenda à Constituição nº 29/2023 e o Projeto de Lei nº 522/2022, que visam a inclusão dos dados neurais no escopo da Constituição Federal e Lei Geral de Proteção de Dados, respectivamente. Essas propostas representam um reforço significativo às garantias já presentes em nosso ordenamento jurídico, buscando fortalecer a proteção contra eventuais abusos. Mesmo já dispondo de proteção constitucional pela via interpretativa, a inserção expressa de dados neurais como objeto de proteção legal é

---

[21] CHILE. Corte Constitucional. *Processo nº 105.065-2023*. Relatora Ministra Ángela Vivanco, j. 09 ago. 2023. Disponível em: https://www.doe.cl/alerta/11082023/20230811001. Acesso em: 10 abr. 2024.

um passo importante para a evolução da privacidade e da segurança dos dados pessoais.

Esse aspecto fundamental de tais direitos já tem alguma proteção pela legislação infraconstitucional, mas em relação a terminologia de *dados sensíveis* em prontuários eletrônicos de pacientes – porém sem explicitar o que seriam esses dados –, conforme a Lei nº 13.787/2018, ou, principalmente, pelos inúmeros dispositivos presentes na Lei Geral de Proteção de Dados (LGPD), que busca se adequar à OCDE. A LGPD[22] estabelece como fundamentos da proteção de dados pessoais, entre outros, o respeito à privacidade, a autodeterminação informativa, a inviolabilidade da intimidade, a defesa do consumidor, os direitos humanos, o livre desenvolvimento da personalidade e a dignidade – todos intimamente ligados ao nosso objeto de análise, no caso os dados neurais. Garante-se, assim, como bases inerentes ao desenvolvimento da personalidade, a liberdade, a intimidade e a privacidade como direitos fundamentais, conforme estabelecido em seu artigo 17.[23]

> O fato é que, já com base na principiologia constitucional, no catálogo de direitos e de garantias fundamentais, bem como dos direitos extraídos do ordenamento jurídico brasileiro, alinhavados em uma constelação normativa pelos direitos humanos, torna-se possível atuar positivamente nessa seara.[24]

Não restam dúvidas de que o direito à privacidade mental constitui um direito fundamental, conforme interpretado anteriormente pela Constituição, dentro de um sistema aberto de regras e princípios. Diante disso, emerge uma indagação relevante: existirá segurança jurídica suficiente para a análise específica dos inúmeros

---

22 BRASIL. *Lei nº 13.709, de 14 de agosto de 2018*. Dispõe sobre a Lei Geral de Proteção de Dados (LGPD). Disponível em: https://www.planalto.gov.br/ccivil_03/_ato2015-2018/2018/lei/l13709.htm. Acesso em: 10 abr. 2024.

23 SARLET, Gabrielle Bezerra Sales. A Inteligência artificial no contexto atual: uma análise à luz das neurociências voltada para uma proposta de emolduramento ético e jurídico. *Revista Direito Público*, v. 18, n. 100, 2021. Disponível em: https://doi.org/10.11117/rdp.v18i100.5214, p. 290-292.

24 SARLET, Gabrielle Bezerra Sales. A Inteligência artificial no contexto atual: uma análise à luz das neurociências voltada para uma proposta de emolduramento ético e jurídico. *Revista Direito Público*, v. 18, n. 100, 2021. Disponível em: https://doi.org/10.11117/rdp.v18i100.5214, p. 294.

riscos advindos das tecnologias empregadas na coleta e manipulação de dados neurais? A complexidade da resposta é evidente. Em antecipação a essas problemáticas, propostas de emenda ao novo Código Civil brasileiro foram sugeridas, visando incorporar essa nova esfera de direitos, com perspectivas de votação e aprovação no futuro próximo.

Seria arriscado, e talvez até irresponsável, refletir profundamente sobre um tema que ainda é objeto de discussão. No entanto, é importante esclarecer aos leitores que existe uma conformidade de pensamento entre as propostas apresentadas internacionalmente e as que estão sendo discutidas no país. Finalizo este texto na primeira semana de maio de 2024 deixando isso claro ao leitor. O projeto de lei proposto pelos juristas define os neurodireitos[25] como parte dos direitos da personalidade, os quais não são passíveis de transmissão, renúncia ou limitação. Ademais, o projeto sugere categorias de neurodireitos, tais como: a liberdade cognitiva; o livre arbítrio; a privacidade mental; a integridade mental; a continuidade da identidade pessoal e da vida mental; o acesso justo e equitativo às tecnologias; e a proteção contra vieses discriminatórios. Aguardamos para ver o que, de fato, será aprovado.

4 Considerações finais

O caminho que desenvolvemos para responder ao questionamento central deste trabalho, curiosamente, apresenta-nos ainda mais indagações. Isso era esperado, considerando que a maioria das tecnologias mencionadas se encontra em estágio inicial de aplicação prática em seres humanos, com algumas ainda sob testes. É provável que um número ainda maior de tecnologias surja, levando em conta os avanços recentes no desenvolvimento de inteligências artificiais generativas.

[25] "São considerados neurodireitos as proteções que visam preservar a privacidade mental, a identidade pessoal, o livre arbítrio, o acesso justo à ampliação ou melhoria cerebral, a integridade mental e a proteção contra vieses, das pessoas naturais a partir da utilização de neurotecnologias." BRASIL. Senado Federal. *Relatório Final dos trabalhos da Comissão de Juristas responsável pela revisão e atualização do Código Civil*. 16 abr. 2024. Disponível em: https://legis.senado.leg.br/comissoes/txtmat?codmat=159721. Acesso em: 28 abr. 2024.

A questão se "existe a necessidade de uma regulamentação específica para dados neurais no ordenamento jurídico brasileiro" é, de fato, pertinente. Embora possa parecer um questionamento óbvio, ele não deve surgir a partir da percepção exclusiva de total lacuna de garantias no contexto atual, por não haver previsão expressa de certas terminologias. É essencial considerar a complexidade e a singularidade dos dados neurais para entender a importância de uma legislação dedicada que possa abordar adequadamente suas especificidades.

É possível observar que, no que tange às garantias contra possíveis violações dos direitos da personalidade, decorrentes do uso de tecnologias de captação de dados neurais ou mesmo na indução de comportamentos, existe um suporte normativo que pode ser empregado como salvaguarda frente a certas liberdades infringidas. Tais liberdades incluem a liberdade cognitiva e a privacidade mental, que podem ser protegidas por meio de uma interpretação constitucional adequada, sendo consideradas, inclusive, como categorias de direitos fundamentais não expressamente declarados.

Este parâmetro de proteção é reforçado pela percepção da concretização de uma tendência global de adoção de parâmetros jurídicos em rede, com diversas contribuições do cenário internacional. A legislação infraconstitucional tem suscitado debates para sua devida atualização, indicando como possível solução aquilo que tem sido produzido como *soft law* ou *hard law* pelo direito estrangeiro. Não é por acaso que boa parte de nossos projetos de lei, seja para a regulação da inteligência artificial ou das neurotecnologias, apresenta textos muito semelhantes aos diplomas internacionais. Isso certamente orientará os parâmetros regulatórios legais adequados para o uso seguro dessas tecnologias.

Referências

BRASIL. *Lei nº 13.709, de 14 de agosto de 2018*. Dispõe sobre a Lei Geral de Proteção de Dados (LGPD). Disponível em: https://www.planalto.gov.br/ccivil_03/_ato2015-2018/2018/lei/l13709.htm. Acesso em: 10 abr. 2024.

BRASIL. Senado Federal. *Relatório Final dos trabalhos da Comissão de Juristas responsável pela revisão e atualização do Código Civil*. 16 abr. 2024. Disponível em: https://legis.senado.leg.br/comissoes/txtmat?codmat=159721. Acesso em: 28 abr. 2024.

CHILE. Corte Constitucional. *Processo nº 105.065-2023*. Relatora Ministra Ángela Vivanco, j. 09 ago. 2023. Disponível em: *https://www.doe.cl/alerta/11082023/20230811001*. Acesso em: 10 abr. 2024.

CORNEJO-PLAZA I. Chilean neurorights legislation and its relevance for mental health: Criticisms and outlook. *Salud Mental*, v. 46, n. 5, set.-out. 2023. https://doi.org/10.17711/SM.0185-3325.2023.034.

CORNEJO-PLAZA I.; CIPPITANI R.; PASQUINO V. (2024) *Chilean Supreme Court ruling on the protection of brain activity*: neurorights, personal data protection, and neurodata. **Front. Psychol**, *v.* 15, 2024. Disponível em: https://doi.org/10.3389/fpsyg.2024.1330439.

HAN, Byung-Chul. *Infocracia*: digitalização e a crise da democracia. Tradução de Gabriel S. Philipson. Petrópolis,RJ: Vozes, 2022.

HESSE, Konrad. *A força normativa da Constituição*. Tradução de Gilmar Ferreira Mendes. Porto Alegre: Sergio Antonio Fabris, 1991.

HOFFMANN-RIEM, Wolfgang. *Teoria geral do direito digital*: transformação digital: desafios para o direito. Tradução: Ítalo Fuhrmann. 2. ed. Rio de Janeiro: Forense, 2022.

JIANG, L. *et al.* BrainNet: A Multi-Person Brain-to-Brain Interface for Direct Collaboration Between Brains. *Scientific reports*, v. 9, 16 Apr. 2019. https://doi.org/10.1038/s41598-019-41895-7.

KOSELLECK, Reinhart. *Estratos do tempo*: estudos de história. Tradução de Markus Hediger. Rio de Janeiro: Contraponto; Ed. PUC-Rio, 2014.

MAISELI, Baraka *et al.* Brain-computer interface: trend, challenges, and threats. *Brain informa*tics, v. 10. 4 Aug. 2023. Disponível em: https://doi.org/10.1186/s40708-023-00199-3.

MOENS, J. Your brain waves are up for sale: a new law wants to change that. *New York Times*, Science, 17 abr. 2024. Disponível em: https://www.nytimes.com/2024/04/17/science/colorado-brain-data-privacy.html. Acesso em: 19 abr. 2024.

OECD. *Recommendation of the Council on Responsible Innovation in Neurotechnology*, OECD/LEGAL/0457. Disponível em: https://legalinstruments.oecd.org/en/instruments/OECD-LEGAL-0457. Acesso em: 19 abr. 2024.

ORTIZ, Sabrina. 80% of enterprises will have incorporated AI by 2026, according to a Gartner report. *ZDNet*, Innovation 12 out. 2023. Disponível em: https://www.zdnet.com/article/80-of-enterprises-will-have-incorporated-ai-by-2026-according-to-a-gartner-report/. Acesso em: 10 abr. 2024.

PAIS-VIEIRA, M. *et al.* Building an organic computing device with multiple interconnected brains. *Scientific Reports*, v. 5, 09 jul. 2015. Disponível em: https://doi.org/10.1038/srep11869.

SARLET, Gabrielle Bezerra Sales. A Inteligência artificial no contexto atual: uma análise à luz das neurociências voltada para uma proposta de emolduramento ético e jurídico. *Revista Direito Público*, v. 18, n. 100, 2021. Disponível em: https://doi.org/10.11117/rdp.v18i100.*5214*.

SARLET, Ingo Wolfgang. *A eficácia dos direitos fundamentais*: uma teoria geral dos direitos fundamentais na perspectiva constitucional. 11. ed. Porto Alegre: Livraria do Advogado, 2012.

UNIÃO EUROPEIA. Parlamento Europeu. *Sessão de 16 de abril de 2024 que cria regras harmonizadas em matéria de inteligência artificial e que altera os Regulamentos (CE) nº 300/2008, (UE) nº 167/2013, (UE) nº 168/2013, (UE) 2018/858, (UE) 2018/1139 e (UE) 2019/2144 e as Diretivas 2014/90/UE, (UE) 2016/797 e (UE) 2020/1828 (Regulamento da Inteligência Artificial).* Disponível em: https://www.europarl.europa.eu/doceo/document/TA-9-2024-0138-FNL-COR01_PT.pdf. Acesso em: 21 abr. 2024.

VIDAL, Jacques J. Toward direct brain-computer communication. *Annu Rev Biophys Bioeng*, v. 2, p. 157-180, 1973.

WOLPAW, J. R.; BIRBAUMER, N.; MCFARLAND, D. J.; PFURTSCHELLER, G.; VAUGHAN, T. Brain–computer interfaces for communication and control. *Clinical Neurophysiology*, v. 113, p. 767-791, 2002. Disponível em: https://doi.org/10.1016/S1388-2457(02)00057-3

YUSTE, R.; GOERING, S.; ARCAS, B. *et al.* Four ethical priorities for neurotechnologies and AI. *Nature*, v. 551, p. 159–163, 2017. Disponível em: https://doi.org/10.1038/551159a.

RESPONSABILIDADE CIVIL NA ERA DIGITAL E A INDENIZAÇÃO POR DANO MORAL PRESUMIDO DECORRENTE DA (DES) PROTEÇÃO DE DADOS PESSOAIS

BEATRIZ DE CASTRO ROSA
KASSIA ZINATO SANTOS MACHADO ARAUJO

Introdução

O Poder Judiciário exerce função essencial à justiça enquanto mediador de conflitos, atuando de forma ativa na resolução de situações e reparação de danos aos cidadãos. Indubitável é o reconhecimento do instituto da responsabilidade civil como verdadeiro aliado na reparação de danos causados pela (des)proteção de dados pessoais.

Assim, na era digital, tem sido cada vez mais comum que os titulares busquem amparo no Poder Judiciário quando a esfera administrativa não possui condições de suportar o debate e a resolução exitosa de seus pleitos, ou mesmo não se encontra, ainda, equipada para tanto em termos de estrutura, competência, pessoal e outras ferramentas capazes de solucionar contendas oriundas da relação entre titular de dados e incidentes de segurança.

A revolução tecnológica tem tido um impacto profundo e abrangente na sociedade, moldando aspectos fundamentais da vida moderna em diversas esferas. No âmbito da comunicação, as tecnologias digitais possibilitaram uma conectividade sem precedentes, encurtando distâncias e permitindo a troca instantânea de informações em escala global. Na economia, a automação e a inteligência artificial têm redefinido processos produtivos, criando novas oportunidades de negócios e transformando o mercado de trabalho. Além disso, na esfera social, as redes sociais e plataformas digitais têm alterado a forma como as pessoas se relacionam e compartilham experiências.

No entanto, essa revolução tecnológica também traz consigo desafios complexos, como preocupações com privacidade, segurança de dados, desigualdades digitais e o impacto ambiental da produção e do descarte de dispositivos eletrônicos. A inserção abrupta num contexto tecnológico, muitas vezes, não permitiu à significativa parcela da sociedade o letramento digital adequado e, por isso, a perspectiva de vulnerabilidade passa a desencadear prejuízos de várias espécies, diante de falhas graves que culminam na divulgação indevida, extração, vazamento, sequestro e outros incidentes de segurança envolvendo dados pessoais, que são capazes de ocasionar prejuízos de diversas ordens: tanto patrimoniais quanto extrapatrimoniais. Daí a relevância da responsabilidade civil na conjuntura contemporânea.

É preciso atenção para uma correta proteção dos dados tratados, não apenas pelas grandes "*bigtechs*" desenvolvedoras, pelas mídias sociais escritas, faladas, televisionadas, ou mesmo sociais, mas também pelas tecnologias empregados nos dispositivos, aplicativos e demais ferramentas modernas de uso de serviços, aquisição de bens e outros tantos recursos cada vez menos analógicos e cada vez mais tecnológicos proporcionados por diversos meios, empresas, entidades e órgãos públicos.

Nesse sentido, o recorte da abordagem desse artigo se concentrará na indenização por danos morais decorrentes do vazamento de dados pessoais, ou outro tipo de incidente de segurança, envolvendo dados pessoais comuns e sensíveis, segundo a classificação da Lei Geral de Proteção de Dados Pessoais (LGPD).

A análise realizada no presente artigo tem como base a decisão do Superior Tribunal de Justiça (STJ) publicada em março de 2023. A partir do entendimento apresentado apresentam-se breves reflexões, considerando o aumento exponencial da disposição, circulação e exposição de dados pessoais no contexto da contemporaneidade e a consequente busca por responsabilização por danos sofridos pelo titular de dados na esfera judicial.

1 O direito fundamental à proteção de dados pessoais e a classificação de dados pessoais segundo a LGPD

A Lei Geral de Proteção de Dados Pessoais (LGPD), Lei nº 13.709, de 14 de agosto de 2018, entrou em vigor em 2020. Ela estabelece diretrizes e obrigações tanto para os controladores quanto para os operadores de dados, visando garantir a segurança e a integridade das informações pessoais dos titulares.

A partir da Emenda Constitucional (EC) 115/2022, de 10.02.2022, a proteção de dados pessoais passou a integrar o rol de direitos fundamentais previstos no art. 5º da Constituição Federal de 1988 (CF/88), insculpida no inciso LXXIX.[1]

Dessa forma, a constitucionalização da proteção de dados surge como consequência do avanço tecnológico que afasta os serviços analógicos para torná-los cada vez mais digitais, sejam eles relativos a aquisição de bens e serviços, sistemas de segurança de vias, sistemas de saúde, sistemas de gestão de empresas, de pessoas, de processos... enfim, sistemas para praticamente tudo! Essas tecnologias que impulsionam e modernizam a forma de trabalho, de comunicação, de lazer, de prestação de serviços, de ensino, de tudo, são, em geral, alimentadas por dados pessoais, dentre outras categorias.

A LGPD classifica os dados pessoais em dois grandes grupos, a saber: i) os comuns; e ii) os sensíveis.[2] Ademais, apresenta o dado anonimizado como outra categoria, que ocorre quando o dado pessoal passa por processo técnico de "desidentificação", deixando de permitir a identificação do dado, impedindo que se

---

1 LXXIX – é assegurado, nos termos da lei, o direito à proteção dos dados pessoais, inclusive nos meios digitais. (Incluído pela Emenda Constitucional nº 115, de 2022)
§1º As normas definidoras dos direitos e garantias fundamentais têm aplicação imediata.
§2º Os direitos e garantias expressos nesta Constituição não excluem outros decorrentes do regime e dos princípios por ela adotados, ou dos tratados internacionais em que a República Federativa do Brasil seja parte.
§3º Os tratados e convenções internacionais sobre direitos humanos que forem aprovados, em cada Casa do Congresso Nacional, em dois turnos, por três quintos dos votos dos respectivos membros, serão equivalentes às emendas constitucionais.
§4º O Brasil se submete à jurisdição de Tribunal Penal Internacional a cuja criação tenha manifestado adesão.

2 Art. 5º Para os fins desta Lei, considera-se:
I – dado pessoal: informação relacionada a pessoa natural identificada ou identificável;
II – dado pessoal sensível: dado pessoal sobre origem racial ou étnica, convicção religiosa, opinião política, filiação a sindicato ou a organização de caráter religioso, filosófico ou político, dado referente à saúde ou à vida sexual, dado genético ou biométrico, quando vinculado a uma pessoa natural. (...)

saiba quem é a pessoa por trás dele, deixando, portanto, de ser um dado pessoal.[3]

Vieira, por sua vez, considera os dados pessoais como sensíveis, não sensíveis e de tratamento proibido e justifica seu posicionamento:

> Os dados não sensíveis pertencem ao primeiro círculo da teoria alemã das esferas (*Sphärentheorie*), correspondendo à esfera privada de seu titular, denominada *Privatsphäre* pelos alemães ou *Sphere of Privacy* pelos norte-americanos. Os dados sensíveis pertencem ao segundo círculo denominado *Intimsphäre*, abrangendo os valores atinente ao âmbito da intimidade ou esfera confidencial, cujo acesso é mais restrito. Os de tratamento proibido pertencem à esfera do segredo – *Geheimsphäre* na teoria alemã – abrangendo as manifestações espirituais da pessoa, características da vida íntima *strictu sensu*.[4]

Assim, entende-se que o "tratamento proibido" está relacionado aos dados de privacidade, que são uma esfera ainda mais íntima de dados que os pessoais. E, nesse sentido, dano na esfera de dados comuns (não sensíveis) seria considerado menos prejudicial que aquele cometido na esfera de dados sensíveis.

Segundo o art. 5º, II, da LGPD, esses dados seriam aqueles relacionados a origem racial ou étnica, convicção religiosa, opinião política, filiação a sindicato ou a organização de caráter religioso, filosófico ou político, dado referente à saúde ou à vida sexual, dado genético ou biométrico, quando vinculados a uma pessoa natural. E por que assim considerados dentro dessas esferas? Em razão de causarem constrangimento ao titular, de terem o poder de imprimir uma reação de discriminação social em razão de seu conhecimento.[5]

---

3 Art. 5º Para os fins desta Lei, considera-se:
III – dado anonimizado: dado relativo a titular que não possa ser identificado, considerando a utilização de meios técnicos razoáveis e disponíveis na ocasião de seu tratamento. (...)
XI – anonimização: utilização de meios técnicos razoáveis e disponíveis no momento do tratamento, por meio dos quais um dado perde a possibilidade de associação, direta ou indireta, a um indivíduo. (...).
Art. 12. Os dados anonimizados não serão considerados dados pessoais para os fins desta Lei, salvo quando o processo de anonimização ao qual foram submetidos for revertido, utilizando exclusivamente meios próprios, ou quando, com esforços razoáveis, puder ser revertido.

4 VIEIRA, 2007, p. 256.

5 VIEIRA, 2007, p. 256-257. E, por essa razão, devem ser enquadradas em alguma das hipóteses legais que permitem tratamento desses dados, previstas no art. 11, seus incisos e parágrafos, da LGPD.

Por isso, há uma tutela legal mais forte e contundente, com consequências mais graves para incidentes de segurança envolvendo dados pessoais sensíveis, além de alguns requisitos diferenciados para provas em juízo dos danos sofridos, ou da natureza do dado envolvido no incidente de segurança, para fins de responsabilidade civil.

2 Responsabilidade civil e a Lei Geral de Proteção de Dados na era digital

A responsabilidade civil atua sob a proteção de dados, especialmente sob o escopo da Lei Geral de Proteção de Dados (LGPD), como um elemento fundamental para garantir a segurança e a privacidade dos indivíduos no ambiente digital. A LGPD, conforme apresentado nas linhas anteriores, estabelece que tanto os controladores quanto os operadores de dados são responsáveis por assegurar a conformidade com as normas de proteção de dados e por proteger os direitos dos titulares das informações.

Essa responsabilidade implica não apenas a prevenção de vazamentos ou acessos não autorizados, mas também a adoção de medidas proativas para mitigar riscos e garantir a integridade e a confidencialidade dos dados pessoais sob sua responsabilidade. Conforme explica Bodin de Morais,

> Em termos práticos, estes novos princípios requerem que as empresas analisem os dados que tratam, com que finalidade o fazem e que tipo de operações de tratamento levam a cabo. Exigem-se, em síntese, atitudes conscientes, diligentes e proativas por parte das empresas em relação à utilização dos dados pessoais. Assim, a partir de agosto de 2020, quando entra em vigor a LGPD, qualquer empresa que processe dados pessoais não apenas terá que cumprir a lei, mas também deverá provar que está em conformidade com a Lei. Caberá às empresas, e não mais (apenas) à Administração Pública, a responsabilidade de identificar os próprios riscos e escolher e aplicar as medidas apropriadas para mitigá-los.[6]

---

6 BODIN DE MORAES, Maria Celina. LGPD: um novo regime de responsabilização civil dito "proativo". *Civilistica.com*. Rio de Janeiro: a. 8, n. 3, 2019. Disponível em:http://civilistica.com/lgpd-um-novo-regime/. Acesso em: 1 maio 2024.

Em caso de violação da LGPD, a responsabilidade civil implica a obrigação de reparar os danos causados aos titulares dos dados, com fulcro nos artigos 927 e 186, ambos do Código Civil. Isso envolve não apenas a reparação de danos materiais, como prejuízos financeiros decorrentes de fraudes ou uso indevido das informações, mas também a compensação por danos morais, como o constrangimento, a perda de privacidade e a violação da confiança.

Além disso, a responsabilidade civil busca promover uma cultura de proteção de dados, incentivando os controladores e operadores a implementarem medidas robustas de segurança e a adotarem boas práticas de governança de dados visando não apenas o cumprimento da lei, mas também a preservação da confiança dos usuários e a reputação das organizações.

Sob o aspecto da responsabilidade entre partes envolvidas em incidentes de segurança envolvendo dados pessoais, como no tratamento de dados, é preciso analisar a posição do agente na relação contratual. Pois onde houver hierarquia, não há falar em relação de agentes, portanto, entre alta administração e funcionários não existe diferenciação da categoria de agente, todos se vão classificar pela relação da empresa, ou órgão público, em face de outra empresa ou órgão público, portanto, externo a ele.[7] Vejamos o que diz expressamente o Guia de Agentes de Tratamento publicado pela ANPD (Autoridade Nacional de Proteção de Dados Pessoais):

> Ressalte-se que os agentes de tratamento devem ser definidos a partir de seu caráter institucional. Não são considerados controladores (autônomos ou conjuntos) ou operadores os indivíduos subordinados, tais como os funcionários, os servidores públicos ou as equipes de trabalho de uma organização, já que atuam sob o poder diretivo do agente de tratamento.

Nesse sentido, a LGPD prevê em seu art. 5º, incisos VI e VII, a definição dos agentes de tratamento – controlador e operador

7 Segundo o Guia de Agentes de Tratamento publicado pela ANPD – Autoridade Nacional de Proteção de Dados Pessoais, p. 6-7. Disponível em: https://www.gov.br/anpd/pt-br/documentos-e-publicacoes/Segunda_Versao_do_Guia_de_Agentes_de_Tratamento_retificada.pdf Acesso em: 5 maio 2024.

(admitindo ainda figuras de co-controladores ou controladorias conjuntas e de suboperadores), como sendo:

> VI – *controlador*: pessoa natural ou jurídica, de direito público ou privado, a quem competem as decisões referentes ao tratamento de dados pessoais;
> VII – *operador*: pessoa natural ou jurídica, de direito público ou privado, que realiza o tratamento de dados pessoais em nome do controlador. (Grifos nossos)

De acordo com o artigo 42 da LGPD, o controlador e o operador são conjuntamente responsáveis pelos danos causados em decorrência do tratamento inadequado ou ilícito dos dados pessoais. Isso implica que, caso ocorra uma violação da LGPD que resulte em prejuízos para o titular dos dados, este tem o direito de exigir reparação pelos danos sofridos.

No que diz respeito à indenização, o artigo 42 da LGPD estabelece que os titulares dos dados têm o direito de ser indenizados pelos danos causados e podem incluir ressarcimento por danos materiais, lucros cessantes, danos morais, despesas com tratamento médico e psicológico, entre outros prejuízos decorrentes da violação da privacidade e dos dados pessoais, conforme é possível aferir:

> Art. 42. *O controlador ou o operador* que, em razão do exercício de atividade de tratamento de dados pessoais, causar a outrem dano patrimonial, moral, individual ou coletivo, em violação à legislação de proteção de dados pessoais, é obrigado a repará-lo.
> §1º A fim de assegurar a efetiva indenização ao titular dos dados:
> I – o *operador responde solidariamente* pelos danos causados pelo tratamento quando descumprir as obrigações da legislação de proteção de dados ou quando não tiver seguido as instruções lícitas do controlador, hipótese em que o operador equipara-se ao controlador, salvo nos casos de exclusão previstos no art. 43 desta Lei;
> II – *os controladores* que estiverem diretamente envolvidos no tratamento do qual decorreram danos ao titular dos dados *respondem solidariamente,* salvo nos casos de exclusão previstos no art. 43 desta Lei.
> (...) §3º As ações de reparação por danos coletivos que tenham por objeto a responsabilização nos termos do caput deste artigo podem ser exercidas coletivamente em juízo, observado o disposto na legislação pertinente.
> §4º Aquele que reparar o dano ao titular tem *direito de regresso* contra os demais responsáveis, na medida de sua participação no evento danoso. (Grifos nossos)

Ou seja, a previsão legal é de solidariedade na responsabilidade pela reparação do dano decorrente do tratamento de dados pessoais. Cujas hipóteses de exceção, ou seja, situações em que os agentes de tratamento não serão responsabilizados, são as seguintes, a depender de comprovação de que: i) não realizaram o tratamento de dados pessoais que lhes é atribuído; ii) embora tenham realizado o tratamento de dados pessoais que lhes é atribuído, não houve violação à legislação de proteção de dados; ou iii) o dano é decorrente de culpa exclusiva do titular dos dados ou de terceiros.

Assim, exceto comprovadas essas situações, a responsabilidade é solidária entre controlador e operador, cabendo ação de regresso daquele que comprovar a proporção de sua participação no evento danoso.

A responsabilidade civil prevista na LGPD abrange diversas situações, conforme estabelecido no artigo 43, tais como vazamento de dados, acesso não autorizado, uso indevido das informações pessoais, entre outras violações. Em casos de vazamento de dados, além dos danos materiais, é importante considerar também os danos morais, conforme previsto no artigo 5º, que podem incluir constrangimento, violação da privacidade e perda de controle sobre as próprias informações.

Além disso, conforme o artigo 44 da LGPD, tanto as pessoas físicas quanto as pessoas jurídicas podem ser responsabilizadas pelos danos causados, o que significa que tanto os indivíduos quanto as empresas podem ser alvo de ações judiciais por violação da lei.

O artigo 45 da LGPD, por sua vez, esclarece que quando a violação do direito do titular ocorrer no âmbito das relações de consumo, deve-se aplicar as regras do Código de Defesa do Consumidor.

Nesse sentido, a imposição de responsabilidade civil sobre os controladores e operadores de dados pessoais se mostra essencial não apenas como forma de reparar danos eventualmente causados, mas também como um mecanismo de incentivo para o cumprimento das normas de proteção desses dados e para a adoção de medidas de segurança adequadas.

3 A decisão do Superior Tribunal de Justiça (STJ) sobre dano moral presumido envolvendo dados pessoais

Considerando a principiologia técnica e conceitual prevista na LGPD acerca da responsabilidade civil e institutos da proteção de dados relacionados a ela, que em regra envolvem os conceitos anteriormente já apresentados, o Superior Tribunal de Justiça (STJ) posicionou-se sobre um ponto muito importante: a presunção do dano moral no caso de incidentes de segurança envolvendo dados pessoais.

Desde o julgamento do AResp 2130619/SP,[8] o entendimento do referido Tribunal é de que: i) quando houver incidente de dados envolvendo dados pessoais comuns, o dano precisa ser provado (ou seja, não é presumido); ii) quando houver incidente de dados envolvendo dados pessoais sensíveis, o dano é presumido; iii) o rol previsto na LGPD, art. 5º, II, é taxativo quanto a determinação de quais dados são considerados sensíveis.

3.1 Hipóteses de cabimento e de não cabimento de dano moral presumido envolvendo incidentes de segurança com dados pessoais

Embora o STJ tenha reconhecido que ocorreu uma falha indesejável no tratamento de informações pessoais, como nome, data de nascimento, endereço e número do documento de identificação, ao analisar o caso em tela, o vazamento de dados pessoais não tem a capacidade, por si só, de gerar dano moral indenizável. Ou seja, para o fundamento do pedido de indenização, é necessário que o titular dos dados comprove o efetivo prejuízo gerado pela exposição

---

[8] Disponível em: https://www.stj.jus.br/sites/portalp/Paginas/Comunicacao/Noticias/2023/17032023-Titular-de-dados-vazados-deve-comprovar-dano-efetivo-ao-buscar-indenizacao--decide-Segunda-Turma.aspx

dessas informações, conforme é possível aferir do voto do Min. Francisco Falcão, relator do citado acórdão:

> *O vazamento de dados pessoais*, a despeito de se tratar de falha indesejável no tratamento de dados de pessoa natural por pessoa jurídica, *não tem o condão, por si só, de gerar dano moral indenizável*. Ou seja, o dano moral não é presumido, sendo *necessário que o titular dos dados comprove eventual dano* decorrente da exposição dessas informações.[9] (Grifos nossos)

Ou seja, é dito inicialmente que não é cabível dano moral presumido decorrente de vazamento de dados, por si só. De modo que não se pode considerar presumir indenização decorrente de vazamentos de dados pura e simplesmente, cabendo ao titular a efetiva comprovação do dano ocorrido em decorrência daquele vazamento de dados pessoais. No caso concreto, embora a autora da ação tenha arguido em seu pedido que os dados foram acessados por terceiros e, depois, compartilhados com outras pessoas mediante pagamento, alegou ter sido este fato o potencial para a realização de fraudes.

Quanto ao envolvimento de dados sensíveis em incidente de segurança, o STJ entende que:

> *Diferente seria* se, de fato, estivéssemos diante de *vazamento de dados sensíveis*, que dizem respeito à intimidade da pessoa natural. No presente caso, trata-se de inconveniente exposição de dados pessoais comuns desacompanhados de comprovação do dano, conforme se identifica da decisão de primeiro grau (fl. 344). É certo que para se caracterizar dano moral, a ensejar reparação, o fato deve gerar grave ofensa à honra, à dignidade ou a atributo da personalidade da pessoa. No caso, *o simples fato de ter ocorrido o vazamento de dados pessoais não enseja indenização por dano moral. Não veio para o processo prova efetiva de dano.* (Grifos nossos)

Diferente da situação do item anterior, que considera a ausência de presunção de responsabilidade para a reparação de dano moral decorrente de vazamento de dados pessoais comuns, o STJ complementa seu entendimento dizendo que aquele entendimento

---

[9] Item V da ementa do voto do acórdão do AResp 2130619/SP, STJ. Disponível em: https://processo.stj.jus.br/processo/julgamento/eletronico/documento/mediado/?documento_tipo=integra&documento_sequencial=178204788&registro_numero=202201522622&peticao_numero=&publicacao_data=20230310&formato=PDF. Acesso em: 3 abr. 2024.

(item i) se aplica a dados sensíveis. Pois logo adiante, após explicitar o entendimento acerca da responsabilidade em face de dano decorrente de incidente de segurança envolvendo dados comuns, esclarece ser diferente a situação que tratar do vazamento de dados pessoais sensíveis, no qual se gera a presunção de dano moral.[10]

3.2 Responsabilidade civil na era digital e a indenização por dano moral presumido decorrente da (des)proteção de dados pessoais: a interpretação do STJ sobre o rol previsto pelo artigo 5º, inciso II, da LGPD

Com relação à qualificação do rol trazido pela LGPD em seu art. 5º, II, ao conceituar o que seriam dados sensíveis, temos o seguinte entendimento do STJ:

> Já em relação a alegada *ofensa ao art. 5º, II, da LGPD,* constata-se assistir razão à concessionária recorrente a esse respeito, isso porque o *referido dispositivo traz um rol taxativo daquilo que seriam dados pessoais sensíveis* e, por ostentarem essa condição, *exigem tratamento diferenciado,* conforme previsão no art. 11 da mesma LGPD.
> (...)
> No caso dos autos, o acórdão recorrido entendeu que os dados vazados da recorrida estariam na categoria de sensíveis, entretanto, ao especificá-los, particularizou apenas dados de natureza comum, de cunho pessoal, mas não considerados de índole íntima, uma vez que passíveis apenas de *identificação da pessoa natural, não sendo, por isso, classificados como sensíveis.* (...)[11]

---

[10] Superando, assim, entendimento jurisprudencial muito forte na década de 1990, nos tribunais brasileiros, em que a indenização por dano moral era medida pela "grande tristeza e dor profunda" resultantes de ato ilícito contra a pessoa. Exemplos: TARJ – Ap.Cív. 17526/92/RJ, Rel. Juiz Wilson Marques, julgado em 29.9.1993; TJSP – Ap.Cív.198945/1/SP, Rel.Des. Cezar Peluso, julgado em 21.12.1993; TAMG – Ap.Cív.161773/2/MG – Belo Horizonte, Rel. Juiz Baía Borges, julgado em 4.11.1993; TAMG – Ap.Cív.232196/2/MG – Belo Horizonte, Rel. Juiz Antônio Carlos Cruvinel, julgado em 15.5.1997, DJ 5.8.1997), conforme pesquisa em SABATOVSKI e FONTOURA, 2006, p.14-15 e 29.

[11] Trecho do voto do relator do acórdão do AResp 2130619/SP, do STJ, p. 9-10. Disponível em: https://www.stj.jus.br/sites/portalp/Paginas/Comunicacao/Noticias/2023/17032023-Titular-de-dados-vazados-deve-comprovar-dano-efetivo-ao-buscar-indenizacao--decide-Segunda-Turma.aspx. Acesso em: 5.5.2024.

A interpretação do STJ é literal: somente o que constar no rol do artigo 5º, II, da LGPD pode ser considerado como dado sensível para fins de presunção de dano moral decorrente de vazamento de dados. Por sua vez, os dados de identificação da pessoa natural não são classificados como dados sensíveis, por não estarem especificados no referido rol.

Contudo, ao contrário dos argumentos expostos, o posicionamento das autoras é de que o rol não deve ser considerado como taxativo, mas meramente enumerativo. Afinal, elenca previsões exemplificativas de situações capazes de provocar coação, por carregarem notação íntima, preleção natural de informações de caráter privado, e portanto, devido a esse potencial, considerados sensíveis.

Donde se presume que, a depender do caso concreto, é possível existirem situações que têm o mesmo potencial danoso e causem constrangimento, mas que podem não estar exemplificados no art. 5º, II, da LGPD, mas igualmente trazem situação que merece a mesma proteção judicial. Afinal, de acordo com o entendimento firmado no mesmo acórdão, não é a mera ocorrência do evento danoso que justifica a reparação do dano sofrido pelo titular, mas a natureza do tipo de dado pessoal envolvido e sua prova (ou não).

Nesse sentido, sob a ótica do princípio da igualdade e dos efeitos sociais danosos que podem se estender a titulares em mesma situação, não é possível se afastar do entendimento de que:

> *A los efectos ressarcitórios, es menester poner de relieve uma conducta que vulnera el principio de igualdad, sin razón plausible que la justifique, y que produzca uma consecuencia negativa en el afectado.*
> *Toda discriminación injusta lleva aparejado um daño moral, por menoscabo de la integridad espiritual y social, em faceta essencial de la dignidade personal. En su virtud y al margen del eventual perjuicio económico, resulta imperativo indemnizar el perjuicio espiritual inferido al sujeto arbitrariamente discriminado.* [12]

[12] ZAVALA DE GONZÁLEZ, 2011, p. 91. Para efeitos de compensação, é necessário evidenciar condutas que violem o princípio da igualdade, sem razão plausível que a justifique, e que produzam uma consequência negativa para a parte afetada. Toda discriminação injusta acarreta danos morais, devido ao comprometimento da integridade espiritual e social, faceta essencial da dignidade pessoal. Em sua virtude e independentemente dos possíveis danos econômicos, é imperativo compensar os danos espirituais infligidos ao sujeito arbitrariamente discriminado (Tradução livre).

Sendo "danos espirituais" entendidos, no recorte dessa análise, como aqueles que afetam, sim, a alma, a vergonha, o vexame da exposição indevida, que tem o condão de colocar o titular de dados numa situação vexatória e constrangedora, inclusive que oportunizem a realização de fraudes e crimes virtuais.

O Brasil é o segundo país que mais sofre crimes cibernéticos na América Latina. Segundo dados da pesquisa *SAS Institute*,[13] a maioria dos consumidores brasileiros (80%) disse ter sofrido algum tipo de fraude digital ao menos uma vez, e os dados pessoais e financeiros dos usuários são extremamente valiosos.

A (des)proteção de dados não apenas expõe os titulares das informações a riscos significativos, mas também acarreta consequências jurídicas e sociais para os responsáveis pelo tratamento desses dados.

4 Considerações finais

Diante do contexto da era digital e da crescente preocupação com a proteção de dados pessoais, a questão da responsabilidade civil emerge como um ponto crucial para garantir a segurança e a privacidade dos indivíduos.

Além disso, a responsabilidade civil deve se caracterizar como ferramenta de prevenção e proteção de danos ao desempenhar um papel fundamental na promoção da confiança e da transparência no ambiente digital. Ao tornar os responsáveis pelo tratamento de dados pessoais passíveis de sanções em caso de violação das normas de proteção de dados, a legislação busca criar um ambiente propício para o desenvolvimento de serviços e negócios digitais baseados na confiança mútua entre os usuários e as organizações.

Dessa forma, a responsabilidade civil não apenas protege os direitos dos titulares dos dados, mas também contribui para o fortalecimento da relação de confiança que sustenta a economia digital.

---

[13] Pesquisa global feita pelo SAS com 13.500 consumidores mostra que 93,8% dos brasileiros têm medo de ser vítimas de fraude; quase todos os participantes (97,8%) acreditam que as organizações deveriam fazer mais para protegê-los. Disponível em: https://www.sas.com/pt_br/news/press-releases/2023/september/consumidores-brasileiros-tracariam-provedor-servico-apos-fraude.html. Acesso em: 01 maio 24.

Em um mundo cada vez mais conectado e dependente de tecnologia, a proteção da privacidade e dos dados pessoais assume um valor inestimável para a preservação da dignidade humana e dos direitos fundamentais. Assim, a imposição de responsabilidade civil sobre os agentes envolvidos no tratamento de dados pessoais não apenas busca reparar danos materiais e morais, mas também reafirmar o compromisso da sociedade com os valores éticos e democráticos que fundamentam a proteção dos direitos individuais na era digital.

Em suma, a responsabilidade civil na LGPD, respaldada pelos seus artigos pertinentes, busca assegurar a proteção dos direitos dos titulares dos dados, garantindo que estes sejam devidamente compensados pelos danos sofridos em decorrência de violações da lei. Essa abordagem é fundamental para promover a conformidade com a LGPD e para garantir a proteção efetiva dos dados pessoais no ambiente digital.

Assim, é essencial que a sociedade continue a refletir e a debater sobre os rumos da tecnologia, buscando equilibrar os benefícios proporcionados pela inovação com a necessidade de preservar valores éticos, direitos individuais, transparência no tratamento de dados, segurança e o bem-estar coletivo.

Referências

BRASIL. *Constituição da República Federativa do Brasil de 1988*. Brasília, DF. Presidência da República [1988]. Disponível em: https://www.planalto.gov.br/ccivil_03/constituicao/constituicao.htm. Acesso em: 29 jul. 2023.

BRASIL. Lei nº 13.709, de 14 de agosto de 2018. *Lei Geral de Proteção de Dados Pessoais (LGPD)*. Brasília, DF [2018]. Disponível em: https://www.planalto.gov.br/ccivil_03/_ato2015-2018/2018/lei/l13709.htm. Acesso em: 27 jul. 2023.

BRASIL. Superior Tribunal de Justiça. *Agravo em Recurso Especial 2.130.619/SP*, Rel. Min. Francisco Falcão, 2ª Turma, DJe. 10.3.2023. Brasília, DF: 2023. Disponível em: https://processo.stj.jus.br/processo/julgamento/eletronico/documento/mediado/?documento_tipo=integra&documento_sequencial=178204788&registro_numero=202201522622&peticao_numero=&publicacao_data=20230310&formato=PDF. Acesso em: 1 maio 2024.

BRASIL. Supremo Tribunal Federal. *Arguição de Descumprimento de Preceito Fundamental 695/DF e Ação Direta de Inconstitucionalidade 6.649/DF* (julgamento conjunto). Rel. Min. Gilmar Mendes, Plenário, DJe 26/9/2022. Brasília, DF: 2022. Disponível em: https://portal.stf.jus.br/processos/detalhe.asp?incidente=6079238. Acesso em: 2 maio 2024.

CUNHA, Walter; AFFONSO, Bruno; LEGENTIL, Juliana. Implantação da LGPD no setor público: gerenciando riscos iminentes. *In:* PIRONTI, Rodrigo (Coord.) *Lei Geral de Proteção de Dados:* estudos sobre um novo cenário de Governança Corporativa. Belo Horizonte: Fórum, 2020.

FONTELES, Samuel Sales. *Direitos fundamentais.* 5. ed. São Paulo: Editora JusPodivum, 2022.

BODIN DE MORAES, Maria Celina. LGPD: um novo regime de responsabilização civil dito "proativo". *Civilistica.com.* Rio de Janeiro, a. 8, n. 3, 2019. Disponível em: http://civilistica.com/lgpd-um-novo-regime/. Acesso em: 1 maio 2024.

ORTIZ, Denize dos Santos; LEITÃO JÚNIOR, Joaquim. *A tecnologia e sua contribuição para a (des)construção dos direitos humanos. In:* JORGE, Higor Vinícius Nogueira (Org.). *Direitos humanos, atuação policial e tecnologia e lei geral de proteção de dados.* São Paulo: Editora JusPodivum, 2022, p. 90 a 100.

RICHA, Morgana de Almeida. *Políticas públicas judiciárias e acesso à justiça.* 1. ed. São Paulo: LTr, 2022.

SABATOVSKI, Emílio; FONTOURA, Iara P. (Org). *Dano moral no juízo cível.* Curitiba: Juruá, 2006.

VIEIRA, Tatiana Malta. *O direito à privacidade na sociedade da informação:* efetividade desse direito fundamental diante dos avanços da tecnologia da informação. Porto Alegre: Sergio Antônio Fabris Editor, 2007.

ZAVALA DE GONZÁLEZ, Matilde M. *Daños a la dignidad.* 1. ed. Buenos Aires: Astrea, 2011.

A PERSONALIDADE DA PESSOA HUMANA E A TECNOLOGIA DIGITAL: UMA NECESSÁRIA COMPREENSÃO DA TUTELA PÓSTUMA DOS DIREITOS DA PERSONALIDADE

MANOEL VICTOR DE MELLO VIANNA
MARCOS EHRHARDT JR.

1 Introdução

São inegáveis os impactos que o progresso tecnológico ocasiona na sociedade. No último milênio, o surgimento da impressão tipográfica modificou a forma de se obter e difundir conhecimento, assim como o processo de industrialização transformou toda uma estrutura social e a forma de produção de riqueza.

Em tempos hodiernos, é possível ressaltar a tecnologia digital, cujo progresso constante causa intensas modificações nas relações privadas, tanto as patrimoniais quanto as relações existenciais. Essas relações são diretamente impactadas com o surgimento da tecnologia digital, tendo em vista ser prática comum na sociedade contemporânea o compartilhamento de fotos, vídeos, mensagens, manifestações de pensamentos e opiniões, inclusive de cunho íntimo, em ambiente digital.

Os direitos de personalidade se projetam nesse ambiente, o que provoca desafios à proteção desses direitos, afinal, a capacidade de armazenamento e a rapidez inerentes à tecnologia digital facilitam a livre circulação de aspectos da personalidade humana, que podem continuar a representar a personalidade do ser humano, até mesmo com seu falecimento.

O presente trabalho se propõe a investigar se é possível a proteção dessas informações digitais pessoais após o falecimento do titular, qual seria a fundamentação jurídica e o modo dessa proteção. Para tanto, será utilizada uma metodologia dedutiva de revisão bibliográfica de diversos ramos do Direito, bem como se fará uma pesquisa teórica, qualitativa a partir de um exame bibliográfico de livros e artigos nacionais e estrangeiros.

Na primeira seção, serão analisados o surgimento da tecnologia digital e os desafios provocados à ordem jurídica. Na segunda seção, serão examinados aspectos dos direitos da personalidade. Por fim, na terceira seção se verá como ocorre a proteção póstuma desses direitos em tempos de tecnologia digital.

2 O avanço tecnológico e a sociedade: a tecnologia digital e os desafios jurídicos

A existência da humanidade confunde-se com a da tecnologia. Os antropologistas que estudam a evolução da nossa espécie afirmam que a tecnologia é um dos primeiros e mais básicos elementos culturais da existência humana, ajudando o surgimento da linguagem e do pensamento abstrato.[1] Nesse sentido, tratar sobre a tecnologia é o mesmo que tratar sobre a natureza humana, tal como se estivesse falando do andar ereto, da capacidade de fala, da postura e de apetites sexuais incomuns.[2]

Os nossos ancestrais, ao perceberem, muito possivelmente pela força do acaso, que duas pedras ao se chocarem tornavam-se um instrumento para caça mais poderoso que os ossos, deram origem a um dos primeiros instrumentos tecnológicos.[3] De tamanha importância a inovação, surgiu o primeiro período histórico – o Paleolítico –, que permaneceu inalterado por bastante tempo. Afirma George Basalla[4] que o surgimento dos artefatos é tão relevante para a evolução tecnológica quanto as plantas e os animais são para a evolução orgânica.

---

1 KRANZBERG, Melvin. Technology and History: "Kranzberg's Laws". *Technology and Culture* Vol. 27, nº 3 (Jul. 1986), p. 544-560, p. 557.

2 Nos dizeres do autor: "(...) *to quarrel with technology is to quarrel with the nature of man-just as if we were to quarrel with his upright gait, his symbolic imagination, his faculty for speech, or his unusual sexual posture and appetite*". *In:* BRONOWSKI, Jacob. Technology and culture in evolution, p. 202. *The American Scholar*, 1972, p. 197-211.

3 VERASZTO, E. V.; SILVA, D.; MIRANDA, N. A.; SIMON, F. O. Tecnologia: buscando uma definição para o conceito. *Prisma.com* (Portugal), nº 8, p. 24, 2009. Disponível em: http://hdl.handle.net/20.500.11959/brapci/66904. Acesso em: 6 nov. 2022.

4 BASSALLA, George. *A evolução da tecnologia.* Tradução de Sérgio Duarte Silva. Porto: Porto Editora, 2001, p. 31.

A tecnologia, portanto, sempre esteve presente na vida humana e muito contribuiu para o seu aprimoramento. É certo, contudo, que a capacidade tecnológica varia entre o surgimento do primeiro artefato tecnológico e o atual ritmo assustador do crescimento de tecnologias oriundas da Inteligência Artificial. Assim, o modo de viver em sociedade é distinto ao longo da vivência humana.

Nesse diapasão, não se pode olvidar que tecnologias como computadores, *softwares* e redes estão se tornando cada vez mais sofisticadas e integradas, causando maiores rupturas às estruturas sociais, econômicas e culturais.[5] Pondera Yuval Harari que os desafios apresentados à humanidade por essas novas tecnologias são maiores que os apresentados anteriormente pelos motores a vapor, a eletricidade e as ferrovias.[6]

Nessa nova forma de organização social, a tecnologia digital ocupa papel central. Com sua utilização expande-se a capacidade de manipulação, criação, armazenamento e velocidade da transmissão da informação, que também passa a ser mais confiável. A criação da tecnologia digital aumenta a variedade de formas como a informação pode ser utilizada e, consequentemente, o seu valor para a sociedade.

Nesse contexto, várias informações de caráter pessoal circulam livremente em ambiente digital. Por exemplo, há os *blogs* pessoais, predominantemente escritos, para a externalização de opiniões, comentários de viagens, fatos políticos ou profissionais, sem necessariamente inserir fotos ou vídeos; ou o X (antigo Twitter), que permitia inicialmente comentários escritos e apenas em 140 caracteres.[7] Do mesmo modo, redes sociais que apenas permitem a inserção de informação em formato de vídeos, como o Youtube; ou as que permitem o compartilhamento de texto, fotos ou vídeos, como o Facebook.

---

[5] Vale destacar que, conforme argumenta Klaus Schwab, vivencia-se a quarta revolução industrial. *In:* SCHWAB, Klaus. *Quarta revolução industrial* [livro eletrônico]. Tradução de Daniel Moreira Miranda. São Paulo: Edipro, 2019, p. 20.

[6] Nas palavras do autor: "No século XXI, o desafio apresentado ao gênero humano pela tecnologia da informação e pela biotecnologia é indubitavelmente muito maior do que o desafio que representaram, em época anterior, os motores a vapor, as ferrovias e a eletricidade". *In:* HARARI, Yuval Noah. *21 lições para o século 21* [recurso eletrônico]. Editora Companhia das Letras, 2018, p. 44.

[7] O "X" (Twitter) foi fundado no ano de 2006. Atualmente permite até 280 caracteres e a publicação de fotos e vídeos.

Independentemente do formato, há um nítido exercício dos direitos da personalidade em ambiente digital: expõe-se o nome, a imagem, seja através de foto e vídeo, e como se não bastasse, não raro ainda se coloca a localização do usuário, publicizando, assim, ainda mais informações de caráter pessoal. Além disso, não se pode negar que relacionamentos, amorosos ou profissionais, surgem ou são mantidos unicamente pela utilização da Internet, através das redes sociais, que, portanto, atuam como uma extensão da personalidade do usuário.[8]

Para o ingresso nessas redes sociais, é necessário um cadastro, no qual a princípio não se requer nenhuma contraprestação financeira pelo usuário, mas sim informações relacionadas ao usuário (dados pessoais)[9], que devem ser tratadas de acordo com a legislação vigente. Destaque-se que em cada rede social, assim como em grande parte de outros *sites* da *web*, é preciso um cadastro próprio, o que aumenta o número de informações pessoais disponibilizadas em rede.

Nesse diapasão, aduz Stefano Rodotà[10] que nessa nova dinâmica das relações sociais, esse conjunto de informações sobre as pessoas, organizado eletronicamente, e a forma que ele é apreciado, implicam a construção de uma nova identidade e a própria construção da pessoa. A pessoa, sua dignidade e personalidade se projetam em ambiente digital,[11] o que desafia a proteção desses bens jurídicos, pois a rapidez inerente ao ambiente digital facilita a livre circulação de aspectos da personalidade, que também podem ser mantidos por décadas, caso sejam armazenados adequadamente.

Dessa forma, ainda que com a inumação do corpo físico, as manifestações de personalidade em ambiente digital continuariam

---

8 Nesse sentido: EHRHARDT JR, Marcos; ALBUQUERQUE, Paula Falcão. Aspectos jurídicos da existência virtual post mortem. *In:* SANCHES, Patrícia Correa (Coord.); DIAS, Maria Berenice; PEREIRA Rodrigo da Cunha (Orgs.). *Direito da família e sucessões na era digital* IBDFAM, 202, p. 418.

9 Conforme preceitua a Lei Geral de Proteção de Dados: "Art. 5º Para os fins desta Lei, considera-se: I – dado pessoal: informação relacionada a pessoa natural identificada ou identificável".

10 RODOTÀ, Stefano. *Tecnologie e diritti [e-book]*. 1. ed. Bologna: Il Mulino, 2022, p. 260.

11 ZAMPIER, Bruno. *Bens digitas [recurso eletrônico]*: cyber cultura, redes sociais, *e-mails*, músicas, livros, milhas aéreas, moedas virtuais. 2. ed. Indaiatuba: Editora Foco, 2021, p. 116.

a representar a personalidade do titular falecido,[12] de modo que "(...) após o surgimento da internet, passou-se a morrer de modo menos definitivo". Dessa maneira, é preciso examinar os direitos de personalidade, suas características e, principalmente, como ocorre a sua tutela póstuma.

3 Breves anotações sobre o direito à identidade pessoal e a sua proteção em tempos digitais

3.1 Os direitos de personalidade e a sua tutela na legalidade constitucional brasileira

Em tempos de legalidade constitucional, os direitos da personalidade ocupam papel de destaque. Em séculos passados, a possibilidade de serem tutelados pelo Direito era alvo de intensas críticas.[13] Em razão disso, o Código Civil de 1916, fiel à sua natureza patrimonialista, nada previu sobre esses, que em solo brasileiro somente vieram a ser reconhecidos pela Constituição Federal de 1988.

No processo de constitucionalização do Direito Civil, os direitos de personalidade fizeram o caminho oposto aos dos demais institutos jurídicos: migraram da Constituição para o Código Civil, e não o contrário.[14] Ressalte-se que a Constituição não apenas os reconheceu, mas também os qualificou como direitos

[12] COLOMBO, Cristiano; GOULART, Guilherme Damasio. Direito póstumo à portabilidade de dados pessoais no ciberespaço à luz do direito brasileiro. *In:* POLIDO, Fabrício Bertini Pasquot; ANJOS, Lucas Costa dos; BRANDÃO, Luíza Couto Chaves. (Org.). *Política, internet e sociedade.* Belo Horizonte: Instituto de Referência em Internet e Sociedade, 2019, p. 61.

[13] As críticas se baseiam, em síntese, na impossibilidade de criar uma categoria de direitos de personalidade, pois ao serem identificadas como o próprio sujeito deles, não poderia ser, ao mesmo tempo, objeto deles. Enneccerus tece críticas, pois: "*Pero en vano buscaríamos una disposición del derecho que caracterizase de derecho subjetivo a la esfera personal, sea mediante la aplicación de los principios sobre el nacimiento y la extinción de los derechos, sea mediante la concesión de una acción civil. (...) La inclusión de un derecho general de la personalidad entre los derechos subjetivos opondría graves entorpecimientos al desenvolvimiento de otras personalidad y obstaculizaría el progreso*". *In:* ENNECCERUS, Ludwig; WOLF, Martin; KIPP Theodor. *Derecho civil (pare general)*. GONZÁLES, Blas Pèrez; ALGUER, José [Trad.]. 2. ed. Barcelona: Bosch, 1953, p. 301.

[14] LÔBO, Paulo. *Direito civil*: volume 1: parte geral. 9. ed. São Paulo: Saraiva Educação, 2020, p. 153.

fundamentais. Nesse contexto, os direitos de personalidade são espécies dos direitos fundamentais,[15] tendo em vista que esses englobam outros direitos que não os destinados à tutela da pessoa em si mesma.

Se em tempos passados os direitos de personalidade eram rechaçados da ordem jurídica, em tempos de primazia da dignidade da pessoa humana têm demasiada importância justamente por concretizá-la no âmbito civil.[16] E não apenas isso, a sua existência é o que valida todos os demais direitos subjetivos, pois esses nada significariam para o indivíduo, tendo em vista que se os direitos de personalidade "(...) não existissem, a pessoa não existiria como tal".[17]

Os direitos da personalidade situam-se hoje no ápice do ordenamento jurídico brasileiro, encontrando o fundamento para sua tutela no princípio da dignidade da pessoa humana e, consequentemente, na Constituição Federal.[18] Tal situação, no entanto, não impede que a legislação ordinária busque efetivamente garantir essa proteção, estabelecendo novas diretrizes.

Nesse sentido, o Código Civil de 2002, de forma diversa ao anterior, expressamente regula-os (art. 11 ao 21), bem como legislações esparsas, como o Marco Civil da Internet (Lei 12.965/2014) e a Lei Geral de Proteção de Dados (Lei 13.709/2018), que surgiram a fim de melhor assegurar esses direitos, considerando, sobretudo, os avanços da tecnologia digital. Os direitos de personalidade são pluridisciplinares, o que permite que sejam abordados de vários ângulos,[19] favorecendo a proteção integral da pessoa humana.

---

15 SARLET, Ingo Wolfgang; MARINONI, Luiz Guilherme; MITIDIERO, Daniel. *Curso de direito constitucional*. São Paulo: Editora Revista dos Tribunais, 2012, p. 434.

16 Conforme leciona Paulo Lôbo: "Os direitos da personalidade concretizam a dignidade da pessoa humana, no âmbito civil". (LÔBO, Paulo. *Direito civil*: volume 1: parte geral. 9. ed. São Paulo: Saraiva Educação, 2020, p. 152.)

17 CUPIS, Adriano de. *Os direitos de personalidade*. Tradução de Afonso Celso Furtado Rezende. Campinas: Romana, 2004, p. 24.

18 Nesse diapasão, afirma Francisco Amaral que "(...) por terem guarida no texto constitucional, pode-se reconhecer-se que os direitos da personalidade são o terreno de encontro privilegiado entre o direito privado, as liberdades públicas e o direito constitucional". (AMARAL, Francisco. *Direito civil:* introdução. 4. ed. Rio de Janeiro. Renovar: 2002, p. 245.)

19 LÔBO, Paulo. *Direito civil*: volume 1: parte geral. 9. ed. São Paulo: Saraiva Educação, 2020, p. 157.

Essa positivação, todavia, não esgota a tutela jurídica. A fim de que um direito de personalidade seja protegido, é desnecessária uma específica previsão legal.[20] Gustavo Tepedino e Milena Donato[21] afirmam que os direitos de personalidade devem ser vistos como especificação da cláusula geral de tutela da personalidade prevista na Constituição Federal, através da dignidade como valor fundamental.[22]

Nessa senda, pontuam os autores que a proteção dos direitos de personalidade não está fundada num rol desses ou na existência de um único direito geral de personalidade. Para que ocorra a proteção dos direitos da personalidade, é irrelevante a expressa previsão legal. Em qualquer situação em que a personalidade, aqui entendida como valor do ordenamento jurídico, for violada, é plenamente possível a sua tutela.

Trata-se de uma qualidade essencial. Numa sociedade marcada pelo progresso tecnológico em ritmo acelerado e constante, o legislador sempre estará atrás na regulação desses "novos" fatos sociais. Assim, podem surgir riscos à proteção dos direitos de personalidade que outrora eram inimagináveis. É preciso, então, uma cláusula geral de proteção desses direitos, a fim de que seja possível a plena proteção da pessoa humana, independentemente do avanço tecnológico existente.

Destaque-se, de antemão, que uma análise vasta e completa das características dos direitos da personalidade extrapola os objetivos do presente trabalho, de modo que será analisado um desses direitos que, ao nosso sentir, é bastante afetado com o surgimento da tecnologia digital: o direito à identidade pessoal.

---

20 Nesse sentido, José Oliveira Ascensão defende a existência do princípio da generalidade da tutela da personalidade, previsto no art. 70 do Código Civil português, pelo qual, "para que um direito de personalidade seja reconhecido não é necessária uma específica previsão legal: basta que decorra da personalidade ontológica". (ASCENSÃO, José de Oliveira. *Direito civil:* teoria geral. Vol. 1: Introdução. As pessoas. Os bens. 3. ed. São Paulo: Saraiva, 2010, p. 65.)

21 OLIVA, Milena Donato; TEPEDINO, Gustavo. *Teoria geral do direito civil.* Rio de Janeiro: Forense, 2020, p. 154.

22 Constituição Federal: "Art. 5º Todos são iguais perante a lei, sem distinção de qualquer natureza, garantindo-se aos brasileiros e aos estrangeiros residentes no País a inviolabilidade do direito à vida, à liberdade, à igualdade, à segurança e à propriedade, nos termos seguintes: §2º Os direitos e garantias expressos nesta Constituição não excluem outros decorrentes do regime e dos princípios por ela adotados, ou dos tratados internacionais em que a República Federativa do Brasil seja parte".

3.2 O direito à identidade pessoal em tempos digitais: uma necessária compreensão

Embora o ser humano nasça "uma folha de papel em branco", não tendo habilidades inatas nem características físicas que visivelmente o distingam dos demais, ao longo de sua vida ocorrem situações que notoriamente o singularizam na sociedade. Em seu livre exercício dos direitos de personalidade, realiza atos que o diferenciam, indo além de seus atributos físicos característicos: a opção política, a profissão escolhida, a religião praticada, a escolha da sexualidade, entre outras situações, têm o condão de individualizá-lo.

É possível realizar atos em seus atributos físicos que o tornam ainda mais singular. Veja-se, por exemplo, o corpo humano. Se por um lado ele é o primeiro e mais visível elemento de diferenciação, é também verdade que na atualidade ele é facilmente mutável. Desde pequenos atos reparáveis, como corte e tintura de cabelo, brincos, *piercings* e tatuagens, até atos permanentes, ou ao menos de maior duração, como cirurgias plásticas e de mudanças de sexo, o corpo humano está em constante transformação. Portanto, até gêmeos univitelinos com características genéticas quase idênticas não são vistos de modo igual no meio social em que estão inseridos, nem em seus respectivos íntimos.

O ser humano deve ser considerado em sua individualidade; ser conhecido por quem, de fato, ele é.[23] Isso quer dizer que é preciso tutelar a pessoa globalmente considerada, suas características, seus elementos, opiniões e manifestações que vieram a se consolidar na vida social, e não aspectos isolados de sua personalidade.[24] Deve-se tutelar, então, o direito à identidade pessoal ou, nos dizeres de Giorgio Pino, "o direito de ser si mesmo".[25]

---

[23] CUPIS, Adriano de. *Os direitos de personalidade*. Tradução de Afonso Celso Furtado Rezende. Campinas: Romana, 2004, p. 179.

[24] MORAES, Maria Celina Bodin de. *Ampliando os direitos de personalidade*. Disponível em: https://www.academia.edu/9689598/Ampliando_os_direitos_da_personalidade?auto=download.> Acesso em: 11 fev. 2024.

[25] Conforme expõe o autor no original: *"L'identità personale costituisce quindi un bene per sé medesima, indipendentemente dalla condizione personale e sociale [...] o diritto ad essere se stessi." In:* PINO, Giorgio. L'identità personale. (RODOTÀ, Stefano; MARIACHIARA Tallacchini (Org.). *Ambito e fonti del biodiritto*. Milano: Giuffrè Editore, 2010, p. 301.)

Anote-se que o direito à identidade somente pode ser compreendido adequadamente quando correlacionado à noção da diferença, que é seu exterior constitutivo: declarar o que se é também é dizer o que não se é.[26] Nesse sentido, a identidade versa concomitantemente sobre uma corrente de afirmações e negações explícitas ou implícitas. Por exemplo, ao se afirmar que é brasileiro e católico, tem-se a negação implícita de que não se é chileno ou de uma das demais nacionalidades, bem como a negação implícita que não tem nenhuma das demais convicções religiosas.

Na caracterização da identidade, há um lado inclusivo e outro exclusivo, que se complementam. Assim sendo, o direito à identidade pessoal pode ser violado ao afirmar que a pessoa é o que ela, na verdade, não é; ou o inverso, negar uma característica que de fato a pessoa tem.

Vale destacar que, em tempos digitais, tal direito tem sofrido significativos impactos. Consoante expõe Bauman, a vida atual é bicentrada, de modo que a experiência obtida no universo *online* não pode deixar de afetar e orientar a do *offline*.[27] Assim, "(...) todas as atividades de uma pessoa na rede – sua navegação, suas compras, suas redes sociais, seus perfis, o conteúdo que emite, veicula, avalia etc. –, consciente ou não, anonimamente ou não, são aptas a expressar e/ou configurar a sua identidade pessoal virtual".[28]

Com efeito, a forma como o ser humano se apresenta, relaciona, expressa sentimentos e opiniões no mundo *online* faz parte do direito à identidade pessoal. Não há como afastar nossos legítimos exercícios de direitos da personalidade em ambiente digital daquilo que nós realmente somos. Nessa senda, se alguém invadir indevidamente o perfil de uma rede social de outrem e passar a expor manifestações e crenças notoriamente contrárias às do real titular do perfil, haveria uma violação ao direito à identidade pessoal.

---

26 BOLESINA, I.; GERVASONI, T. A. O direito à identidade pessoal no Brasil. *Saber Humano: Revista Científica da Faculdade Antonio Meneghetti, [S. l.]*, v. 8, n. 13, p. 65-87, 2018. DOI: 10.18815/sh.2018v8n13.298. Disponível em: https://saberhumano.emnuvens.com.br/sh/article/view/298. Acesso em: 16 mar. 2023.

27 BAUMAN, Zygmunt. *Vigilância líquida* diálogos com David Lyon. Tradução de Carlos Alberto Medeiros. Rio de Janeiro: Zahar, 2013, p. 30.

28 BOLESINA, Iuri. *Direito à extimidade*: as inter-relações entre identidade, ciberespaço e privacidade. Florianópolis: Empório do Direito, 2017, p. 128.

A tecnologia digital também impacta a noção de identidade, pois, consoante estabelece Stefano Rodotà,[29] há várias informações relacionadas à mesma pessoa (=dados pessoais) situadas em bancos de dados diferentes, nos quais cada um retém apenas uma parte ou um fragmento da identidade pessoal. Isso porque para ingressar em *sites*, plataformas digitais, entre outros serviços, é preciso fazer um cadastro próprio, e nem sempre as informações requeridas são iguais.

Dessa forma, embora possa ser até excessivo e genérico afirmar que o ser humano é formado pelos dados, é certo que cada vez mais a sua representação social está confiada a essas informações pessoais armazenadas e controladas pelos múltiplos bancos de dados.[30] Esses dados pessoais representam virtualmente a pessoa e são cada vez mais utilizados como fator preponderante para diversos atos da vida social.

Conforme pontua o referido autor,

> Somos cada vez mais conhecidos por sujeitos públicos e privados através de dados que nos afetam, com formas que podem violar a igualdade, a liberdade de comunicação, expressão e circulação, o direito à saúde, as condições de trabalho, no acesso ao crédito e seguros, e assim por diante. As pessoas, entidades desencarnadas, precisam cada vez mais de uma tutela de seu "corpo eletrônico".[31]

Os dados pessoais representam o que a pessoa é no mundo digital. São, portanto, elementos de identificação das pessoas nesse ambiente.[32] Desse modo, cada indivíduo, além do corpo físico, tem

---

[29] RODOTÀ, Stefano. *El derecho a tener derechos*. Tradução de José Manuel Revuelta López. Madrid: Editorial Trotta, 2014, p. 293.

[30] RODOTÀ, Stefano. *El derecho a tener derechos*. Tradução de José Manuel Revuelta López. Madrid: Editorial Trotta, 2014, p. 360.

[31] Tradução nossa, do original: *"Cada vez somos más conocidos por sujetos públicos y privados a través de datos que nos afectan, con formas que pueden incidir sobre la igualdad, sobre la libertad de comunicación, de expresión y de circulación, sobre el derecho a la salud, sobre la condición laboral, sobre el acceso al crédito y a los seguros, y así sucesivamente. Las personas, entidades descarnadas, cada vez necesitan más una tutela de su "cuerpo electrónico"*. (RODOTÀ, Stefano. *El derecho a tener derechos*. Tradução de José Manuel Revuelta López. Madrid: Editorial Trotta, 2014, p. 360.

[32] Nos dizeres de Daniel Solove: *"In short, we are reconstituted in databases as a digital person composed of data"*. (SOLOVE, Daniel J. *The digital person:* technology and privacy in the information age. New York: New York University Press, 2004, p. 49.)

um "corpo eletrônico" composto pelos dados pessoais armazenados por inúmeros bancos de dados.

Caso esses dados sejam indevidamente manejados, podem violar o direito à identidade pessoal, já que podem estar sendo definidos ou tratados de forma equivocada.[33] Imagine-se, por exemplo, um banco de dados antigos no qual consta a informação de que uma pessoa está com o nome negativado. Acontece que há anos a pessoa já quitou a dívida, não tendo mais qualquer restrição. Tal situação pode fazer com que seja negado o seu acesso ao crédito, o que pode ensejar prejuízos de ordem moral e material. É para evitar essas e outras situações que a Lei Geral de Proteção de Dados (Lei 13.709/18) estabelece como direito do titular a correção dos dados.[34]

Nessa direção, é necessária uma ressignificação do direito à identidade pessoal. Para além dos atributos físicos e psíquicos, é preciso tutelar e garantir o "corpo eletrônico" do indivíduo, pois a construção da identidade e o reconhecimento social estão cada vez mais atrelados a como são consideradas as informações digitais que lhe dizem respeito. No atual contexto de intenso progresso tecnológico, somente estendendo a defesa à dimensão digital da pessoa é que haverá a proteção integral da pessoa humana.[35]

É preciso, portanto, analisar qual a forma como tal direito é tutelado após o falecimento do titular, pois, conforme já destacado, com o surgimento da tecnologia digital, a necessidade de proteção desse direito não se finda com a inumação do corpo físico.

---

[33] FRAZÃO, Ana. *Data-driven economy e seus impactos sobre os direitos de personalidade Indo além da privacidade e do controle de dados*. Disponível em: http://www.professoraanafrazao.com.br/files/publicacoes/2018-07-18-Data_driven_economy_e_seus_impactos_sobre_os_direitos_de_personalidade_Indo_alem_da_privacidade_e_do_controle_aos_dados_pessoais.pdf. Acesso em: 17 mar. 2023.

[34] Lei Geral de Proteção de Dados: "Art. 18. O titular dos dados pessoais tem direito a obter do controlador, em relação aos dados do titular por ele tratados, a qualquer momento e mediante requisição: (...) III – correção de dados incompletos, inexatos ou desatualizados".

[35] Conforme expõem José Faleiros e Cristiano Colombo: "Isso significa que no atual contexto, a integralidade da pessoa humana diz respeito tanto ao seu corpo físico quanto ao seu corpo eletrônico, composto pelo conjunto de seus dados pessoais sistematizados. (COLOMBO, Cristiano; FALEIROS JR., José Luiz de Moura. A tutela jurídica do corpo eletrônico: alguns conceitos introdutórios. *In:* COLOMBO, Cristiano; FALEIROS JR., José Luiz de Moura; ENGELMANN Wilson (Coord.). *Tutela jurídica do corpo eletrônico:* novos desafios ao direito digital. Indaiatuba: Editora Foco, 2022, p. 58.)

4 A tutela *post mortem* dos direitos da personalidade e sua aplicabilidade na era digital

Os direitos da personalidade, como os demais direitos subjetivos, terminam com a morte do seu titular, nos termos do art. 6º do Código Civil.[36] Isso não significa, contudo, que tais direitos sejam diluídos instantaneamente e não tenham mais proteção jurídica. Pelo contrário, continuam sendo relevantes e tutelados. Num primeiro ponto, não parece causar maiores controvérsias que a exploração econômica dos aspectos patrimoniais seja perfeitamente possível. Assim, os herdeiros do falecido podem continuar explorando-os e recebendo os rendimentos daí advindos, que muitas vezes chegam a valores consideráveis.[37]

Isso não implica, todavia, que com a morte do titular os direitos de personalidade possam ser violados posteriormente.[38] Ainda que a personalidade termine com a morte do titular, há desdobramentos *post mortem* dos direitos da personalidade que continuam abrangidos pela ordem jurídica; não é justo que ataquem os bens da personalidade de pessoas falecidas.[39] A morte faz cessar a funcionalidade do corpo físico; a estrutura biológica da pessoa humana, no entanto, permanece intacta, e preservadas a individualidade e a dignidade do falecido.[40]

Assim, há direitos da personalidade que cessam automaticamente com a morte, como o direito à vida e a liberdade, por exemplo.

---

[36] Código Civil: "Art. 6º A existência da pessoa natural termina com a morte; presume-se esta, quanto aos ausentes, nos casos em que a lei autoriza a abertura de sucessão definitiva".

[37] Por exemplo, no ano de 2022, herdeiros de famosos já falecidos receberam valores milionários advindos dessa fonte. Para mais informações vale conferir: TERRA. *Famosos que mais renderam dinheiro após a morte*. Disponível em: https://www.terra.com.br/diversao/gente/famosos-que-mais-rendem-dinheiro-para-os-herdeiros-apos-a-morte,779acc3b439de1cf9ae206772b3cee95i7gi2yhc.html. Acesso em: 26 fev. 2024.

[38] LÔBO, Paulo. *Direito civil*: volume 1: parte geral. 9. ed. São Paulo: Saraiva Educação, 2020, p. 157.

[39] BELTRÃO, Silvio Romero. Tutela jurídica da personalidade humana após a morte: conflitos em face da legitimidade ativa. *Revista de Processo,* São Paulo, v. 40, n. 247, p. 177-194, set. 2015, p. 179.

[40] EHRHARDT JR., Marcos; ALBUQUERQUE, Paula Falcão. Aspectos jurídicos da existência virtual *post mortem*. *In:* SANCHES, Patrícia Correa (Coord.); DIAS, Maria Berenice; PEREIRA, Rodrigo da Cunha (Orgs.). *Direito das famílias e sucessões na era digital*. IBDFAM, 2021, p. 426.

Há, no entanto, outros direitos que continuam merecedores de tutela, como o direito ao corpo, os direitos morais do autor, a honra, a imagem e a memória do falecido.[41] Nesses casos, o Código Civil determina que a legitimidade para requerer as medidas cabíveis em caso de ameaça ou lesão aos direitos de personalidade é do cônjuge sobrevivente, ou de qualquer parente em linha reta, ou colateral até o quarto grau.[42] É tema polêmico, contudo, qual o fundamento e o modo de exercício da defesa desses direitos.

De acordo com Diogo Leite de Campos, citado por António Menezes Cordeiro,[43] ocorreria o prolongamento da personalidade, que seria "empurrada para depois da morte". Parece-nos, porém, que sustentar tal possibilidade é ir totalmente de encontro ao sistema jurídico que expressamente determina que a personalidade da pessoa humana extingue-se com a morte.[44]

Há também aqueles que entendem que a tutela é dos legitimados na legislação, que atuariam em nome próprio. Sustentam que a lei protege não a honra do falecido, e sim a de seus parentes sobreviventes.[45] Com isso, em caso de lesão aos direitos de personalidade do morto, estariam presentes danos indiretos, que atingem o falecido e repercutem naqueles que a lei considera como legitimados.[46]

Sob essa ótica, para fins de eventual responsabilização do ofensor, não deve ser comprovada apenas a ofensa aos direitos de personalidade do falecido, mas também o dano sofrido pelo próprio familiar. Assim, o fundamento para o ingresso com eventual ação

---

41 BITTAR, Carlos Alberto. *Os direitos da personalidade*. 8. ed., rev., aum. e mod. São Paulo: Saraiva, 2015, posição 550 Kindle.

42 Código Civil: "Art. 12. Pode-se exigir que cesse a ameaça, ou a lesão, a direito da personalidade, e reclamar perdas e danos, sem prejuízo de outras sanções previstas em lei. Parágrafo único. Em se tratando de morto, terá legitimação para requerer a medida prevista neste artigo o cônjuge sobrevivente, ou qualquer parente em linha reta, ou colateral até o quarto grau".

43 CORDEIRO, António Menezes de. *Tratado de direito civil*. Vol. 4: Pessoas. 5. ed., rev. e atual. Coimbra: Almedina, 2019, p. 604.

44 CORDEIRO, António Menezes de. *Tratado de direito civil*. Vol. 4. Pessoas. 5. ed., rev. e atual. Coimbra: Almedina, 2019, p. 588.

45 *Vide*: OLIVA, Milena Donato; TEPEDINO, Gustavo. *Teoria geral do direito civil*. Rio de Janeiro: Forense, 2020, p. 169.

46 TARTUCE, Flávio. *Direito civil*: lei de introdução e parte geral. 18. ed. Rio de Janeiro: Forense, 2022, p. 186.

seria a ofensa ao próprio bem de personalidade do parente vivo – a sua honra, por exemplo, que fora afetada, e não a do falecido.

Parece-nos, no entanto, que embora essa seja a doutrina majoritária,[47] tal opção não é possível. Num primeiro olhar, se o bem tutelado fosse um direito de personalidade da pessoa viva, seria desnecessária qualquer previsão legal que estabelecesse a ilicitude da lesão dos bens de personalidade do falecido. Ora, é cediço que cabe dano moral, seja direto ou indireto, à pessoa viva.[48] Ademais, não nos aparenta ser crível que toda e qualquer ofensa aos direitos de personalidade do falecido seja automaticamente ofensa aos direitos dos legitimados vivos, o que pode prejudicar a defesa das ofensas a bens de personalidade após a morte do titular.

Além disso, atribuir legitimidade a todos aqueles listados no art. 12 do Código Civil, de forma cumulativa e em nome próprio, ultrapassa os limites da sanção que se pretende aplicar ao autor da lesão, tendo em vista que se vivo fosse, o falecido ofendido poderia ingressar apenas com uma ação.[49] Dessarte, poder-se-ia estimular o ingresso de diversas ações com a finalidade de apenas receber o dinheiro da indenização, e não, de fato, defender os interesses do falecido.

É perfeitamente possível a ofensa de um falecido gerar dano direto ou indireto aos legitimados sobreviventes, sobretudo em caso de ascendentes e descendentes com forte vínculo afetivo. Nesses casos em que ocorrem realmente danos aos familiares, eles atuariam em direito próprio.

---

47 Nesse diapasão, o Enunciado 400 da V Jornada de Direito Civil do Conselho da Justiça Federal: "Os parágrafos únicos dos arts. 12 e 20 asseguram legitimidade, por direito próprio, aos parentes, cônjuge ou companheiro para a tutela contra lesão perpetrada *post mortem*".

48 Em sentido muito parecido, leciona Maici Colombo: "(...) situar o fundamento da legitimação dos familiares para promover a tutela póstuma da personalidade do falecido em direito próprio faria com que o parágrafo único do art. 12 (ou do art. 20) 21 do CC fosse absolutamente desnecessário, pois seus interesses já estão tutelados no caput. Ademais, a tutela reparatória dos danos morais reflexos, também conhecidos por indiretos ou por ricochete, tem sido amplamente reconhecida (...)" (COLOMBO, Maici Barboza dos Santos. Tutela póstuma dos direitos da personalidade e herança digital. *In:* TEIXEIRA, Ana Carolina Brochado; LEAL, Livia Teixeira (Coord.). *Herança digital [recurso eletrônico]*: controvérsias e alternativas. Indaiatuba: Editora Foco 2021, p. 174.)

49 BELTRÃO, Silvio Romero. Tutela jurídica da personalidade humana após a morte: conflitos em face da legitimidade ativa. *Revista de Processo,* São Paulo, v. 40, n. 247, p. 177-194, set. 2015, p. 181.

Parece-nos, entretanto, que apesar da legitimidade daqueles indicados no art. 12 do Código Civil em proteger *post mortem* os direitos de personalidade do falecido, não é possível atribuir-lhes a titularidade do bem jurídico violado, pois não se exige dano algum à sua personalidade, mas sim à memória do falecido.[50] Protege-se, assim, "(...) o complexo de valores que fizeram parte da formação da personalidade do morto e devem se reconhecer e ser reconhecidos pela sociedade".[51]

Desse modo, salvaguardam-se os atos praticados em vida pelo falecido, como ele era visto e reconhecido em sociedade, e a identidade que foi formada durante a trajetória em vida, que permanece intacta após a morte do titular.

Conforme expõe Alfredo Migliore:[52]

> Essa projeção dos valores e da personalidade do morto fica então preservada, projetada para o além vida. Ela se eterniza na memória das pessoas, que se lembram das atitudes do falecido; de suas esperanças sonhos, devaneios e anseios; das qualidades, boas ações e ideias; das teorias que criou; das coisas de que gostou; das pessoas que amou; dos sorrisos, imagens e peculiaridades. E é exatamente esse patrimônio moral resistente ao fim inefável de todo ser humano que não se apaga com o falecimento do corpo, e que o direito da personalidade *post mortem* visa proteger.

Apesar de cessada a personalidade, ainda permanece a proteção ao valor pessoal, tanto ao respeito ao cadáver, que é tutelado como emanação da pessoa e não coisa, quanto aos valores de espírito.[53] Deve-se também tutelar o corpo eletrônico, que, como demonstrado, carrega aspectos da identidade pessoal e valores existenciais do

---

50 Consoante alude Ascensão: "De fato para nada se exige qualquer demonstração do requerente de que a sua personalidade foi atingida: o que se exige é a demonstração de que é lesada a memória do falecido". (ASCENSÃO, José de Oliveira. *Direito civil:* teoria geral. Vol. 1: Introdução. As pessoas. Os bens. 3. ed. São Paulo: Saraiva, 2010, p. 82.

51 EHRHARDT JR., Marcos; ALBUQUERQUE, Paula Falcão. Aspectos jurídicos da existência virtual *post mortem. In:* SANCHES, Patrícia Correa (Coord.); DIAS, Maria Berenice; PEREIRA, Rodrigo da Cunha (Orgs.). *Direito das famílias e sucessões na era digital* IBDFAM, 2021, p. 427.

52 MIGLIORI, Alfredo Domingues Barbosa. *Direito além vida:* um ensaio sobre os direitos da personalidade *post mortem*. São Paulo: LTr, 2009, p. 56.

53 ASCENSÃO, José de Oliveira. *Direito civil:* teoria geral. Vol. 1: Introdução. As pessoas. Os bens. 3. ed. São Paulo: Saraiva, 2010, p. 82.

falecido.[54] Nesse ponto, atribuir apenas a legitimidade, e não a titularidade do direito violado, aos familiares é ainda mais necessário, pois na maioria das vezes são esses que podem violar os direitos do falecido ao acessarem indevidamente os bens digitais.

Os legitimados não demandam por ofensas a direito próprio, já que a lesão fora dirigida à memória do falecido.[55] Dessa maneira, em eventual ação judicial, os legitimados irão demandar em nome próprio, direito alheio, em razão do que Paulo Lôbo denomina de "transeficácia".[56] Assim, ocorrerá a legitimidade extraordinária nos termos do art. 18 do Código de Processo Civil.[57] Trata-se de uma excepcionalidade permitida expressamente pela legislação, já que a regra é a inadmissibilidade da postulação a respeito de situações jurídicas alheias.[58]

Nesse sentido, é permitido que os legitimados proponham a ação visando tutelar a memória do falecido. Cabe destacar que além do rol elencado pela legislação, é perfeitamente possível que o companheiro seja também legitimado a ingressar com a ação.[59]

---

54 Em sentido parecido lecionam Fernanda Schaefer e Frederico Glitz: "Há tempos já se sabe que a tutela dos direitos de personalidade se estende para depois da morte de seu titular, mas, com essas tecnologias, para além de se discutir autodeterminação corporal após a morte e direitos relacionados à herança digital, dá-se um passo além, é preciso proteger a identidade pessoal e os valores existenciais do falecido". (SCHAEFER, Fernanda; GLITZ, Frederico. Responsabilidade contratual *post mortem*: breves notas a partir da série *Upload*. *In:* COLOMBO, Cristiano; FALEIROS JR., José Luiz de Moura; ENGELMANN Wilson (Coord.). *Tutela jurídica do corpo eletrônico:* novos desafios ao direito digital. Indaiatuba: Editora Foco, 2022, p. 193.)

55 Apesar de minoritário, seguem esses entendimentos, dentre outros: ASCENSÃO, José de Oliveira. *Direito civil:* teoria geral. Vol. 1: Introdução. As pessoas. Os bens. 3. ed. São Paulo: Saraiva, 2010. BELTRÃO, Silvio Romero. Tutela jurídica da personalidade humana após a morte: conflitos em face da legitimidade ativa. *Revista de Processo,* São Paulo, v. 40, n. 247, p. 177-194, set. 2015. GODINHO, Adriano Marteleto; GUERRA, Gustavo Rabay. A defesa dos direitos da personalidade: os instrumentos de tutela previstos no direito brasileiro. *Revista Jurídica Cesumar.* Mestrado, v. 13, n. 1, jan./jun. 2013, p. 179/208. LÔBO, Paulo. *Direito civil.* Vol. 1: parte geral. 9. ed. São Paulo: Saraiva Educação, 2020. MIGLIORI, Alfredo Domingues Barbosa. *Direito além vida:* um ensaio sobre os direitos da personalidade *post mortem*. São Paulo: LTr, 2009.

56 LÔBO, Paulo. *Direito civil.* Vol. 1: parte geral. 9. ed. São Paulo: Saraiva Educação, 2020, p. 156.

57 Código de Processo Civil: "Art. 18. Ninguém poderá pleitear direito alheio em nome próprio, salvo quando autorizado pelo ordenamento jurídico".

58 NOGUEIRA, Pedro Henrique. O regime jurídico da legitimidade extraordinária no processo civil brasileiro. *Revista de Processo,* São Paulo, v. 324/2022, p. 73-95, fev. 2022.

59 Nesse diapasão, Enunciado 275 da IV Jornada de Direito Civil do Conselho da Justiça Federal: "O rol dos legitimados de que tratam os arts. 12, parágrafo único, e 20, parágrafo único, do Código Civil também compreende o companheiro".

Trata-se de legitimação concorrente, pois todos os legitimados estão autorizados a discutir em juízo a violação *post mortem* de forma autônoma.[60] Assim, não há uma ordem prioritária e gradual em que a prioridade seria do parente mais próximo.

Ressalte-se, no entanto, que parece haver tão somente um único direito de ação indenizatória, que terá como objeto o dano causado à memória do morto. Uma vez procedente, beneficiará todos os sucessores, de acordo com a vocação hereditária, independentemente de quem compôs o polo ativo da ação.[61] Saliente-se, ademais, que a responsabilidade civil por perdas e danos não é a única forma de se tutelar a memória do falecido.

Como determina o art. 12 do Código Civil, é possível a tutela inibitória, de caráter preventivo, a fim de evitar que meras ameaças venham a se tornar concretas. Essa tutela preventiva, quando possível, deve ser sempre exercida, pois a lesão de danos extrapatrimoniais é passível apenas de compensação,[62] mormente nos casos que envolvem ofensas à memória do morto. Também é possível pleitear a atenuação de danos, a fim de buscar mitigar, sempre que possível, os efeitos de uma lesão já ao menos parcialmente consumada.[63] Tais tutelas podem ser perfeitamente cumuláveis, a fim de garantir a proteção integral da memória do falecido.

Os legitimados pela legislação podem apenas atuar a fim de proteger os direitos de personalidade do falecido, e não para uma nova exploração econômica. Segundo Maici Colombo,[64] tal legitimidade deve

> (...) se restringir à função protetiva, ou seja, aos aspectos negativos da tutela. "*Negativos*" por representarem um não fazer, um não violar, uma

---

60 Nesse sentido, Enunciado 398 da V Jornada de Direito Civil do Conselho da Justiça Federal: "As medidas previstas no art. 12, parágrafo único, do Código Civil podem ser invocadas por qualquer uma das pessoas ali mencionadas de forma concorrente e autônoma".

61 BELTRÃO, Silvio Romero. Tutela jurídica da personalidade humana após a morte: conflitos em face da legitimidade ativa. *Revista de Processo*, São Paulo, v. 40, n. 247, p. 191.

62 EHRHARDT JR., Marcos. *Direito Civil LICC e parte geral*. Vol. 1. Salvador: Juspodivm, 2009, p. 196.

63 GODINHO, Adriano Marteleto; GUERRA, Gustavo Rabay. A defesa dos direitos da personalidade: os instrumentos de tutela previstos no direito brasileiro. *Revista Jurídica Cesumar*. Mestrado, v. 13, n. 1, jan./jun. 2013, p. 188.

64 COLOMBO, Maici. *A insustentável leveza da partida*. Disponível em: https://www.migalhas.com.br/depeso/390745/a-insustentavel-leveza-da-partida. Acesso em: 4 ago. 2023. Destaques no original.

> proteção pautada pela abstenção. Os familiares não teriam legitimidade, portanto, para atuar no *núcleo afirmativo dos direitos da personalidade*, ou seja, não se pode transferir o direito de desenvolver a própria personalidade a terceiros, familiares ou não. Nesse sentido, é nítido o caráter personalíssimo e intransmissível dos direitos da personalidade.

Não é possível que os herdeiros autorizem a exploração econômica dos direitos de personalidade do falecido, ainda que a situação não seja incompatível com a memória deste.

5 Considerações finais

Durante toda a história da humanidade, o progresso tecnológico foi responsável por provocar mudanças nas estruturas políticas, sociais e econômicas de uma determinada sociedade. O Direito, por ser antes de tudo um processo de adaptação social, deve estar atento a essas modificações a fim de que, caso sejam relevantes, passem a ser reguladas.

Em tempos hodiernos, a tecnologia digital está cada vez mais desenvolvida, rompendo as fronteiras entre o mundo físico e o digital. A sociedade está totalmente nesse mundo, o que provoca uma revolução nos hábitos de consumo e de relacionamentos da sociedade, que agora vivencia o advento de uma nova geração.

Em razão de um mundo cada vez mais digital, vários institutos jurídicos estão sendo impactados. Pela necessidade de delimitação temática, foram aqui analisados os direitos da personalidade em ambiente digital, em especial como ocorre a tutela jurídica desses direitos em caso de falecimento do titular.

Essa proteção póstuma é ainda mais essencial em tempos de tecnologia digital. Com seu advento, tornaram-se possíveis a rápida circulação e o armazenamento de grande quantidade e por tempo indeterminado de informações de cunho pessoal do falecido.

Consoante visto, apesar de os direitos da personalidade não serem transmitidos hereditariamente, eles são objeto de proteção jurídica após o falecimento do titular. Como demonstrado, apesar de controverso doutrinariamente, os legitimados pela legislação na proteção dos bens da personalidade do falecido não atuam na defesa de direito próprio, mas sim na defesa da memória do falecido, em razão do que se pode denominar "transeficácia".

Assim, haveria uma legitimidade extraordinária para que a memória do falecido seja defendida. Porém, conforme também analisado, os legitimados podem apenas atuar para a proteção dos direitos de personalidade do falecido em casos de ameaça ou violação dos direitos de personalidade deste, não sendo possível que permitam uma nova exploração econômica desses direitos.

Referências

AMARAL, Francisco. *Direito civil:* introdução. 4. ed. Rio de Janeiro. Renovar: 2002.

ASCENSÃO, José de Oliveira. *Direito civil:* teoria geral. Vol. 1: Introdução. As pessoas. Os bens. 3. ed. São Paulo: Saraiva, 2010.

BASSALLA, George. *A evolução da tecnologia.* Tradução de Sérgio Duarte Silva. Porto: Porto Editora, 2001.

BAUMAN, Zygmunt. *Vigilância líquida* – diálogos com David Lyon. Tradução de Carlos Alberto Medeiros. Rio de Janeiro: Zahar, 2013.

BELTRÃO, Silvio Romero. Tutela jurídica da personalidade humana após a morte: conflitos em face da legitimidade ativa. *Revista de Processo,* São Paulo, v. 40, n. 247, p. 177-194, set. 2015.

BITTAR, Carlos Alberto. *Os direitos da personalidade.* 8. ed., rev., aum. e mod. São Paulo: Saraiva, 2015.

BOLESINA, I.; GERVASONI, T. A. O direito à identidade pessoal no Brasil. *Saber Humano: Revista Científica da Faculdade Antonio Meneghetti, [S. l.],* v. 8, n. 13, p. 65-87, 2018. DOI: 10.18815/sh.2018v8n13.298. Disponível em: https://saberhumano.emnuvens.com.br/sh/article/view/298. Acesso em: 16 fev. 2024.

BOLESINA, Iuri. *Direito à extimidade*: as inter-relações entre identidade, ciberespaço e privacidade. Florianópolis: Empório do Direito, 2017.

BRASIL. Constituição da República Federativa Do Brasil – 1988. *Diário Oficial da União.* Brasília, DF, 11 jan. 2002. Disponível em: http://www.planalto.gov.br/ccivil_03/constituicao/constituicao.htm Acesso em: 25 jan. 2024.

BRASIL. Lei nº 8.078, de 11 de setembro de 1990. Dispõe sobre proteção do consumidor e dá outras providências. *Diário Oficial da União.* Brasília, DF, 12 set. 1990. Disponível em: http://www.planalto.gov.br/ccivil_03/leis/l8078compilado.htm. Acesso em: 25 jan. 2024.

BRASIL. Lei nº 10.406, de 10 de janeiro de 2002. *Institui o Código Civil. Diário Oficial da União.* Brasília, DF, 11 jan. 2002. Disponível em: http://www.planalto.gov.br/ccivil_03/leis/2002/l10406compilada.htm. Acesso em: 25 jan. 2024.

BRONOWSKI, Jacob. Technology and culture in evolution. *The American Scholar,* 1972, p. 202.

COLOMBO, Cristiano; FALEIROS JR., José Luiz de Moura. A tutela jurídica do corpo eletrônico: alguns conceitos introdutórios. *In:* COLOMBO, Cristiano; FALEIROS JR., José Luiz de Moura; ENGELMANN Wilson (Coord.). *Tutela jurídica do corpo eletrônico:* novos desafios ao direito digital. Indaiatuba: Editora Foco, 2022.

COLOMBO, Cristiano; GOULART, Guilherme Damasio. Direito póstumo à portabilidade de dados pessoais no ciberespaço à luz do direito brasileiro. *In:* POLIDO, Fabrício Bertini Pasquot; ANJOS, Lucas Costa dos; BRANDÃO, Luíza Couto Chaves. (Org.). *Política, internet e sociedade.* Belo Horizonte: Instituto de Referência em Internet e Sociedade, 2019.

COLOMBO, Maici Barboza dos Santos. Tutela póstuma dos direitos da personalidade e herança digital. *In:* TEIXEIRA, Ana Carolina Brochado; LEAL, Livia Teixeira (Coord.). *Herança digital [recurso eletrônico]*: controvérsias e alternativas. Indaiatuba: Editora Foco 2021.

COLOMBO, Maici Barboza dos Santos. *A insustentável leveza da partida.* Disponível em: https://www.migalhas.com.br/depeso/390745/a-insustentavel-leveza-da-partida. Acesso em: 4 ago. 2023.

CORDEIRO, António Menezes de. *Tratado de direito civil.* Vol. 4. Pessoas. 5. ed., rev. e atual. Coimbra: Almedina, 2019.

CUPIS, Adriano de. *Os direitos de personalidade.* Tradução de Afonso Celso Furtado Rezende. Campinas: Romana, 2004.

EHRHARDT JR., Marcos; ALBUQUERQUE, Paula Falcão. Aspectos jurídicos da existência virtual *post mortem. In:* SANCHES, Patrícia Correa (Coord.); DIAS, Maria Berenice; PEREIRA Rodrigo da Cunha (Orgs.). *Direito das famílias e sucessões na era digital.* IBDFAM, 2021.

EHRHARDT JR., Marcos. *Direito civil LICC e parte geral.* Vol. 1. Salvador: Juspodivm, 2009.

ENNECCERUS, Ludwig; WOLF, Martin; KIPP Theodor. *Derecho civil (parte general).* GONZÁLES, Blas Pèrez; ALGUER, José [Trad.]. 2. ed. Barcelona: Bosch, 1953.

FRAZÃO, Ana. *Data-driven economy e seus impactos sobre os direitos de personalidade Indo além da privacidade e do controle de dados.* Disponível em: http://www.professoraanafrazao.com.br/files/publicacoes/2018-07-18-Data_driven_economy_e_seus_impactos_sobre_os_direitos_de_personalidade_Indo_alem_da_privacidade_e_do_controle_aos_dados_pessoais.pdf. Acesso em: 17 fev. 2024.

GODINHO, Adriano Marteleto; GUERRA, Gustavo Rabay. A defesa dos direitos da personalidade: os instrumentos de tutela previstos no direito brasileiro. *Revista Jurídica Cesumar.* Mestrado, v. 13, nº 1, jan./jun. 2013, p. 179/208.

KRANZBERG, Melvin. Technology and History: "Kranzberg's Laws". *Technology and Culture* Vol. 27, nº 3 (Jul., 1986), p. 544-560.

LÔBO, Paulo. *Direito civil.* Vol.1: parte geral. 9. ed. São Paulo: Saraiva Educação, 2020.

MIGLIORI, Alfredo Domingues Barbosa. *Direito além vida:* um ensaio sobre os direitos da personalidade *post mortem.* São Paulo: LTr, 2009.

MORAES, Maria Celina Bodin de. *Ampliando os direitos de personalidade.* Disponível em: https://www.academia.edu/9689598/Ampliando_os_direitos_da_personalidade?auto=download. Acesso em: 11 fev. 2024.

NOGUEIRA, Pedro Henrique. O regime jurídico da legitimidade extraordinária no processo civil brasileiro. *Revista de Processo,* São Paulo, v. 324/2022, p. 73-95, fev. 2022.

OLIVA, Milena Donato; TEPEDINO, Gustavo. *Teoria geral do direito civil.* Rio de Janeiro: Forense, 2020.

RODOTÀ, Stefano. *El derecho a tener derechos.* Tradução de José Manuel Revuelta López. Madrid: Editorial Trotta, 2014.

RODOTÀ, Stefano. *Tecnologie e diritti [e-book]*. 1. ed. Bologna: Il Mulino, 2022.

SARLET, Ingo Wolfgang; MARINONI, Luiz Guilherme; MITIDIERO, Daniel. *Curso de direito constitucional.* São Paulo: Editora Revista dos Tribunais, 2012.

SCHAEFER, Fernanda; GLITZ, Frederico. Responsabilidade contratual *post mortem*: breves notas a partir da série *Upload. In:* COLOMBO, Cristiano; FALEIROS JR., José Luiz de Moura; ENGELMANN Wilson (Coord.) *Tutela jurídica do corpo eletrônico:* novos desafios ao direito digital. Indaiatuba: Editora Foco, 2022.

SCHWAB, Klaus. *Quarta revolução industrial [livro eletrônico].* Tradução de Daniel Moreira Miranda. São Paulo: Edipro, 2019.

SOLOVE, Daniel J. *The digital person:* technology and privacy in the information age. New York: New York University Press, 2004.

TARTUCE, Flávio. *Direito civil*: lei de introdução e parte geral. 18. ed. Rio de Janeiro: Forense, 2022.

TERRA. *Famosos que mais renderam dinheiro após a morte*. Disponível em: https://www.terra.com.br/diversao/gente/famosos-que-mais-rendem-dinheiro-para-os-herdeiros-apos-a-morte,779acc3b439de1cf9ae206772b3cee95i7gi2yhc.html. Acesso em: 26 fev. 2024.

ZAMPIER, Bruno. *Bens digitas [recurso eletrônico]*: cyber cultura, redes sociais, e-mails, músicas, livros, milhas aéreas, moedas virtuais. 2. ed. Indaiatuba: Editora Foco, 2021.

RESPONSABILIDADE CIVIL PELO COMPARTILHAMENTO NÃO AUTORIZADO DE IMAGENS ÍNTIMAS. UM ESTUDO À LUZ DA CAUSALIDADE ALTERNATIVA

EDUARDO NUNES DE SOUZA
BERNARDO DINIZ ACCIOLI DE VASCONCELLOS

1 Introdução

Uma adolescente que teria enviado fotografias íntimas suas para quatro destinatários distintos, todos menores, vê-se surpreendida com a difusão não autorizada dessas imagens em redes sociais por algum desses destinatários.[1] Por qual deles, porém? A autoria efetiva da publicação dos *nudes* perdeu-se nos meandros velozes do compartilhamento digital e dos canais criptografados, não podendo ser identificada, muito menos comprovada processualmente. Não há dúvida quanto ao grave abalo sofrido pela vítima em sua dignidade, nem quanto à importância do papel que a compensação por danos morais desempenha no quadro geral de remédios oferecidos pelo ordenamento jurídico brasileiro para casos como esse. Como, porém, imputar a obrigação

[1] O caso, real, foi julgado pelo Tribunal de Justiça do Estado do Rio de Janeiro (TJRJ, Ap. Civ. 0005059-62.2014.8.19.0037, 7ª. C.C., Rel. Des. Luciano Saboia Rinaldi de Carvalho, julg. 18.5.2021). Inicialmente, a ação foi proposta apenas contra um dos destinatários, também menor de idade, bem como contra o WhatsApp e o Facebook. A ação foi ajuizada meses antes da entrada em vigor do Marco Civil da Internet, o que permitiu alguma argumentação quanto à responsabilidade das plataformas, mas, em decorrência da dificuldade de citá-los, emendou-se a inicial para os excluir. A autora pediu que o réu se abstivesse de divulgar novamente as fotografias em qualquer meio social, que as plataformas excluíssem o conteúdo, que os pais do menor fossem condenados ao pagamento de R$30.000,00 a título de dano moral, e que as plataformas fossem também condenadas ao pagamento de R$30.000,00 a título de dano moral, mas não houve pedido expresso de condenação solidária. Em sede de contestação, o menor demandado e seus pais arrolaram como testemunhas três outros adolescentes a quem a autora teria enviado *nudes*, o que deu início, no processo, à discussão sobre a possibilidade de aplicação da teoria da causalidade alternativa à hipótese.

de indenizar a qualquer dos destinatários originais das imagens nessas circunstâncias, sem com isso violar frontalmente os requisitos legais deflagradores da responsabilidade civil?

Em meio à miríade de ameaças à existência digna da pessoa humana criadas pela profusão tecnológica dos últimos anos, o risco da difusão de imagens íntimas desponta como uma das perspectivas mais desoladoras do momento atual. Todo tipo de avanço técnico parece favorecer esse processo: a onipresença de câmeras nos dispositivos eletrônicos, que permitem a produção de fotografias e vídeos íntimos em alta resolução; a possibilidade de cópias instantâneas e infinitas de uma imagem em fração de milésimos de segundo; a progressão geométrica de uma cadeia de compartilhamento; e a multiplicação de mídias sociais, que, voltadas a finalidades as mais diversas, têm como ponto em comum um compartilhamento massivo de materiais por seus usuários, promovendo engajamento e prolongando o tempo de uso.

Logicamente, nenhum desses recursos técnicos produziria resultados tão graves, não fossem as circunstâncias culturais e sociais reveladas e potencializadas com o compartilhamento indevido de *nudes*. As vítimas são quase invariavelmente mulheres,[2] a desvelar uma sociedade que se mantém profundamente arraigada a uma moralidade patriarcal e até mesmo misógina. O compartilhamento costuma ser tão impensado quanto impiedoso, assim como o julgamento público sobre a aparência e o comportamento da pessoa retratada. Esta, não raro, é culpabilizada pela exposição voluntária de sua privacidade, ficando a patente antijuridicidade da publicização das imagens em segundo plano. Se até a produção de *nudes* falsos por mecanismos de inteligência artificial já pode produzir um impacto devastador sobre as vidas das vítimas,[3] não há limites para as repercussões do compartilhamento quando as imagens são verdadeiras e produzidas pela própria pessoa retratada ou com seu consentimento.

---

2 Em São Paulo, por exemplo, elas foram 87% das vítimas citadas em boletins de ocorrência (como narram SOUZA, Vivian *et al.* Brasil tem ao menos 4 processos por dia por registro e divulgação de imagens íntimas sem consentimento. *G1*, 5.2.2023).

3 Tornaram-se frequentes casos envolvendo a produção de imagens falsas por inteligência artificial, envolvendo inclusive menores de idade. Cf., por exemplo, SALEME, Isabelle. Falsos *nudes*: estudantes de escolas particulares do Rio são alvo de operação policial. *CNN Brasil*, 18.12.2023.

Some-se à exposição pública o peso emocional do compartilhamento indevido de *nudes* para as vítimas, frequentemente verificado no contexto de relacionamentos terminados ou até mesmo de relações em curso. Em São Paulo, por exemplo, chegou à apreciação do Judiciário o pleito indenizatório de uma vítima que descobriu, ao apoderar-se do celular de seu marido, o compartilhamento de suas fotografias íntimas para terceiros, por WhatsApp.[4] No Rio de Janeiro, foi a vez de uma mulher recorrer à Justiça requerendo uma inusitada tutela preventiva: a imposição de obrigação de não fazer ao ex-companheiro, que ainda detinha em seu poder *nudes* enviados por ela durante o relacionamento.[5] Diante do fundado temor de uma trágica humilhação pública, nem mesmo o arcabouço processual civil parece ter sido concebido para a tutela da vítima em potencial: é preciso forjar uma "obrigação" de não fazer, à míngua de remédios céleres e eficazes hábeis a fazer valer, para a tutela de interesses existenciais, o dever geral de abstenção que é tão bem guarnecido, por exemplo, no campo dos direitos reais.

Impende, ainda, que as vítimas (atuais ou potenciais) enfrentem o risco de impossibilidade material de tutela específica dos seus interesses (pense-se nos casos em que as imagens são divulgadas por meio de aplicativos de mensageria criptografada de ponta a ponta, o que impossibilita, na prática, o rastreio e a retirada de circulação desses materiais).[6] E, mesmo quando a tutela específica

---

4 TJSP, Ap. Civ. 1000949-91.2022.8.26.0145, 6ª C.D.Priv., Rel. Des. Vito Guglielmi, julg. 19.2.2024.

5 TJRJ, Ap. Civ. 0009282-11.2021.8.19.0038, 1ª C.D.Priv., Rel. Des. Mônica Costa di Piero, julg. 19.9.2023.

6 Assim, por exemplo, em caso julgado pelo Tribunal de Justiça do Rio de Janeiro sobre "divulgação sem autorização de materiais contendo cenas de nudez captadas em relação afetivo-amorosa que se desfez" por meio do aplicativo WhatsApp, a vítima requereu tutela antecipada para que o provedor realizasse a imediata exclusão das imagens, que foi deferida pelo juízo competente. A despeito do não cumprimento da medida, a sentença condenou apenas o ex-companheiro da autora, e não o provedor, à compensação por danos morais. Em sede recursal, porém, a sentença foi reformada, com a condenação solidária do provedor, tendo o acórdão considerado que a autora "indicou de forma precisa o número do telefone do 1º réu, de onde partiram as imagens indevidas de sua intimidade, tendo acautelado o conteúdo em juízo", de modo que teria se desincumbido do ônus imposto pelo "§1º do art. 19 MCI" (*rectius*, art. 21, parágrafo único). Não parece ter sido apreciada pelo julgador a alegação, por parte do provedor, de que a criptografia ponta a ponta implementada no aplicativo impossibilitava faticamente o rastreio e a supressão das imagens (TJRJ, Ap. Civ., 0802066-51.2022.8.19.0063, 5ª C.D.Priv., Rel. Des. Cristina Tereza Gaulia, julg. 24.10.2023).

é possível, subsiste para as partes a delicada tarefa de lidarem com a falta de familiaridade técnica quanto ao funcionamento das tecnologias envolvidas (e as ameaças concretas que essas vítimas correm) por parte dos julgadores. Ilustrativamente, no já citado exemplo da mulher que requereu uma tutela preventiva em face do ex-companheiro, basta observar que a cominação de *astreintes* para a hipótese de descumprimento pelo réu foi negada, porque o *pendrive* com as imagens da vítima já havia sido devolvido, no curso do processo, pelo réu – o que, no entender do julgador, "minimizaria" o risco da divulgação do material, como se não fosse possível ter havido cópia do material.[7]

Nesse cenário, a tutela indenizatória, a despeito de sua patente generalidade, vale dizer, de sua incapacidade de oferecer à pessoa retratada a satisfação efetiva de seu interesse, preserva sua enorme atualidade e relevância, ainda que como resposta mínima que o ordenamento jurídico é capaz de oferecer diante de uma lesão tão grave quanto o vazamento de *nudes*.[8] Mesmo nessa seara, porém, a proteção da vítima do compartilhamento indevido não está garantida de modo irrestrito. Afinal, a obrigação de pagar uma compensação pecuniária não surge de qualquer regra ontológica e imutável da natureza (ainda que por vezes pareça ser essa a percepção da doutrina sobre o tema). Traduz, isso sim, uma valoração de interesses:[9] apenas nascerá se preenchidos os requisitos normativos para tanto. E mais: desses requisitos não se pode prescindir,[10] sob pena de, em nome de uma bem-intencionada tutela de vítimas tão grave e injustamente feridas, sacrificarem-se os interesses, ainda que exclusivamente patrimoniais, de outras pessoas dotadas de igual dignidade e proteção pelo ordenamento (tais como ex-companheiros

---

7 TJRJ, Ap. Civ. 0009282-11.2021.8.19.0038, 1ª C.D.Priv., Rel. Des. Mônica Costa di Piero, julg. 19.9.2023.

8 Sobre essa limitação ínsita ao remédio indenizatório, cf. a nota de tradução n. 32 a RODOTÀ, Stefano. Ideologias e técnicas da reforma do direito civil. Tradução de Eduardo Nunes de Souza. *Civilistica.com*, a. 13, n. 1, 2024, p. 15.

9 Veja-se, por exemplo, a crítica desenvolvida por RODOTÀ, Stefano. *Il problema della responsabilità civile*. Milano: Giuffrè, 1967, p. 73-74.

10 Sobre o ponto, permita-se remeter à argumentação desenvolvida em SOUZA, Eduardo Nunes de. Em defesa do nexo causal: culpa, imputação e causalidade na responsabilidade civil. *In:* SOUZA, Eduardo Nunes de; SILVA, Rodrigo da Guia (Coord.). *Controvérsias atuais em responsabilidade civil*: estudos de direito civil-constitucional. São Paulo: Almedina, 2018, particularmente item 5.

ou outros destinatários intencionais dos *nudes* sobre os quais penda apenas uma suspeita de compartilhamento indevido, mas de cuja participação causal efetiva para a produção do dano não se tenha qualquer certeza).

O requisito causal, portanto, com frequência desempenhará um papel crucial na triagem das vítimas a serem protegidas pela via indenizatória, também nos casos de vazamento de imagens íntimas. A triagem promovida por esse requisito se faz sentir particularmente em casos nos quais a cadeia de compartilhamento se desenvolve de formas menos usuais ou relativamente complexas. A título ilustrativo, em um caso concreto no qual o ex-companheiro da vítima mantinha consigo imagens íntimas dela registradas sem o seu consentimento pleno, mas o vazamento dos *nudes* ocorreu apenas porque um terceiro invadiu seu computador, embora se compreenda a bem-intencionada proteção da vítima que levou a Justiça estadual paulista a condenar o ex-companheiro a indenizá-la,[11] não se pode ignorar que a obrigação ressarcitória parece ter sido imposta à revelia da lei, já que o dano foi produzido, no caso, por fato exclusivo de terceiro (para o qual o réu havia dado, quando muito, *ocasião*, mas não causa direta e imediata).[12]

Como hipótese particular de estudo, a presente investigação pretende analisar o grupo de casos de vazamento de *nudes* em que a vítima invoca a polêmica categoria da chamada *causalidade alternativa* como argumento para a responsabilização de determinados agentes, a despeito da ausência de prova plausível de sua contribuição causal para o dano. Recorrer-se-á, como exemplo

---

[11] TJSP, Ap. Civ. 0003043-87.2008.8.26.0058, 3ª C.D.Priv., Rel. Des. Carlos Alberto Salles, julg. 29.5.2018.

[12] Pothier exemplifica uma ocasião da seguinte forma: "se durante o despejo se quebram alguns móveis valiosos do meu inquilino, não serei responsável por esse dano, pois é a imperícia das pessoas a quem ele recorreu que é a causa, e não o despejo que ele sofreu; este, em relação ao dano, é apenas a ocasião" (Tradução livre de POTHIER, Robert-Joseph. *Traité des obligations*, t. I. Louvain: Vanlinthout et Vandenzande, 1827, p. 94). É dizer, o locador, ao despejar o inquilino, criou uma situação que favorece a avaria dos móveis deste, o que não quer dizer que haja uma relação de causalidade entre a situação criada e o dano verificado, justamente porque um terceiro intercedeu na cadeia causal e produziu diretamente o dano. Assim, ocasiões são elementos objetivos que apenas atraem a pessoa para o evento, sem chegarem a determiná-lo (causá-lo) (BATTAGLINI, Giulio. *L'interruzione del nesso causale*. Milano: Giuffrè, 1954, p. 27). Para uma análise recente do tema na doutrina brasileira, permita-se remeter, ainda, a VASCONCELLOS, Bernardo Diniz Accioli de. *A causalidade sucessiva na responsabilidade civil*: o problema dos danos decorrentes de desinformação, no prelo.

paradigmático da questão, ao caso que inaugurou este estudo: o da vítima que alegadamente compartilhou os *nudes* vazados com diversos destinatários diferentes, mas não foi capaz de identificar qual deles efetivamente promoveu o compartilhamento. Antes que se possa comentar mais detidamente o caso, porém, é preciso passar em revista, ainda que brevemente, a própria construção teórica da causalidade alternativa. É o que se passa a fazer.

2 A chamada causalidade alternativa no direito brasileiro: um novelo de dúvidas

Na tradição da doutrina brasileira, designa-se, em linhas gerais, como *causalidade alternativa* não propriamente qualquer modelo teórico voltado a explicar o conceito de causalidade, mas sim um grupo de hipóteses fáticas reunidas por um atributo comum: em todas elas, um dano é produzido por um ou alguns membros de um universo mais ou menos delimitado de agentes, em circunstâncias tais que não permitem identificar o causador efetivo do resultado danoso, mas nas quais é possível afirmar que ele integra aquele conjunto de indivíduos – e, por outro lado, que nem todos os membros desse conjunto deram causa ao resultado. A figura, portanto, não designa um sentido particular de causalidade jurídica, mas sim esta contingência factual: a certeza de que o causador pertence a um universo de indivíduos, somada à impossibilidade de identificá-lo.

Tornou-se célebre, na experiência brasileira, o caso de um desfile de carros alegóricos em que várias pessoas trajadas como caçadores atiravam espingardas com balas de festim, simulando uma caçada a pombos. Uma delas, porém, que não se pôde identificar, portava uma arma com balas verdadeiras, que, ao ser disparada, feriu gravemente uma pessoa que assistia ao desfile, a qual sofreu perda de visão e problemas pulmonares. A justiça estadual do Rio Grande do Sul, ao apreciar o caso,[13] reconhecendo que a causa do dano partiu do grupo de "caçadores", mas que o acervo probatório

[13] TJRS, Ap. Cív. 11.195, 1ª C.C., Rel. Des. Oscar Gomes Nunes, julg. 25.11.1970.

não permitia identificar de qual deles partiu o tiro verdadeiro, optou por responsabilizar todos os membros, indistinta e solidariamente.[14] Um outro exemplo menos pitoresco e bastante difundido na jurisprudência nacional pode ser colhido da responsabilidade civil por *effusum et deiectum*, nos casos em que a coisa lançada ou caída de edifício parte de uma construção em regime de condomínio edilício. Não sendo possível identificar de qual unidade autônoma partiu o objeto causador do dano, consolidou-se em nossa práxis[15] responsabilizar todos os habitantes do prédio, sem distinção.[16]

Como se percebe, a causalidade alternativa está intimamente ligada a um ímpeto, por parte do julgador, de proteção da vítima, buscando garantir que a reparação seja prestada a despeito da impossibilidade de identificação do causador do dano.[17] Por outro lado, parece igualmente claro que a figura se encontra, para dizer o mínimo, no limiar dos requisitos legais autorizadores da responsabilidade civil: traduz, com efeito, situações fáticas nas quais, ironicamente, embora se tenha certeza de que a causalidade está presente para pelo menos um dos agentes do grupo, a dinâmica concreta da produção do dano impede que esse liame causal (por assim dizer, parcialmente indeterminado) se preste à sua finalidade precípua: individuar como responsáveis pelo dano apenas os seus causadores efetivos, quando não houver disciplina legal mais específica em sentido diverso. Sem dúvida, é tecnicamente possível

---

[14] Em outro caso paradigmático julgado pelo mesmo tribunal no mesmo período, várias pessoas jurídicas especializadas em corte de pinheiros haviam sido contratadas para operar em uma mesma região. Em certo momento, detectou-se que uma quantidade muito superior à prevista no contrato foi abatida, sem que fosse possível identificar qual das contratadas havia ultrapassado esse limite. Diante disso, o Tribunal entendeu que, "desconhecendo-se qual dos réus praticou o ilícito, há solidariedade" (TJRS, Ap. Cív. 21.062, 3ª C.C., Rel. Des. Antônio Vilela Amaral Braga, julg. 8.11.1973).

[15] Com amparo no art. 938 do Código Civil: "Aquele que habitar prédio, ou parte dele, responde pelo dano proveniente das coisas que dele caírem ou forem lançadas em lugar indevido".

[16] A doutrina debruça-se sobre a possibilidade de um dos habitantes provar que sua unidade esteja posicionada de maneira tal que jamais poderia ter sido o ponto de origem do objeto (impossibilidade concreta de nexo causal). No mais, discute-se a possibilidade de responsabilização do próprio condomínio edilício, para além da literalidade do artigo 938, que atribui a responsabilidade apenas aos habitantes (Cf. TEPEDINO, Gustavo; BARBOZA, Heloisa Helena; MORAES, Maria Celina Bodin de *et al. Código Civil interpretado conforme a Constituição da República.* Vol. II. Rio de Janeiro: Renovar, 2006, p. 849-850).

[17] Sobre a causalidade alternativa como forma de garantir a indenização à vítima nos casos em que não se possa comprovar o exato autor do dano, cf. CRUZ, Gisela Sampaio da. *O problema do nexo causal na responsabilidade civil.* Rio de Janeiro: Renovar, 2005, p. 292.

que o legislador opte, em casos particulares, por determinar a imposição da obrigação de indenizar a determinados indivíduos independentemente do liame causal[18] (afirma-se, por exemplo, que o antigo Estatuto do Torcedor, atual Lei Geral do Esporte, consagra um caso de causalidade alternativa nas hipóteses de danos causados por brigas de torcidas organizadas).[19] Extrapolar eventuais disposições legais específicas, porém, para propor uma aplicabilidade geral da teoria da causalidade alternativa consiste em procedimento de duvidosa admissibilidade.

As referências à figura na doutrina brasileira não são propriamente recentes. Podem ser encontradas, por exemplo, na obra de Pontes de Miranda e de outros autores que se notabilizaram pela drástica influência de sistemas estrangeiros (nem sempre acompanhada de uma análise mais rigorosa de compatibilidade com a ordem jurídica nacional), particularmente do direito alemão. Ao que tudo indica, de fato, nossa fonte mais imediata da causalidade alternativa reside no §830 do BGB.[20] A primeira parte do dispositivo preceitua que, "se vários, por um ato ilícito praticado em comum, causarem um dano, ficará, cada um, responsável pelo dano".[21] Como se vê, trata-se de regra evocada pelo parágrafo único do art. 942 do Código Civil brasileiro, ao tratar da coautoria.[22] O dispositivo

---

18 O tema foi desenvolvido previamente em SOUZA, Eduardo Nunes de. Em defesa do nexo causal, *cit.*, especialmente itens 4 e 5.

19 O Estatuto do Torcedor (Lei nº 10.671/2003) previa, no art. 39-A, e a Lei Geral do Esporte (Lei nº 14.597/2023) reproduz *ipsis litteris* em seu art. 178, §5º, que "[a] torcida organizada responde civilmente, de forma objetiva e solidária, pelos danos causados por qualquer dos seus associados ou membros no local do evento esportivo, em suas imediações ou no trajeto de ida e volta para o evento".

20 Diante da influência do §830 do BGB sobre o art. 1.518 do nosso Código de 1916, este trabalho optou por enfocar a formulação alemã da causalidade alternativa. Entretanto, ao longo do século XX, houve uma profusão de teses sobre a atribuição de responsabilidade a membro indeterminado de um grupo, como relata MORAES, Renato Duarte Franco de. *A causalidade alternativa e a responsabilidade civil dos múltiplos ofensores*. Dissertação (Mestrado em Direito). Universidade de São Paulo, São Paulo, 2014.

21 Tradução de DINIZ, Armando Souza (trad.). *Código Civil alemão traduzido*. Rio de Janeiro: Record, 1960, p. 139. Há notícia de códigos que adotaram redações muito próximas à do modelo alemão, como o Código Civil japonês (1896), o Código de Obrigações da Polônia (1926), o Código Civil da Etiópia (1960) e o Código Civil dos Países Baixos (MATOZZI, Cuevillas. *La relación de causalidad en la órbita del derecho de daños*. Valencia: Tirant lo Blanch, 2000, p. 276-277).

22 Para uma análise histórica da norma contida no atual art. 942, do Código Civil brasileiro, permita-se remeter a VASCONCELLOS, Bernardo Diniz Accioli de. *A causalidade sucessiva na responsabilidade civil*: o problema dos danos decorrentes de desinformação, no prelo.

germânico, porém, prossegue para dispor: "O mesmo se dá quando se não puder descobrir quem, entre os vários participantes, com o seu ato, causou o dano". Não há notícia, em nossa tradição codificada, de regra nesse mesmo sentido.

Assim, em princípio, salvo nos casos em que a lei expressamente autorize a responsabilização de múltiplos agentes nos termos da causalidade alternativa, a imputação do dever de indenizar, seja com base na norma do art. 942, parágrafo único (hipóteses de coautoria), seja com base nas cláusulas gerais do art. 927, *caput* e parágrafo único (hipóteses de concurso de causas), dependerá não apenas da certeza quanto à presença de *alguma* causalidade entre um universo determinado de indivíduos e o dano, mas também que cada um dos indivíduos que se pretende responsabilizar tenha contribuído concretamente, e sem que sua cadeia causal tenha sido interrompida por causa superveniente, para a produção do dano. É essa a conclusão que se pode extrair da adoção, pelo direito brasileiro, da causalidade direta e imediata (art. 403 do Código Civil), geralmente interpretada como causa *necessária*: ancora-se a análise profundamente no caso concreto, na investigação da causa que efetivamente deflagrou o dano.

Não por acaso, os defensores de uma aplicabilidade mais ampla da teoria da causalidade alternativa sustentam tratar-se de um caso de "presunção" de causalidade, buscando superar o óbice do requisito causal. Como se afirmou em outra sede,[23] a tese de presunção de causalidade parece se filiar à perspectiva de que o nexo causal seria um elemento ontológico do dever de indenizar, devendo, portanto, ser provado ou presumido em todos os casos de responsabilidade civil. Na verdade, muito ao contrário, não há na causalidade essa pretensa inexorabilidade ou inerência ao fenômeno indenizatório; mas muito mais importante do que isso é frisar que apenas ao legislador (nunca ao intérprete) assiste dispensar ou exigir o nexo causal para fins de atribuição do dever de indenizar[24] (e,

---

[23] SOUZA, Eduardo Nunes de. Em defesa do nexo causal, *cit.*, p. 87.

[24] Assim também se entende acerca da responsabilidade por fato de terceiro. Aduz, por exemplo, Aguiar DIAS: "a enumeração do art. 932 do Código Civil de 2002 não admite interpretação ampliativa – senão nos termos em que recusá-la seria desconhecer o critério que o informa" (*Da responsabilidade civil*. Rio de Janeiro: Lumen Juris, 2011, p. 630-631). Também em matéria de responsabilidade por fato de terceiro, cf. PEREIRA, Caio Mário da Silva. *Responsabilidade civil*. Atual. Gustavo Tepedino. Rio de Janeiro: GEN, 2016, p. 121.

mesmo assim, a depender de um juízo de adequação sistemática a cada caso que considere a globalidade dos valores do sistema). Não havendo disposição legal específica sobre causalidade alternativa, o liame causal é imprescindível porque as cláusulas gerais do art. 927, *caput* e parágrafo único o exigem; e, se assim é, não parece ser admissível ao intérprete determinar sua presunção onde o legislador optou por não o fazer.

Mesmo no sistema alemão, aliás, que prevê expressamente a atribuição de responsabilidade aos diversos agentes independentemente de sua contribuição causal efetiva, a aplicabilidade desse raciocínio costuma ser reputada excepcional. Larenz reforça que a norma contida no §830, I, 2ª parte, opera por exceção, ao permitir a responsabilidade a partir da mera possibilidade que teve certo agente de causar o dano, quando não se possa averiguar quem é o verdadeiro autor.[25] Clóvis do Couto e Silva, ao procurar as origens do referido dispositivo no Código Civil alemão nos registros da primeira comissão do BGB, relatou a impressão de se tratar de uma transposição, para o direito civil, do crime de rixa (de modo que os indivíduos a serem responsabilizados deveriam ter praticado uma mesma atividade simultaneamente, ou com certa homogeneidade de tempo), ainda que a jurisprudência tenha findado por ampliar, pouco a pouco, a interpretação do dispositivo.[26] Dada essa origem, para que todos os indivíduos possam ser responsabilizados pelo consequente, é preciso que haja culpa no antecedente, no sentido de ser possível "prever a possibilidade de lesão de bens jurídicos alheios".[27] Assim, a culpa ou o dolo na participação da atividade é um dos requisitos, não se responsabilizando aquele que, sem culpa, vê-se trazido para o centro de uma rixa.[28]

É dizer: ainda que fosse possível ignorar, no direito brasileiro, a exigência, pelo sistema geral de responsabilidade civil, de causalidade

---

[25] LARENZ, Karl. *Derecho de obligaciones*, t. II. Madrid: Editorial Revista de Derecho Privado, 1958, p. 625.

[26] SILVA, Clóvis Veríssimo do Couto e. Responsabilidad alternativa y acumulativa. *In:* SILVA, Clóvis Veríssimo do Couto e. *O direito privado brasileiro na visão de Clóvis do Couto e Silva* (Org. Vera Maria Jacob de Fradera). Porto Alegre: Livraria do Advogado, 1997, p. 237.

[27] ENNECCERUS, Ludwig; KIPP, Theodor; WOLFF, Martin. *Tratado de derecho civil*. 35. ed. rev. por Heinrich Lehmann. Trad. Blas Pérez Gonzalez e José Alguer. Barcelona: Bosch, 1935, p. 674.

[28] *Id.*, o.l.u.c.

para cada responsável, a impossibilidade de conhecimento do real autor em um universo de possíveis causadores não parece bastar, por si só, para justificar a imputação da obrigação de indenizar a todos. Na doutrina alemã, por exemplo, embora a lei não o exija, afirma-se ser necessária uma conexão local e temporal entre os participantes – de modo que, por exemplo, se A mantém relações sexuais com diversos parceiros separadamente e contrai uma doença venérea, a mera dificuldade probatória quanto à causalidade não atrai a norma do §830, I, 1ª parte.[29] Além disso, para autores como Enneccerus, Kipp e Wolff, a participação deve ser entendida como uma cooperação em atividade que determine um perigo que conduz à causa imediata do dano, como no exemplo das facadas desferidas em uma rixa.[30]

Larenz ressalta não ser preciso que a atuação perigosa decorra de acordo, mas exige que ela integre um fenômeno unitário, como no caso da rixa, ou, então, como quando um grupo brinca de jogar pedras do alto de um precipício: se se tem certeza de que algum membro do grupo causou o dano (o soco ou a facada, no caso da rixa, ou a pedrada, no caso do precipício), a mesma culpabilidade se estenderia aos demais; e da mesma culpa justificar-se-ia a responsabilidade solidária, embora admitida a prova em contrário.[31] Todas essas considerações, não é demais frisar, desenvolvem-se em um sistema que não apenas reconhece a possibilidade de imputação da responsabilidade aos diversos possíveis agentes, independentemente da prova da contribuição causal individual, como, além disso, também prevê expressamente a solidariedade entre eles.

Deve-se, portanto, receber com cautela as propostas de reconhecimento da chamada causalidade alternativa como categoria geral no sistema brasileiro de responsabilidade civil. Ilustrativamente, à luz do direito positivo brasileiro, Judith Martins-Costa entende que a causalidade alternativa "só poderá ser

---

29 *Id.*, o.l.u.c.

30 Os autores afirmam que ninguém, em sã consciência, responsabilizaria dois amigos que dormem em uma mesma casa se, por culpa de um, há incêndio, e não há provas quanto ao real causador do dano. Criticam, porém, autores como Traeger e Oertmann e parte da jurisprudência, quando exigem ainda uma conduta comum anterior ao dano que representasse um crime – posição que reputam muito restritiva (o.l.u.c.).

31 LARENZ, Karl. *Derecho de obligaciones, cit.*, p. 625.

alcançad[a] por via de uma interpretação extremamente ampliativa do art. 942, segunda parte e seu parágrafo único", e ressalta que, em seu entendimento, a aplicação da teoria pode levar a injustiças e recair em um verdadeiro jogo de azar.[32] Ainda que essa interpretação "extremamente" ampliativa fosse possível, seria de se indagar quais são os requisitos de configuração da categoria no direito brasileiro. Exige-se um grupo perfeitamente determinado de indivíduos? Esses indivíduos precisam ter consciência de comporem o referido grupo? Esse grupo precisa estar reunido por um vínculo jurídico, ou apenas por circunstâncias de fato? Exige-se que todos os membros se encontrem desempenhando uma mesma atividade? Se sim, essa atividade precisa ser arriscada? Em que sentido? Os indivíduos devem ter consciência dessa natureza arriscada? A atividade precisa ser desempenhada com algum tipo de culpa ou dolo pelos membros do grupo?

Mesmo se superadas todas as indagações anteriores, seria ainda preciso aquilatar se e em que medida a teoria da causalidade alternativa abre mão do requisito causal. Para Gustavo Tepedino, por exemplo, "deve-se demonstrar a necessariedade entre o fato jurídico que reuniu a conduta dos diversos agentes e o evento danoso".[33] Em termos práticos, porém, a necessariedade deve existir entre o *fato* que reuniu as condutas de diversos agentes e o dano, ou entre a *atividade* comum a todos eles e o dano? Ou basta, ainda, a certeza de que a conduta de um dos agentes foi causa necessária do dano, independentemente de qualquer liame com a eventual atividade comum ou com outro elemento de coesão do grupo? E, por fim, caso todas essas indagações pudessem ser respondidas, restaria esclarecer: é possível imputar responsabilidade solidária a todos os membros do grupo? Se sim, qual seria a base normativa para isso? Seria possível um sistema de regresso nas relações internas entre membros, se posteriormente identificado o causador efetivo? O caso seria, na prática, de uma responsabilidade indireta recíproca entre todos os membros? O membro do grupo que comprovadamente

---

32 MARTINS-COSTA, Judith. *Comentários ao novo Código Civil*. Vol. V, t. II. *In:* TEIXEIRA, Sálvio de Figueiredo (Coord.). Rio de Janeiro: Forense, 2003, p. 141.

33 TEPEDINO, Gustavo. A causalidade nas ações de responsabilidade atribuídas ao hábito de fumar. *Soluções práticas de direito*. Vol. I. São Paulo: Thomson Reuters, 2012, p. 294.

não pudesse ter dado causa ao evento danoso poderia se eximir da responsabilidade?

A listagem de questionamentos, como se percebe, é interminável, a caracterizar a causalidade alternativa, não tanto como uma categoria teórica, mas antes como um novelo de dúvidas. Para que a figura pudesse ser aplicada de forma geral no direito brasileiro, não bastaria a sua previsão legislativa (ao que tudo indica, imprescindível para que isso aconteça): seria necessário, antes disso, o amadurecimento doutrinário em torno de todos os seus requisitos de configuração, bem como de suas consequências jurídicas. Infelizmente, embora há muito tempo presente na doutrina brasileira, o tema, em geral, tem sido tratado de forma enxuta pelos manuais, geralmente restringindo-se a poucos parágrafos. O que é pior, a categoria por vezes é enquadrada como caso de "presunção de nexo causal", uma qualificação indesejável não apenas porque não parece caber ao intérprete presumir um requisito que a lei exige expressamente, mas também porque a ideia de uma suposta "presunção" desvia o foco da necessidade primordial de se indicar algum fundamento normativo para a admissão da chamada causalidade alternativa, bem como o conjunto de normas a determinar qual seria o regime jurídico dessa figura.

Como resultado, constrói-se doutrinariamente uma hipótese de imputação da obrigação de indenizar com aspirações gerais (isto é, com uma clara tendência expansionista, que não se restringe a poucos casos bem demarcados), à revelia da lei e delegando ao julgador escolher, ao seu bel-prazer, se reconhecerá a causalidade alternativa como categoria, quando e sob que circunstâncias ela estará configurada e qual será a disciplina aplicável à obrigação reparatória daí decorrente. Ainda que bem-intencionado, semelhante expediente não se pode realizar legitimamente em nome da proteção das vítimas de danos.[34] Para a finalidade do problema abordado no

---

[34] Como se criticou em outra sede, deve-se afastar a "crença de que a proteção da pessoa humana e a garantia da reparação integral significariam que qualquer dano sofrido por qualquer pessoa pudesse ser imputado a qualquer outro indivíduo com capacidade de arcar com a indenização. Desconsidera-se, assim, que a identificação da injustiça do dano (e, portanto, de sua indenizabilidade) decorre de um juízo complexo de merecimento de tutela, que leva em conta também os interesses, juridicamente relevantes, do agente a quem se pretende, em um outro nível de análise, imputar o dever de indenizar". (SOUZA, Eduardo Nunes de. *Em defesa do nexo causal, cit.*, p. 96-97).

presente estudo, porém, para o bem ou para o mal, a indefinição conceitual da categoria da causalidade alternativa não parece exercer interferência decisiva, como se verá a seguir.

3 O compartilhamento indevido de imagens íntimas: desatando alguns nós da causalidade alternativa

Retome-se, agora, o exemplo com o qual se principiou o presente estudo. Uma adolescente de treze anos do interior do Estado do Rio de Janeiro postulou compensação por danos morais decorrentes de vazamento de imagem íntima em rede social por outro menor de idade, de dezesseis anos. Ao longo da instrução, demonstrou-se que a vítima havia enviado as mesmas fotografias a três outros destinatários, de modo que não foi possível comprovar processualmente quem teria compartilhado injustamente o material. Sobrevinda a sentença de improcedência, por ausência de prova quanto ao nexo causal, a jovem autora suscitou, em apelação, a aplicabilidade da teoria da causalidade alternativa, supostamente fundamentada no art. 942, parágrafo único, do Código Civil de 2002. Seria essa uma aplicação legítima da categoria da causalidade alternativa?

A resposta, ao que tudo indica, deve ser pela negativa. Em primeiro lugar, pelas dificuldades já expostas a respeito da própria admissibilidade da categoria no direito brasileiro. O já mencionado art. 942 prevê, na parte final do seu *caput*, que, "se a ofensa tiver mais de um autor, todos responderão solidariamente pela reparação"; e, no seu parágrafo único, que "são solidariamente responsáveis com os autores os coautores (...)". Como afirmar, porém, que o vazamento dos *nudes* da autora teve mais de um autor, isto é, que mais de um dos quatro destinatários das imagens originais promoveu o compartilhamento destas em redes sociais? Mais do que isso: como afirmar que esse vazamento por mais de um autor teria ocorrido em conluio consciente dos agentes (como exige parte significativa da doutrina para a configuração do instituto da coautoria no direito civil)?[35] É perfeitamente possível (e, na verdade, muito

[35] Afinal, como se ponderou em outra sede, "para os defensores da convergência subjetiva, situações que se exteriorizam da mesma forma no plano material podem ensejar soluções

mais provável) que o compartilhamento tenha sido promovido por apenas um dos destinatários originais das fotografias. E, ainda que mais de um deles tivessem, em conluio, realizado o vazamento de forma comprovada, o caso seria, justamente, de coautoria (situação contemplada no dispositivo normativo), e não causalidade alternativa (noção substancialmente distinta).

Ademais, ainda que se pudesse supor que mais de um dos destinatários houvesse promovido o vazamento sem que se pudesse identificar quais seriam os causadores, a configuração da causalidade alternativa esbarraria na completa falta de coesão dos quatro destinatários das imagens como um grupo. Com efeito, os adolescentes em questão não se encontram reunidos por nenhum vínculo jurídico. Além disso, não desempenham nenhuma atividade em conjunto. O fato de todos terem realizado uma "atividade" idêntica, a saber, a recepção das mesmas fotografias, não refletiria, mesmo à luz do BGB, uma atividade única realizada em conjunto. Não parece haver, tampouco, coesão geográfica ou temporal na recepção das imagens.

Veja-se a diferença em relação aos exemplos anteriormente citados, em que todos os membros de um grupo realizam em conjunto o tipo de conduta causadora do dano: a violência da rixa ou da briga entre torcidas esportivas, o disparo de tiros no desfile, até mesmo a presença em edificação de onde foi lançado ou caído o objeto que causou o prejuízo – em todos esses casos, qualquer uma dessas condutas poderia dar causa ao evento danoso, e justamente por isso é difícil perquirir qual conduta concreta de qual agente

---

jurídicas diametralmente opostas, a depender do plano psíquico dos agentes. Como se costuma exemplificar, se A inicia um pequeno incêndio, e B, passando pelo local, alimenta as chamas com latas de querosene, não há ilícito uno, nem dano único, e tampouco solidariedade. Mas, se o ato é orquestrado, a solidariedade se impõe, porque se trata de coautoria em sentido estrito (Art. 942, CC)". (VASCONCELLOS, Bernardo Diniz Accioli de. *A causalidade sucessiva na responsabilidade civil*: o problema dos danos decorrentes de desinformação, no prelo). O entendimento apoia-se, entre outros, nas lições de: MIRANDA, Francisco Cavalcanti Pontes de. *Tratado de direito privado*. T. LIII. 3. ed. Rio de Janeiro: Borsoi, 1972, p. 211-212; VARELA, Antunes. *Das obrigações em geral*. Vol. I. 10. ed. Coimbra: Almedina, 2000, p. 922-923; SILVA, Clóvis Veríssimo do Couto e. Dever de indenizar. *In:* SILVA, Clóvis Veríssimo do Couto e. *O direito privado brasileiro na visão de Clóvis do Couto e Silva* (Org. Vera Maria Jacob de Fradera). Porto Alegre: Livraria do Advogado, 1997, p. 196-197; AZEVEDO, Álvaro Villaça. Responsabilidade civil em sede de poluição. Culpa do poder público. Ausência de nexo, na atividade das poluidoras, e de solidariedade entre elas. *Revista dos Tribunais*, vol. 722. São Paulo: RT, dez./1995, p. 89.

individual efetivamente o fez. No exemplo dos *nudes*, por sua vez, o comportamento comum aos quatro destinatários (repise-se, comum, mas não simultâneo ou conjunto), totalmente passivo, foi a recepção das imagens. E esta, por si só, certamente não pode ter dado *causa* ao dano (retoma-se, aqui, a distinção entre *ocasião* e *causa*).

Também diferente seria a situação em que os quatro destinatários das fotografias houvessem compartilhado em suas redes sociais as imagens e em que estas últimas rapidamente viralizaram, mas não é possível apurar a partir de qual ou de quais postagens dos quatro jovens a difusão se originou. Nessa hipótese, o comportamento comum dos quatro destinatários seria justamente a conduta causadora do dano (a publicação *online* dos *nudes*), ainda que não se possa dizer se apenas a postagem de um ou de alguns dos jovens resultou em um compartilhamento viral das fotografias. Fosse esse o caso, porém, a vítima não teria qualquer necessidade em recorrer à causalidade alternativa para pleitear a compensação por danos morais, pois a mera exposição indevida de suas imagens íntimas, comprovadamente realizada pelos quatro destinatários originais, já daria azo à reparação (em rigor, a quatro pleitos indenizatórios distintos, caso não se caracterizasse uma ação orquestrada dos quatro jovens capaz de configurar a coautoria). A alegação de causalidade alternativa importaria, quando muito, caso a vítima pretendesse que na quantificação do montante indenizatório fosse levada em conta a agravante concreta da viralização das imagens (pois, nesse caso, não seria possível atribuir com certeza esse resultado mais grave à conduta individual de nenhum dos quatro adolescentes, embora certamente ele tenha decorrido de pelo menos uma das postagens).

E, de qualquer forma, haveria dúvida sobre a qualificação do caso como uma hipótese de causalidade alternativa, por conta das dificuldades conceituais da própria categoria já relatadas. Seria, por exemplo, exigível apenas uma intenção comum de realizar a mesma atividade, ou, ao revés, seria necessário que os quatro jovens se vissem como parte de um grupo único, para que se justificasse a responsabilidade de todos eles? A qualificação jurídica da situação talvez fosse diferente se, por exemplo, os possíveis vazadores integrassem comunidade misógina voltada à exposição de mulheres na Internet, e se se pudesse determinar que necessariamente a partir daquela comunidade específica houve o vazamento. Ainda assim, seria legítimo considerar a atividade desse grupo uma atividade "perigosa"? E, mesmo se superados esses questionamentos, restariam as dúvidas quanto ao regime jurídico aplicável à eventual obrigação de indenizar a ser imposta ao grupo, particularmente no que diz respeito à existência de solidariedade e ao seu fundamento legal.

Parece assistir razão, assim, ao julgamento proferido pelo Tribunal de Justiça do Estado do Rio de Janeiro no caso aludido, que entendeu por manter a sentença de improcedência do pleito reparatório autoral, ao argumento de que o dispositivo do art. 942 do Código Civil "parte do princípio de que a ofensa tem mais de um autor e, na hipótese, não se sabe quem, efetivamente, publicou a imagem da Autora nas redes sociais". Não se ignora a gravidade do abalo experimentado pela vítima em casos como o narrado; a responsabilidade civil, porém, não tem o condão de solucionar absolutamente todos os tipos de conflitos sociais – e, na verdade, sequer deveria ser considerada o instrumento ideal para o tratamento de problemas tão graves, já que, como visto, sua natureza não é satisfatória do interesse específico da vítima.[36]

4 Considerações conclusivas

A problemática dos danos decorrentes do compartilhamento indevido de *nudes*, nos casos em que sua autoria efetiva não pode ser comprovada, parece não permitir, no direito brasileiro, a responsabilização de todos os possíveis causadores com base na chamada causalidade alternativa. A uma, porque, à míngua de previsão legislativa que a autorize, a figura parece ser incompatível com as cláusulas gerais de responsabilidade civil previstas pelo *caput* e pelo parágrafo único do art. 927 do Código Civil (as quais exigem o requisito causal). A duas, porque não parece haver um grupo de fato e perfeitamente caracterizado nos casos concretos, já que os potenciais compartilhadores talvez sequer se conheçam,

[36] Remeta-se novamente a RODOTÀ, Stefano. *Ideologias e técnicas da reforma do direito civil, cit.*, p. 15.

provavelmente não sabem da existência uns dos outros e não têm nenhum grau de envolvimento entre si, muito menos uma consciência coletiva ou qualquer tipo de conexão espacial ou temporal.

O problema do compartilhamento de *nudes* em circunstâncias como essas demanda, sem dúvida, máxima preocupação pela comunidade jurídica; mas a sua solução talvez deva ser construída externamente ao campo da responsabilidade civil (ou, ao menos, não se apoiando exclusivamente sobre ele). Caso entenda o legislador que a situação fática deva receber tratamento reparatório, pode ele criar, como fez com o *effusum et deiectum*, no Código Civil, e com as torcidas organizadas, na Lei Geral do Esporte, uma nova hipótese específica de atribuição coletiva da responsabilidade, conferindo, assim, segurança mínima ao tema e garantindo a legalidade que lhe é essencial.

Referências

AZEVEDO, Álvaro Villaça. Responsabilidade civil em sede de poluição. Culpa do poder público. Ausência de nexo, na atividade das poluidoras, e de solidariedade entre elas. *Revista dos Tribunais*, vol. 722. São Paulo: Revista dos Tribunais, dez./1995.

BATTAGLINI, Giulio. *L'interruzione del nesso causale*. Milano: Giuffrè, 1954.

CRUZ, Gisela Sampaio da. *O problema do nexo causal na responsabilidade civil*. Rio de Janeiro: Renovar, 2005.

DIAS, José de Aguiar. *Da responsabilidade civil*. Rio de Janeiro: Lumen Juris, 2011.

DINIZ, Armando Souza (trad.). *Código Civil alemão traduzido*. Rio de Janeiro: Record, 1960.

ENNECCERUS, Ludwig; KIPP, Theodor; WOLFF, Martin. *Tratado de derecho civil*. 35. ed. rev. por Heinrich Lehmann. Tradução de Blas Pérez Gonzalez e José Alguer. Barcelona: Bosch, 1935.

LARENZ, Karl. *Derecho de obligaciones*. T. II. Madrid: Editorial Revista de Derecho Privado, 1958.

MARTINS-COSTA, Judith. *Comentários ao novo Código Civil*. Vol. V, t. II. *In:* TEIXEIRA, Sálvio de Figueiredo (Coord.). Rio de Janeiro: Forense, 2003.

MATOZZI, Cuevillas. *La relación de causalidad en la órbita del derecho de daños*. Valencia: Tirant lo Blanch, 2000.

MIRANDA, Francisco Cavalcanti Pontes de. *Tratado de direito privado*. T. LIII. 3. ed. Rio de Janeiro: Borsoi, 1972.

MORAES, Renato Duarte Franco de. *A causalidade alternativa e a responsabilidade civil dos múltiplos ofensores*. Dissertação (Mestrado em Direito). Universidade de São Paulo, São Paulo, 2014.

PEREIRA, Caio Mário da Silva. *Responsabilidade civil*. Atual. Gustavo Tepedino. Rio de Janeiro: GEN, 2016.

POTHIER, Robert-Joseph. *Traité des obligations*. T. I. Louvain: Vanlinthout et Vandenzande, 1827.

RODOTÀ, Stefano. *Il problema della responsabilità civile*. Milano: Giuffrè, 1967.

RODOTÀ, Stefano. Ideologias e técnicas da reforma do direito civil. Tradução de Eduardo Nunes de Souza. *Civilistica.com*, a. 13, n. 1, 2024.

SILVA, Clóvis Veríssimo do Couto e. Dever de indenizar. *In:* SILVA, Clóvis Veríssimo do Couto e. *O direito privado brasileiro na visão de Clóvis do Couto e Silva* (Org. Vera Maria Jacob de Fradera). Porto Alegre: Livraria do Advogado, 1997.

SILVA, Clóvis Veríssimo do Couto e. Responsabilidad alternativa y acumulativa. *In:* SILVA, Clóvis Veríssimo do Couto e. *O direito privado brasileiro na visão de Clóvis do Couto e Silva* (Org. Vera Maria Jacob de Fradera). Porto Alegre: Livraria do Advogado, 1997.

SOUZA, Eduardo Nunes de. Em defesa do nexo causal: culpa, imputação e causalidade na responsabilidade civil. *In:* SOUZA, Eduardo Nunes de; SILVA, Rodrigo da Guia (Coord.). *Controvérsias atuais em responsabilidade civil*: estudos de direito civil-constitucional. São Paulo: Almedina, 2018.

TEPEDINO, Gustavo; BARBOZA, Heloisa Helena; MORAES, Maria Celina Bodin de *et al. Código Civil interpretado conforme a Constituição da República*. Vol. II. Rio de Janeiro: Renovar, 2006.

TEPEDINO, Gustavo. A causalidade nas ações de responsabilidade atribuídas ao hábito de fumar. *Soluções práticas de direito*. Vol. I. São Paulo: Thomson Reuters, 2012.

VARELA, Antunes. *Das obrigações em geral*. Vol. I. 10. ed. Coimbra: Almedina, 2000.

VASCONCELLOS, Bernardo Diniz Accioli de. *A causalidade sucessiva na responsabilidade civil*: o problema dos danos decorrentes de desinformação, no prelo.

DIREITO À IMAGEM E A INTERFACE COM INTELIGÊNCIA ARTIFICIAL: REGULAMENTAÇÃO E ÉTICA NA UTILIZAÇÃO DA IA GENERATIVA CONSIDERANDO OS DIREITOS DE PERSONALIDADE COMO PARTE ESSENCIAL DA PROTEÇÃO DOS INDIVÍDUOS

FERNANDA LAS CASAS
PIETRA DANELUZZI QUINELATO

Introdução

No panorama atual, a intersecção entre tecnologia e direitos individuais tem sido objeto de crescente interesse e preocupação. O surgimento e popularização da tecnologia da Inteligência Artificial generativa (doravante referida como IA) traz um marco significativo juridicamente, traçando novas fronteiras e desafios para a proteção dos direitos de personalidade. A IA generativa, alimentada por algoritmos de aprendizado profundo, torna-se cada vez mais capaz de gerar conteúdo multimídia indistinguível de material autêntico, ocasionando uma evolução exponencial no campo da criação digital.

Seu avanço exponencial tem trazido discussões sobre o modo de produção, consumo e interação da sociedade com a mídia digital, surgindo novas perspectivas criativas e oportunidades de inovação em campos tão diversos, como entretenimento, publicidade, arte e comunicação. A capacidade da IA generativa de gerar imagens, vídeos e áudios altamente realistas abre caminho para narrativas imersivas, experiências interativas e personalização sem precedentes, promovendo um terreno fértil para a criatividade humana.

No entanto, em paralelo aos benefícios e facilidades trazidos por essa tecnologia, a IA generativa também carrega consigo uma série de riscos jurídicos e questões éticas. Como exemplo, destaca-se a possibilidade de criação de conteúdo inverídico, de modo convincente, culminando em potencial desinformação, manipulação de opinião pública e ameaças à integridade e confiança em meios de comunicação. Essas ferramentas não garantem, necessariamente, a proteção da informação nelas compartilhada, de modo que uma inserção de dado (*input*) contendo informação confidencial de uma empresa poderia ser compartilhado indevidamente com terceiros, já que esse *input* pode alimentar a base de dados.

A IA generativa também pode gerar resultados discriminatórios e enviesados, de modo que, se for a ferramenta adotada como parâmetro para tomada de decisão, podem ser gerados graves prejuízos principalmente a grupos sociais mais vulneráveis. Não apenas isso; a sua utilização pode resultar em violações dos direitos de personalidade, como a manipulação da imagem, voz e identidade de indivíduos sem sua autorização e, muitas vezes, sem sua ciência, com potencial de gerar danos à reputação, ofensa à privacidade e à autonomia.

Diante de tal cenário, torna-se cada vez mais necessária a análise crítica dos impactos – até então conhecidos – da IA generativa no âmbito jurídico, visando desenvolver estratégias eficazes para proteger os direitos de personalidade em face dos avanços tecnológicos.

Este artigo se propõe a explorar alguns dos desafios e dilemas jurídicos decorrentes da interseção entre IA generativa e direitos de personalidade, fornecendo uma análise abrangente e perspectivas para abordar essa questão em constante evolução. Como pergunta central, o artigo explora os limites da utilização de imagens geradas por essa tecnologia. Para tanto, o texto tem como base a publicidade feita com a imagem de Elis Regina (falecida em 1982) em comercial de 70 anos da Volkswagem no Brasil, em julho de 2023.

Através da análise dos direitos de personalidade atingidos pelo uso da imagem *post mortem*, o artigo sugere, de modo não exaustivo, algumas formas de proteção, destacando a possibilidade da criação de "princípios técnico-éticos" para regulamentar o tema no Brasil, como será desenvolvido a seguir.

2 Regulamentação dos direitos de personalidade e sua intersecção com a IA

A regulamentação dos direitos da personalidade surgiu no século XIX, tendo este como um direito essencial à condição humana, após um amplo uso da liberdade do homem nos anos após a Revolução Francesa e a Revolução Industrial. Tais momentos históricos resultaram no abuso do poderio econômico dos homens livres mais abastados frente aos homens livres mais pobres e vulneráveis.

A Revolução Francesa prometeu a todos a liberdade, e essa promessa foi levada ao seu sentido máximo, a ponto de o liberalismo econômico não avaliar todas as nuances de cada situação e pensar no individuo apenas como uma máquina laboral. Assim, em um contrato no mercado de trabalho, por exemplo, a liberdade de contratar era total, a ponto de trabalhadores pobres se submeterem a jornadas extenuantes, sempre frutos de "livre acordo de vontades" avaliados pelo mercado como justos.[1]

Nesse sentido, o resultado das revoluções liberais levou o homem a renunciar seus direitos mais essenciais, visto que a "liberdade econômica" acabava por obrigar os mais pobres a cederem sua "livre manifestação de vontade" aos interesses dos mais ricos, de modo que a troca de poder se deu apenas entre monarquia e burguesia.

Diante desse contexto social, os juristas passaram a defender uma categoria de direitos do ser humano capaz de assegurar garantias essenciais à sua sobrevivência, sendo defensáveis perante todos, inclusive o Estado. Para tanto, esses direitos deveriam ser inalienáveis, imprescritíveis, direitos absolutos, os quais todos os seres humanos os têm por natureza.

Contudo, explica Schreiber,[2] essa teoria pela defesa dos direitos da personalidade sofrera muitas críticas nesse período e se fortaleceu apenas na segunda metade do século XX, após a descoberta dos horrores da guerra. Isso porque, naquele momento, renovou-se a preocupação pela proteção da condição humana, iniciando o reconhecimento de tais direitos por meio da Declaração Universal dos Direitos Humanos da Dignidade da pessoa humana e de seus direitos.

---

1 SCHREIBER, Anderson. *Direitos da personalidade*. 3. ed., rev. e atual. São Paulo: Grupo GEN, 2014. *E-book*. Disponível em: https://app.minhabiblioteca.com.br/#/books/9788522493449/. Acesso em: 22 abr. 2024.

2 SCHREIBER, Anderson. *Direitos da personalidade*. 3. ed., rev. e atual. São Paulo: Grupo GEN, 2014. *E-book*. Disponível em: https://app.minhabiblioteca.com.br/#/books/9788522493449/. Acesso em: 22 abr. 2024.

Assim, antes mesmo da regulamentação dos direitos da personalidade, temos a identificação no plano internacional da valoração da Dignidade da Pessoa Humana, que passa a ser um paradigma para interpretação do Direito através de uma visão humanista, afetando as relações jurídicas mundiais, alterando inclusive inúmeras Constituições.

O propósito da interpretação humanizada é a proteção da condição humana em si, "sempre como um fim, e nunca como um meio",[3] o que altera a percepção sobre todas as situações da vida e nos leva ao passo seguinte, que é assegurar a proteção da dignidade da pessoa através de uma regulamentação jurídica para os direitos da personalidade.

Nesse sentido, podemos definir os direitos da personalidade como os direitos que abrangem as mais diversas áreas dos seres humanos. Em um plano privado, são aqueles relacionados aos atributos da sua persona, sua imagem, sua voz, seu corpo, seu pensamento, suas ideias; e em uma esfera pública, são os direitos exteriorizados, como sua liberdade, sua privacidade, sua intimidade, sua reputação, sua honra, sua autoria etc.

Os direitos da personalidade traduzem-se nas emanações mais íntimas da pessoa humana, explicam Maluf e Maluf,[4] que são adquiridos ao nascer do seu titular e se extinguem com sua morte, sendo *erga omnes* como caraterística, por serem oponíveis a toda a coletividade.

No século XXI, vivemos uma nova revolução, a Revolução Tecnológica. A cada nova revolução, surgem confrontos relacionados aos limites éticos a serem respeitados frente aos direitos da personalidade. Pois a cada inovação é defendida a ideia de uma relativização de direitos, da necessidade da despersonalização de alguns atributos frente a um bem maior, trazido pelas inovações tecnológicas.

No Brasil, um dos precursores do tema foi Limongi França, dividindo-os em três campos: a própria pessoa, a pessoa na família

---

3 KANT, Emmanuel. *Fundamentos da metafísica dos costumes.* Rio de Janeiro: Ediouro, 1997, p. 79.

4 MALUF, Carlos Alberto Dabus; MALUF, Adriana Caldas do Rego Freitas Dabus. *Introdução ao direito civil.* 2. ed., amp. São Paulo: Saraiva, 2018, p.176-179.

e pessoa no exterior (nos bens patrimoniais).[5] A consagração dos direitos da personalidade no Brasil se deu por meio de normas constitucionais expressas na Constituição de 1988, em seu artigo 5º (incisos V, VIII "a" e X) e posteriormente no Código Civil a partir do artigo 11.[6]

Tanto Limongi França como Francisco Amaral[7] defendem que a natureza dos direitos da personalidade é fundada em um direito subjetivo que tem por finalidade a própria pessoa, o titular dos direitos. Porém, isso não concede ao seu titular a possibilidade de dispor desse direito de forma a colocá-lo em risco de perecimento.

Como afirma Morato, são "direitos que versam sobre a própria pessoa e seus reflexos, e que são reconhecidos à pessoa humana e atribuídos à pessoa jurídica".[8] Além das suas características de intransmissibilidade e irrenunciabilidade, previstas expressamente no artigo 11 do Código Civil, Chinellato afirma que "os direitos da personalidade são, ainda, inalienáveis, imprescritíveis e impenhoráveis", sendo possível a cessão ou licença de uso de alguns, mas não do próprio direito.[9]

A tutela jurídica dos direitos da personalidade protege os indivíduos contra as ameaças a ofensas físicas ou morais, o que equivale à prevenção de danos a esses direitos por consequências de ilícitos de terceiros. Não obstante, caso não seja possível prevenir o ilícito, a tutela age de forma a indenizar pelas lesões causadas ao detentor do direito, tanto de forma específica ao direito em si, como, por exemplo, no compartilhamento de imagem sem autorização, ou ainda pelo dano moral devido ao prejuízo devido à forma desabonadora a qual fora compartilhada a imagem. Entretanto,

---

5 FRANÇA, R. Limongi. Direitos da personalidade – coordenadas fundamentais. *Revista dos Tribunais* – RT 567/9 – jan/1983, p. 653-667.

6 MORATO. Carlos. Antonio. Quadro geral dos direitos. *Revista da Faculdade de Direito,* Universidade de São Paulo. V. 106/107, p.121-158, jan/dez 2011/2012.

7 FRANÇA, R. Limongi. Direitos da personalidade – coordenadas fundamentais. *Revista dos Tribunais* – RT 567/9 – jan/1983, p. 653-667.

8 MORATO, Antonio Carlos. Quadro geral dos direitos da personalidade. *Revista da Faculdade de Direito,* Universidade de São Paulo, p. 121-158, 2012.

9 CHINELLATO, Silmara J. A. Comentários à Parte Geral – artigos 1º a 21 do Código Civil. *In:* MACHADO, Antonio C. C. (Org.); CHINELLATO, Silmara J. A. (Coord.). *Código civil interpretado*: artigo por artigo, parágrafo por parágrafo. 5. ed. Barueri: Manole, 2012, p. 42.

entende-se pela disponibilidade dos direitos desde que na forma de cessão ou mesmo alienação de direitos autorais, sendo estes direitos intimamente ligados à autonomia da vontade, cuja disposição está protegida nos limites da boa-fé.

Como exemplo, na Era da Sociedade da Informação, é comum que, para a utilização de plataformas digitais, como redes sociais, as normas de uso (contratos de prestação de serviços por adesão) prevejam que, para o uso não oneroso, seus usuários devem conceder graciosamente a permissão de acesso aos seus dados.[10]

Ocorre que esse formato de coleta de dados pessoais, incluindo a imagem do indivíduo, já vem sendo questionado por autoridades competentes, notadamente no âmbito da União Europeia. Tanto é assim, que a base legal contratual utilizada para justificar a coleta de dados pessoais para publicidade comportamental pelas plataformas digitais do grupo Meta foi considerada inválida, sendo necessária a coleta de consentimento válido do titular. Por esse motivo, surgiu o modelo "*Pay or OK*", que vem sendo questionado em território estrangeiro.

No Brasil, visando regulamentar o tema, destaca-se o Marco Civil da Internet (Lei nº 12.965/14), regulamentado pelo Decreto nº 8.771/16, como explica Guedes.[11] O Marco Civil da Internet prevê, em seu artigo 18, que o "provedor de conexão à internet não será responsabilizado civilmente por danos decorrentes de conteúdo gerado por terceiros", de modo que sua responsabilidade "inicia-se a partir do recebimento da ordem judicial, que, ao cumpri-la, afasta uma possível responsabilização de ilícitos por terceiro", conforme artigo 19 da referida lei. No entanto, há uma exceção em relação a conteúdo pornográfico, nos termos do artigo 21, pois a retirada ocorre após notificação extrajudicial do usuário, sendo que "o único critério estabelecido pelo legislador para a retirada de conteúdo é que os participantes não tenham autorizado a divulgação do vídeo".[12]

---

[10] Dados pessoais são informações que permitem identificar uma pessoa viva, direta ou indiretamente, que refletem diretamente seus direitos de personalidade, como sua intimidade e privacidade.

[11] GUEDES, Any. *Plataformas de interferência privada* – como as redes sociais afetam os desenhos institucionais. Rio de Janeiro: Lumen, 2022, 10.

[12] GONÇALVES, Victor Hugo Pereira. *Marco Civil da Internet comentado*. 1. ed. São Paulo: Atlas, 2017, p. 104.

Vale mencionar que o Código Penal foi revisado para incluir a criminalização de *deepfakes* que retratem uma pessoa em situações de nudez, atos sexuais ou libidinosos íntimos, de acordo com as disposições específicas do parágrafo único do artigo 216-B.

Com relevância, a Lei Geral de Proteção de Dados Pessoais (Lei nº 13.709/2018), promulgada em 2018, também regulamenta o uso da imagem por terceiros, vez que esta é considerada um dado pessoal. Nos termos da legislação, dado pessoal é qualquer informação relacionada à pessoa natural identificada ou identificável, enquanto dados pessoais sensíveis são informações sobre origem racial ou étnica, convicção religiosa, opinião política, filiação a sindicato ou a organização de caráter religioso, filosófico ou político, dado referente à saúde ou à vida sexual, dado genético ou biométrico. Portanto, a imagem pode ser tanto um dado pessoal quanto uma informação de categoria sensível, a depender da sua finalidade de tratamento.

Isso porque através da imagem de um indivíduo em algumas situações, seria possível aferir sua origem racial e étnica, até mesmo sua convicção religiosa (uso de terços, batinas e burca), sua filiação política (como uma camisa de partido político) e questões biométricas, a depender da tecnologia utilizada (como reconhecimento facial). Ademais, por meio de uma análise realizada com auxílio de inteligência artificial, mapeia-se quem é o indivíduo, com seus gostos, interesses e aversões, bem como os seus possíveis futuros comportamentos, ou seja, cria-se um registro da personalidade do indivíduo.[13]

Desse modo, o uso da imagem deve ser realizado de acordo com os princípios trazidos pela LGPD, notadamente previstos em seu artigo 6º, além de ter uma justificativa legal, a depender da sua categoria, respaldada no artigo 7º ou 11, e garantir que o titular possa exercer direitos garantidos pela legislação.

Ainda assim, Tomasevicius explica que a legislação atual não é capaz de conceder total proteção aos direitos da personalidade frente ao uso da Inteligência Artificial, pois há uma grande quantidade de dados que são recolhidos automaticamente pelos sistemas de

[13] MENDES, Laura S. *Privacidade, proteção de dados e defesa do consumidor*: linhas gerais de um novo direito fundamental. São Paulo: Saraiva, 2014, p. 111.

automação, na maioria das vezes, sem o conhecimento do interessado. Posteriormente, tais dados são analisados por *softwares* de inteligência artificial, que podem colocar em risco a liberdade e autonomia da pessoa pelas violações em massa dos direitos da personalidade, em especial o direito à privacidade.[14] Como exemplo, temos os sistemas de *scoring* dos indivíduos e a manipulação de comportamentos.

Tomasevicius reitera que, com o uso irrestrito da inteligência artificial, diante do controle da enorme quantidade de dados sobre as pessoas e da possibilidade de conhecê-las com precisão, tem-se a hipótese de subversão da ética no uso da tecnologia: em vez de servir à humanidade, a tecnologia servirá para controlá-la. O autor afirma que essa tecnologia tem uma frente muito ampla de trabalho na manipulação dos atributos da personalidade como imagens de seres humanos, o que gera preocupações no campo dos direitos da personalidade.[15]

Nesse sentido, importante relembrar as lições de Cupis, que explica que os direitos da personalidade, notadamente o direito à imagem, são direitos relativos à qualidade da pessoa, constituindo o mínimo necessário à essência da pessoa, sem os quais ela não existiria.[16] Sendo a imagem parte pertencente essencial da pessoa, seu uso sem autorização, por si só, já seria uma violação passível da indenização.[17] Isso posto, sua manipulação ou alteração pode constituir um gravame muito maior, já que se trata de bem intransmissível e inalienável. Desse modo, o tratamento de imagens por IA sem a devida autorização pode resultar em uma afronta à dignidade da pessoa humana.

Diante dos diversos desafios trazidos pela inteligência artificial ao redor do mundo, intensificados pela sua capacidade generativa a partir da popularização de ferramentas como ChatGPT,

---

14 FILHO TOMASEVICIUS, Eduardo. Inteligência artificial e direitos da personalidade: uma contradição em termos. *Revista da Faculdade de Direito da Universidade de São Paulo*, v. 113 p. 133-149 jan./dez. 2018.

15 FILHO TOMASEVICIUS, Eduardo. Inteligência artificial e direitos da personalidade: uma contradição em termos. *Revista da Faculdade de Direito da Universidade de São Paulo*, v. 113 p. 133-149 jan./dez. 2018.

16 CUPIS, Adriano de. *Os direitos da personalidade*. Tradução de Alonso Celso Furtado Rezende. São Paulo: Quorum, 2008, p. 21-23.

17 Art. 5º, inciso X, da Constituição da República: "são invioláveis a intimidade, a vida privada, a honra e a imagem das pessoas, assegurado o direito a indenização pelo dano material ou moral decorrente de sua violação".

MidJourney, Dall-E e Google Bard, regulamentação passou a ser discutida de forma mais específica e direcionada.

Como exemplos atuais de regulamentação nesse tema, destacam-se o Regulamento de Inteligência Artificial da União Europeia (EU AI Act), a Diretiva de Inteligência Artificial e Regras de Responsabilidade não contratuais (EU AI Liability Directive),[18] a Lei de Inteligência Artificial e Dados do Canadá (AI and Data Act),[19] Medidas para Administração de Serviços de Inteligência Artificial Generativa,[20] Provisões sobre a Gestão de Recomendações Algorítmicas em Serviços de Informação na Internet,[21] Provisões específicas sobre *Deepfake*,[22] todas na China, assim como regulamentações e diretrizes de outros governos, como Peru,[23] Coreia do Sul,[24] Indonésia,[25] bem como propostas de lei no México,[26] no Chile[27] e no Brasil.[28]

---

18 UNIÃO EUROPEIA. *Proposal for a directive of the european parliament and of the council on adapting non-contractual civil liability rules to artificial intelligence* (AI Liability Directive. Disponível em: https://eur-lex.europa.eu/legal-content/EN/TXT/?uri=CELEX%3A52022PC0496. Acesso em: 29 abr. 2024.

19 CANADA. *Artificial Intelligence and Data Act*. Disponível em: https://ised-isde.canada.ca/site/innovation-better-canada/en/artificial-intelligence-and-data-act. Acesso em: 29 abr. 2024.

20 COLE, J; LEUNG, H.; SHENG, M. *New Generative AI Measures in China*, 26 set. 2023. Disponível em: https://www.ashurst.com/en/insights/new-generative-ai-measures-in-china/. Acesso em: 29 abr. 2024.

21 CHINA Law Translate. *Provisions on the Management of Algorithmic Recommendations in Internet Information Services*. Disponível em: https://www.chinalawtranslate.com/en/algorithms/. Acesso em: 29 abr. 2024.

22 Referências mencionadas acima podem ser encontradas em https://www.ashurst.com/en/insights/new-generative-ai-measures-in-china/ e https://www.chinalawtranslate.com/en/deep-synthesis/. Acesso em: 29 abr. 2024.

23 GONZALES, G. MEJIA, R. *Access Alert*: Peruvian government issues AI law. Disponível em: https://accesspartnership.com/access-alert-peruvian-government-issues-ai-law/. Acesso em: 29 abr. 2024.

24 KIM and CHANG. *South Korea*: Legislation on Artificial Intelligence to Make Significant Progress. Disponível em: https://www.kimchang.com/en/insights/detail.kc?sch_section=4&idx=26935. Acesso em: 29 abr. 2024.

25 SSEK Law Firm. *Indonesia Law Update*: Regulation of Artificial Intelligence. Disponível em: https://www.lexology.com/library/detail.aspx?g=e278851d-8b20-4acc-b4dd-55be2acab98d. Acesso em: 29 abr. 2024.

26 BASHAM, RINGE; CORREA SC. *Bill to regulate artificial intelligence in Mexico*: Key points. Disponível em: https://www.lexology.com/library/detail.aspx?g=d33a8f00-a355-4cb7-9a39-852ca598653a. Acesso em: 29 abr. 2024.

27 ILLANES, C.; TIMMERMANN, J.; ZERGERS, M. *Chile takes first steps towards regulation of Artificial Intelligence*. Disponível em: https://www.technologyslegaledge.com/2023/06/chile-takes-first-steps-towards-regulation-of-artificial-intelligence/. Acesso em: 29 abr. 2024.

28 BRASIL. *Projeto de Lei nº 2338, de 2023*. Disponível em: https://www25.senado.leg.br/web/atividade/materias/-/materia/157233. Acesso em: 29 abr. 2024.

Além disso, também foram publicadas diretrizes e *frameworks* sobre o tema, focando na conformidade de sistemas de IA e na governança nas empresas e em órgãos públicos, a exemplo da Ordem Executiva dos Estados Unidos para desenvolvimento e uso seguros da Inteligência Artificial,[29] princípios e diretrizes da Organização para Cooperação pelo Desenvolvimento Econômico (OCDE),[30-31] padrões e diretrizes para gerenciamento de IA publicados pelo Instituto Nacional de Padrões e Tecnologia dos Estados Unidos (NIST),[32] pelo Conselho da Europa,[33] por Singapura,[34] recomendações da UNESCO,[35] normas da ISO (ISO 23894:2023[36] e ISO 42001:2023)[37] entre outros documentos.

Apesar de não haver uma menção explícita a direitos de personalidade, o AI Act, ganhou destaque em todo o mundo, por ser precursor e inovador em relação às demais regulamentações sobre o tema, e também no Brasil, como um marco regulatório. O regulamento aborda salvaguardas sobre inteligência artificial de propósito geral, limites no uso de sistemas de identificação biométrica pelas forças policiais, proibições de pontuação social e IA usada para manipular ou explorar vulnerabilidades dos usuários e direitos dos consumidores de apresentar reclamações e receber explicações significativas.

---

[29] ESTADOS UNIDOS DA AMERICA. *Executive Order on the Safe, Secure, and Trustworthy Development and Use of Artificial Intelligence*. Disponível em: https://www.whitehouse.gov/briefing-room/presidential-actions/2023/10/30/executive-order-on-the-safe-secure-and-trustworthy-development-and-use-of-artificial-intelligence/. Acesso em: 29 abr. 2024.

[30] OCDE. *Artificial Intelligence Principles*. Disponível em: https://oecd.ai/en/ai-principles. Acesso em: 29 abr. 2024.

[31] OCDE. *Framework for the classification of AI systems*. Disponível em: https://www.oecd-ilibrary.org/science-and-technology/oecd-framework-for-the-classification-of-ai-systems_cb6d9eca-en;jsessionid=J542oSYOqQ7dh6pCWrzedBZq5s6o3LVkI0dgj3wl.ip-10-240-5-121. Acesso em: 29 abr. 2024.

[32] NIST. *AI Risk Management Framework*. Disponível em: https://www.nist.gov/itl/ai-risk-management-framework. Acesso em: 29 abr. 2024.

[33] Disponível em: https://rm.coe.int/-1493-10-1b-committee-on-artificial-intelligence-cai-b-draft-framework/1680aee411. Acesso em: 29 abr. 2024.

[34] VERIFY Foundation. *What is AI Verify?* Disponível em: https://aiverifyfoundation.sg/what-is-ai-verify/. Acesso em: 29 abr. 2024.

[35] UNESCO. *Recommendation on the Ethics of Artificial Intelligence*. 2022. Disponível em: https://unesdoc.unesco.org/ark:/48223/pf0000381137. Acesso em: 29 abr. 2024.

[36] ISO/IEC 23894:2023. Disponível em: https://www.iso.org/standard/77304.html. Acesso em: 29 abr. 2024.

[37] ISO/IEC 42001:2023. Disponível em: https://www.iso.org/standard/81230.html. Acesso em: 29 abr. 2024.

A partir de uma classificação de riscos e definição de funções dos manipuladores da tecnologia, o AI Act classifica as aplicações de IA em três categorias: (i) risco inaceitável, como a pontuação social gerida pelo governo similar à utilizada na China; (ii) aplicações de alto risco, como uma ferramenta de análise de currículos que classifica os candidatos a emprego, sujeitas a requisitos legais específicos; e (iii) aplicações não explicitamente proibidas ou classificadas como de alto risco, que são, em grande parte, regulamentadas em torno da transparência aos usuários e impactados com a tecnologia.

Há previsão de relatórios de transparência e conformidade, além de obrigações específicas aos agentes que manipulam a tecnologia dependendo das suas funções. Ademais, há previsão de sanções e penalidades em caso de descumprimento. O tema será coordenado pelo Escritório Europeu de IA, criado pela Comissão Europeia, monitorando riscos emergentes, desenvolvendo códigos de conduta voluntários e liderando a cooperação internacional em IA.

Vale dizer, portanto, que apesar da novidade do tema ao redor do mundo e da recente popularização de ferramentas de IA generativa, pesquisadores, empresários, cientistas e legisladores se movimentam para discutir e regular o tema.

Uma das manifestações recentes é a Carta Aberta pedindo uma pausa nos experimentos com a tecnologia, assinada por mais de trinta mil pessoas, entre elas Elon Musk e Steve Wosniak.[38] A carta tem como objetivo chamar a atenção para os riscos significativos associados ao desenvolvimento de sistemas de IA altamente avançados e propor ações para mitigar esses riscos. Ela também discute preocupações específicas, como a disseminação de desinformação, o impacto na força de trabalho e a possibilidade de perda de controle sobre a civilização, sugerindo uma pausa de seis meses no desenvolvimento de sistemas de IA mais avançados e o desenvolvimento de protocolos de segurança compartilhados e uma governança robusta para a IA.

Neste primeiro momento, para proteger direitos fundamentais, como os direitos da personalidade, valeria a construção de princípios

[38] FUTURE of life Institute. *Pause Giant AI Experiments*: An Open Letter, 2023. Disponível em: https://futureoflife.org/open-letter/pause-giant-ai-experiments/. Acesso em: 29 abr. 2024.

éticos, da mesma forma que foram criados os princípios da bioética no pós-guerra, para que não impeçam a evolução tecnológica, contudo não ultrapassem a linha da moralidade e da dignidade da pessoa humana.

Por esse motivo, como um primeiro passo focado em não barrar a inovação e o desenvolvimento tecnológico, sugere-se a criação de princípios técnico-éticos e adesão a eventuais *frameworks* e diretrizes internacionais que abordem o tema. Em um primeiro momento, tais princípios podem ser inspirados na Bioética, como: (i) princípio da autonomia do usuário através da possibilidade da liberdade de autodeterminação dentro dos sistemas tecnológicos, com foco na transparência e *accountability* de tais sistemas; (ii) princípio da beneficência, pois a tecnologia desenvolvida tem o dever de ajudar, de fazer ou promover o bem, sempre a favor dos interesses das pessoas; e (iii) princípio da não maleficência, de modo que a tecnologia desenvolvida proponha não infligir dano intencional, seja material, moral ou psicológico, e busque respeitar os limites da dignidade da pessoa humana e dos direitos da personalidade.

3 Inteligência artificial como ferramenta criadora: caso Elis Regina

3.1 Breves considerações sobre o caso

Como ferramenta criadora, a inteligência artificial generativa abriu um mundo de possibilidades e facilidades. Efeitos em audiovisual, criação de músicas, edição de fotos e vídeos, geração de imagens, reprodução de voz são somente algumas das funcionalidades possíveis atualmente. Usuários com versões pagas dessas ferramentas têm acesso a um conteúdo ainda mais elaborado.

No entanto, a base dessas ferramentas de inteligência artificial precisou ser alimentada, e um dos grandes questionamentos é a licitude em que isso ocorreu. Haveria violação de direitos autorais? Há ofensa a direitos de imagem e de personalidade? A seguir, destacamos o uso de *deepfake* em um comercial, que intensificou tais discussões.

Após nove meses de desenvolvimento pela agência AlmapBBDO, em julho de 2023 foi lançado o comercial[39] de 70 anos da Volkswagen no Brasil, com participação de Elis Regina e Maria Rita dividindo vocais da música "Como nossos pais", de Belchior. O comercial teve como intuito mostrar a ligação das gerações, celebrando o passado – em uma perua Kombi de 1970, e a expectativa de futuro – com o modelo ID.Buzz, por meio da representação de mãe e filha. No entanto, a campanha mobilizou as redes sociais, pois Elis Regina, falecida em 1982, teve sua imagem criada por inteligência artificial e a técnica conhecida como *deepfake*.

Deepfake (de "*deep learning*" e "*fake*") é uma forma de manipulação de mídia digital que utiliza inteligência artificial, especialmente técnicas de aprendizado profundo (*deep learning*), para criar ou alterar conteúdo visual ou auditivo de maneira realista. Essa técnica pode ser aplicada de várias maneiras, como substituir o rosto de uma pessoa em um vídeo por outro rosto, modificar o discurso de alguém em um áudio ou vídeo, ou até mesmo criar conteúdo completamente novo com pessoas inexistentes. O uso de algoritmos de aprendizado profundo permite que os *deepfakes* sejam criados com uma qualidade cada vez mais convincente, tornando difícil distinguir entre conteúdo genuíno e manipulado.

Os *deepfakes* têm o potencial de causar impactos significativos em diversas áreas, incluindo política, entretenimento, segurança e privacidade, bem como em esferas da vida social, pessoal e profissional do indivíduo. Por um lado, podem ser utilizados para criar conteúdo artístico inovador, efeitos especiais em filmes ou até mesmo em pesquisas científicas. Por outro lado, também podem ser explorados para disseminar desinformação, difamar indivíduos, criar notícias falsas e comprometer a confiança na mídia e na sociedade em geral. Fato interessante é que, segundo pesquisa divulgada pela Deeptrace em setembro de 2019, 96% das *deepfakes* existentes à época eram pornográficas, levantando questões sobre *revenge porn*.[40]

---

[39] EXAME. *Elis Regina e Maria Rita cantam "juntas" em comercial que usa IA e deep fake* – publicada 04.07.2023. Disponível em: https://exame.com/inteligencia-artificial/elis-regina-e-maria-rita-cantam-juntas-em-comercial-que-usa-ia-e-deep-fake/. Acesso em: 01 maio 2024.

[40] SCHIMIDT, S. Deepfakes, o novo estágio tecnológico da desinformação. *Revista FAPESP*. Disponível em: https://revistapesquisa.fapesp.br/deepfakes-o-novo-estagio-tecnologico-das-noticias-falsas/. Acesso em: 30 abr. 2024.

A rápida evolução dos algoritmos de *deep learning* e a disponibilidade de grandes conjuntos de dados tornam os *deepfakes* cada vez mais acessíveis e realistas. Portanto, iniciativas e políticas sobre a detecção e os limites do uso dessa tecnologia são cada vez mais necessárias e discutidas em todo o mundo, como as obrigações trazidas pelo EU AI Act sobre o tema, nos termos do artigo 50(4).

No Brasil, o caso Elis Regina e Volkswagen foi analisado pelo Conselho Nacional de Autorregulamentação Publicitária (CONAR), que arquivou a representação 134/23 por entender que não haveria ofensa ao Código de Ética da instituição e que não haveria ofensa ao princípio da transparência, pois o uso da tecnologia era nítido na propaganda. Seria necessário informar sobre a tecnologia, já que não há regulamentação sobre o tema.

Ademais, a imagem da cantora falecida havia sido utilizada mediante autorização dos herdeiros, dentro de um contexto musical relacionado ao percorrido ao longo da sua vida. A crítica ao comercial também suscitou eventual ofensa à imagem da cantora pela sua associação à marca Volkswagen, que teria tido laços com o governo ditatorial, tendo em vista que Elis Regina se opunha fortemente ao regime.

O caso, portanto, suscitou questões diversas, incluindo morais entre elas. A seguir, daremos enfoque ao uso da imagem em momento *post mortem*.

3.2 Questões *post mortem* e a intransmissibilidade do direito de imagem

Até a Revolução Digital, a projeção dos direitos da personalidade no caso da morte do seu titular era considerada para pleitear danos morais, em virtude de danos a memória do morto, por seus parentes em linha reta e colaterais até 4º grau. Assim, quando da morte de um parente, um terceiro divulgava imagem ou texto sobre a pessoa falecida com um sentido de arruinar sua memória, era possível a família pleitear em juízo a reparação ao dano à memória do falecido.

Porém, com a inovação tecnológica, é possível com fotografias e gravações fonográficas recriar imagens em movimento, bem como com a voz da pessoa falecida criar diálogos e cantos a partir de textos totalmente novos, em situações as quais não se sabe se o falecido daria o seu consentimento para dispor de seus atributos, e essas questões não estão previstas na legislação vigente, a fim de trazer proteção às pessoas. Por esse motivo, algumas celebridades já se manifestaram sobre a recriação da sua imagem por tecnologia em caso de falecimento. Como exemplo, Madonna proibiu o uso da sua imagem em hologramas e *deepfakes*.[41]

Além disso, a legislação nacional projeta os direitos de personalidade após a morte apenas para assegurar a defesa de memória e a garantia de pagamento de direitos autorais. Não existe previsão para autorização por parentes a fim de conceder a manipulação de imagem para qualquer finalidade, visto que os direitos de personalidade são atributos da pessoa, sendo intransmissíveis e inalienáveis. Assim, o feito na campanha de *marketing* trata-se de uma usurpação desses direitos da personalidade da cantora falecida. Do mesmo modo, podemos citar o exemplo da recriação da voz de Kurt Cobain, que morreu em 5 de abril de 1994, pela organização Over The Bridge, que utilizou a IA para criar uma música seguindo o mesmo estilo.[42] Como outro exemplo, temos o "avatar de Machado de Assis",[43] que é capaz de interagir com o público respondendo a perguntas sobre suas obras.

Por tais razões, existe a discussão sobre a IA estar sendo utilizada para despersonalizar pessoas falecidas, tornando seus atributos um fim para algo. As empresas estariam utilizando características das personalidades e comportamentos dos indivíduos, incluindo imagem e voz de pessoas falecidas, para geração de conteúdo e monetização, causando torpor social diante do dilema ético que essas situações representam.

---

[41] GOMES, Vitoria. Madonna deixa regras para depois da morte. *Olhar Digital*. 11 jul. 2023. Disponível em: https://olhardigital.com.br/2023/07/11/pro/madonna-deixa-regras-para-depois-da-morte-nada-de-hologramas-ou-ia/#google_vignette. Acesso em: 27 abr. 2024.

[42] VIEIRA, Lara. Inteligência artificial faz homenagem a Kurt Cobain com música inédita do Nirvana. *O Povo*. Publicado em 06.04.2021. Disponível em: https://www.opovo.com.br/divirtase/2021/04/06/inteligencia-artificial-faz-homenagem-a-kurt-cobain-com-musica-inedita-do-nirvana.html.

[43] "Machado de Assis ganha avatar de IA que responde se Capitu traiu ou não Bentinho; veja a resposta". *Tecmundo*. Publicado em 08.03.2024. Disponível em: https://www.tecmundo.com.br/software/280720-machado-assis-ganha-avatar-ia-responde-capitu-traiu-nao-veja-resposta.htm. Acesso em: 20 abr. 2023.

3.3 Validade de cláusula testamentária

O testamento é o instrumento jurídico com maior força após a morte de seu titular. É através dele que o titular de direitos dispõe em vida sobre as disposições de última vontade, as quais serão observadas pelo testamenteiro.

Diante da necessidade de uma maior proteção para os direitos da personalidade após a sua morte, uma consequência natural foi o surgimento de uma nova cláusula testamentária, que passou a fazer parte de instrumentos sucessórios. Essa cláusula proíbe o uso de qualquer atributo da personalidade do seu titular após seu falecimento (imagem, voz, memória etc.), seja através da manipulação de inteligência artificial, por hologramas ou por qualquer outra inovação tecnológica ainda inexistente.

Contudo, caso a pessoa morra sem deixar testamento, ficará desprotegida, visto que inexiste legislação prevendo uma proibição de uso da imagem *post mortem* por seus parentes.

Como mencionado acima, essa preocupação sobre a proteção já atinge pessoas de reconhecimento internacional. Recentemente veio a público a notícia sobre a cantora Madonna[44] alterar seu testamento de modo a constar uma cláusula proibindo o uso de sua imagem em hologramas através da inteligência artificial.

No Brasil, motivado pela imagem recriada de Elis Regina, foi apresentado o Projeto de Lei nº 3.592/2023,[45] de autoria do Senador Rodrigo Cunha, para que o uso da imagem de seu titular só seja possível após a morte através de autorização expressa, vedando seu uso quando não existam autorizações nesse sentido.

4 A responsabilidade pelo uso indevido da imagem

A Constituição Federal Brasileira, em seu artigo 5º, V, assegura a proteção à imagem-retrato (forma externa, fisionomia) e à imagem-

[44] CORREIO BRAZILIENSE. "Após UTI, Madonna muda testamento e proíbe uso de imagem por IA". Matéria publicada em 11.07.2023. Disponível em: https://www.correiobraziliense.com.br/diversao-e-arte/2023/07/5108193-apos-uti-madonna-muda-testamento-e-proibe-uso-de-imagem-por-ia.html. Acesso em: 23 mar. 2024.

[45] Projeto Lei de autoria do Senador Rodrigo Cunha. Disponível em: https://www25.senado.leg.br/web/atividade/materias/-/materia/158816. Acesso em: 23 abr. 2024.

atributo (conjunto de caraterísticas que compõem um indivíduo de modo a representá-lo socialmente).[46]

Por conseguinte, em regra, a utilização não autorizada, abusiva, injustificada, lesiva, indevida da imagem de uma pessoa – capaz de gerar danos a ela – é proibida. Logo a manipulação de imagens por uma inteligência artificial sem o consentimento da pessoa perfaz um abuso do direito e causa dano à honra da imagem de seu titular.

As inovações tecnológicas associadas à influência da ideologia do comportamento social de adesão ao ambiente virtual permitiram o desenvolvimento de mecanismos para a captação, manipulação e divulgação da imagem da pessoa humana, o que facilitou a ameaça de lesão e a efetiva violação do direito à imagem.

Teffé defende que, caso o uso da imagem na internet não seja devidamente justificado, ficará evidenciada a lesão e restará configurado o dever de indenizar o dano moral sofrido pela vítima, sendo dispensável provar o prejuízo do lesado e o lucro do ofensor.[47]

A proteção da imagem costuma ser mais intensa nos casos em que a utilização sem autorização tem fim comercial. Vale citar a Súmula 403 do Superior Tribunal de Justiça, que dispõe: "Independe de prova do prejuízo a indenização pela publicação não autorizada de imagem de pessoa com fins econômicos ou comerciais".

A exceção prevista na legislação é para a utilização da imagem sem autorização de seu titular em caso de interesse público. Contudo, Binenbojm defende que o conceito de interesse público seria juridicamente indeterminado e ganharia significado caso sua disposição constitucional fosse baseada nos direitos fundamentais que contemplassem um sistema de restrições ao seu exercício, em benefício de aspirações coletivas presentes na Constituição.[48]

---

[46] BODIN DE MORAES, Maria Celina. *Danos à pessoa humana:* uma leitura civil constitucional dos danos morais. Rio de Janeiro: Renovar, 2009, p. 136.

[47] TEFFÉ, Chiara Antonia Spadaccini de. Considerações sobre a proteção do direito à imagem na internet. *Revista de Informação Legislativa* – RIL, v. 54, n. 213, p. 173-198, jan./mar. 2017. Disponível em: http://www12.senado.leg.br/ril/edicoes/54/213/ril_v54_n213_p173. Acesso em: 23 abr. 2024.

[48] BINENBOJM, Gustavo. Da supremacia do interesse público ao dever de proporcionalidade: um novo paradigma para o direito administrativo. *Revista de Direito Administrativo*, v. 239, p. 1-31, jan./mar. 2005. Disponível em: http://bibliotecadigital.fgv.br/ojs/index.php/rda/article/view/43855/44713. Acesso em: 23 abr. 2024.

Desse modo, não seria correto utilizar as ferramentas de inteligência artificial generativa, que têm potencial de geração de conteúdo, para formular imagens "inéditas", e explorá-las de modo comercial, sem ter a certeza de que as bases de dados utilizadas para seus treinamentos foram obtidas com todas as autorizações necessárias. Além disso, a manipulação de imagens existentes e a transformação em outras representações também podem constituir um ilícito, tanto pelo uso indevido e não autorizado de imagem, como pela edição de obra fotográfica protegida por direito autoral sem autorização do autor e detentor de direitos.

Assim, apesar de tal funcionalidade ser benéfica em alguns casos, podendo poupar esforços e recursos para indivíduos e empresas (por exemplo, com simples comandos, uma imagem é manipulada para alterar o humor da pessoa nela presente para determinada campanha publicitária; um vídeo é criado a partir da imagem de um indivíduo sem a necessidade da sua participação; uma foto é modificada para melhorar o posicionamento a partir de comandos, entre outras), os limites de utilização devem respeitar a legislação vigente e as regras impostas para uso lícito de imagem, que é um direito de personalidade.

Como menciona Medon,[49] a proteção à imagem, como um direito midiático, deve ser compreendida de acordo com o contexto atual, mantendo-se fiel aos princípios que o estabeleceram como um direito da personalidade e, em última análise, como um atributo fundamental da dignidade humana.

Conclusão

Como visto ao longo deste artigo, a capacidade da IA generativa de produzir imagens altamente realistas traz consigo desafios significativos para a integridade visual, com consequências diretas em questões éticas e jurídicas. Por exemplo, consideremos uma situação em que uma imagem aparentemente autêntica de um evento político é amplamente compartilhada, retratando um

---

[49] MEDON, Filipe. O direito à imagem na era das *deepfakes*. *Revista Brasileira de Direito Civil – RBDCivil*, Belo Horizonte, v. 27, p. 251-277, jan./mar. 2021.

candidato em uma circunstância comprometedora. No entanto, essa imagem foi gerada por um algoritmo de IA generativa com o propósito de difamar o político e influenciar a opinião pública. Isso levanta questões sobre a confiabilidade da informação visual e a capacidade de distorcer a percepção da realidade.

Além disso, também foi mencionado que a capacidade de criar imagens falsas de indivíduos pode ser explorada para a produção de conteúdo pornográfico não consensual, uma forma grave de violência digital. A prática do *"revenge porn"* está relacionada à divulgação de imagens sexualmente explícitas ou comprometedoras de uma pessoa sem sua autorização, muitas vezes como forma de vingança ou intimidação.

No campo da IA generativa, as possibilidades de criação de tais conteúdos amplificam essas preocupações, trazendo desafios cada vez maiores para evitar desinformação, danos emocionais, sociais e profissionais irreversíveis. Não apenas isso, a manipulação de imagens com IA generativa também suscita preocupações relacionadas ao consentimento e à privacidade, pois imagem pode ser considerada um dado pessoal que merece a tutela da legislação vigente.

Viu-se que o caso "Elis Regina" trouxe discussões não apenas sobre a possibilidade de utilização de imagem reproduzida por IA, mas em um contexto em que o indivíduo cuja imagem foi reproduzida já está falecido. Tal caso levantou questões tanto relacionadas ao uso lícito da imagem, como também à validade de sua exploração *post mortem* com autorização da família, do uso ético dessa tecnologia e do respeito à dignidade da pessoa humana.

Portanto, a utilização da tecnologia deve respeitar a legislação vigente, mantendo a transparência como um dos pilares dos seus resultados. Ainda que não haja um regulamento específico sobre o tema no Brasil, leis como o Código Civil, o Marco Civil da Internet, a Lei Geral de Proteção de Dados Pessoais e, de forma mais abrangente, a Constituição Federal devem ser respeitadas, assim como os limites nelas traçados.

Porém, torna-se urgente a necessidade de discussão e promulgação de diretrizes sobre o tema, a serem incorporadas pelo Brasil, incluindo tratados internacionais visando regular as condutas éticas a serem adotadas pelas tecnologias. Por esse motivo, uma das proposições deste artigo é que, além do desenvolvimento paralelo das regulamentações sobre o tema, sejam rapidamente discutidos "princípios técnico-éticos" a serem adotados internacionalmente. Desse modo, cria-se uma maior obrigação para que países signatários desenvolvam suas tecnologias dentro dos limites estabelecidos, evitando que legislações imaturas sejam aprovadas e barrem a evolução tecnológica, do mesmo modo que também se evita que a evolução tecnológica prejudique as futuras gerações.

Referências

BASHAM, RINGE; CORREA SC. *Bill to regulate artificial intelligence in Mexico*: Key points. Disponível em: https://www.lexology.com/library/detail.aspx?g=d33a8f00-a355-4cb7-9a39-852ca598653a. Acesso em: 29 abr. 2024.

BODIN DE MORAES, Maria Celina. *Danos à pessoa humana*: uma leitura civil constitucional dos danos morais. Rio de Janeiro: Renovar, 2009.

BRASIL, *Projeto de Lei nº 2338, de 2023*. Disponível em: https://www25.senado.leg.br/web/atividade/materias/-/materia/157233. Acesso em: 29 abr. 2024.

CANADA. *Artificial Intelligence and Data Act*. Disponível em: https://ised-isde.canada.ca/site/innovation-better-canada/en/artificial-intelligence-and-data-act. Acesso em: 29 abr. 2024.

CHINA. *Law Translate. Provisions on the Management of Algorithmic Recommendations in Internet Information Services*. Disponível em: https://www.chinalawtranslate.com/en/algorithms/. Acesso em: 29 abr. 2024.

CHINELLATO, Silmara J. A. Comentários à Parte Geral – artigos 1º a 21 do Código Civil. *In:* MACHADO, Antonio C. C. (Org.); CHINELLATO, Silmara J. A. (Coord.). *Código Civil interpretado*: artigo por artigo, parágrafo por parágrafo. 5. ed. Barueri: Manole, 2012.

COLE, J; LEUNG, H.; SHENG, M. *New Generative AI Measures in China*, 26 set. 2023. Disponível em: https://www.ashurst.com/en/insights/new-generative-ai-measures-in-china/. Acesso em: 29 abr. 2024.

CORREIO BRAZILIENSE. *Após UTI, Madonna muda testamento e proíbe uso de imagem por IA*. Matéria publicada em 11.07.2023. Disponível em: https://www.correiobraziliense.com.br/diversao-e-arte/2023/07/5108193-apos-uti-madonna-muda-testamento-e-proibe-uso-de-imagem-por-ia.html. Acesso em: 23 mar. 2024.

CUPIS, Adriano de. *Os direitos da personalidade*. Traduzido por Alonso Celso Furtado Rezende. São Paulo: Quorum, 2008.

ESTADOS UNIDOS DA AMERICA. *Executive Order on the Safe, Secure, and Trustworthy Development and Use of Artificial Intelligence.* Disponível em: https://www.whitehouse.gov/briefing-room/presidential-actions/2023/10/30/executive-order-on-the-safe-secure-and-trustworthy-development-and-use-of-artificial-intelligence/. Acesso em: 29 abr. 2024.

EXAME. *Elis Regina e Maria Rita cantam 'juntas' em comercial que usa IA e* deep fake. Matéria publicada em 04.07.2023. Disponível em: https://exame.com/inteligencia-artificial/elis-regina-e-maria-rita-cantam-juntas-em-comercial-que-usa-ia-e-deep-fake/. Acesso em: 01 maio 2024.

FILHO TOMASEVICIUS, Eduardo. Inteligência artificial e direitos da personalidade: uma contradição em termos. *Revista da Faculdade de Direito da Universidade de São Paulo*, v. 113 p. 133-149 jan./dez. 2018.

FRANÇA, R. Limongi. Direitos da personalidade – coordenadas fundamentais. *Revista dos Tribunais* – RT 567/9 – jan/1983, p. 653-667.

FUTURE of life Institute. *Pause Giant AI Experiments*: An Open Letter, 2023. Disponível em: https://futureoflife.org/open-letter/pause-giant-ai-experiments/. Acesso em: 29 abr. 2024.

GOMES, Vitoria. Madonna deixa regras para depois da morte. *Olhar Digital*. 11 jul. 2023. Disponível em: https://olhardigital.com.br/2023/07/11/pro/madonna-deixa-regras-para-depois-da-morte-nada-de-hologramas-ou-ia/#google_vignette. Acesso em: 27 abr. 2024.

GONÇALVES, Victor Hugo Pereira. *Marco Civil da Internet comentado*. 1. ed. São Paulo: Atlas, 2017.

GONZALES, G. MEJIA, R. *Access Alert*: Peruvian government issues AI law. Disponível em: https://accesspartnership.com/access-alert-peruvian-government-issues-ai-law/. Acesso em: 29 abr. 2024.

GUEDES, Any. *Plataformas de interferência privada* – como as redes sociais afetam os desenhos institucionais. Rio de Janeiro: Lumen, 2022.

ILLANES, C.; TIMMERMANN, J.; ZERGERS, M. *Chile takes first steps towards regulation of Artificial Intelligence*. Disponível em: https://www.technologyslegaledge.com/2023/06/chile-takes-first-steps-towards-regulation-of-artificial-intelligence/. Acesso em: 29 abr. 2024.

ISO/IEC 23894:2023. Disponível em: https://www.iso.org/standard/77304.html. Acesso em: 29 abr. 2024.

ISO/IEC 42001:2023. Disponível em: https://www.iso.org/standard/81230.html. Acesso em: 29 abr. 2024.

KANT, Emmanuel. *Fundamentos da metafisica dos costumes*. Rio de Janeiro: Ediouro, 1997.

KIM and CHANG. *South Korea*: Legislation on Artificial Intelligence to Make Significant Progress. Disponível em: https://www.kimchang.com/en/insights/detail.kc?sch_section=4&idx=26935. Acesso em: 29 abr. 2024.

MALUF, Carlos Alberto Dabus; MALUF, Adriana Caldas do Rego Freitas Dabus. *Introdução ao Direito Civil*. 2. ed., amp. São Paulo: Saraiva, 2018.

MEDON, Filipe. O direito à imagem na era das *deepfakes*. *Revista Brasileira de Direito Civil* – RBDCivil, Belo Horizonte, v. 27, p. 251-277, jan./mar. 2021.

MENDES, Laura S. *Privacidade, proteção de dados e defesa do consumidor*: linhas gerais de um novo direito fundamental. São Paulo: Saraiva, 2014.

MORATO, Antonio Carlos. Quadro geral dos direitos da personalidade. *Revista da Faculdade de Direito da Universidade de São Paulo*, p. 121-158, 2012

NIST. *AI Risk Management Framework*. Disponível em: https://www.nist.gov/itl/ai-risk-management-framework. Acesso em: 29 abr. 2024.

OCDE. *Artificial intelligence principles*. Disponível em: https://oecd.ai/en/ai-principles. Acesso em: 29 abr. 2024.

OCDE. *Framework for the classification of AI systems*. Disponível em: https://www.oecd-ilibrary.org/science-and-technology/oecd-framework-for-the-classification-of-ai-systems_cb6d9eca-en;jsessionid=J542oSYOqQ7dh6pCWrzedBZq5s6o3LVkI0dgj3wl.ip-10-240-5-121. Acesso em: 29 abr. 2024.

SCHIMIDT, S. *Deepfakes*, o novo estágio tecnológico da desinformação. *Revista FAPESP*. Disponível em: https://revistapesquisa.fapesp.br/deepfakes-o-novo-estagio-tecnologico-das-noticias-falsas/. Acesso em: 30 abr. 2024.

SCHREIBER, Anderson. *Direitos da personalidade*. 3. ed., rev. e atual. São Paulo: Grupo GEN, 2014. *E-book*. Disponível em: https://app.minhabiblioteca.com.br/#/books/9788522493449/. Acesso em: 22 abr. 2024.

SSEK Law Firm. *Indonesia Law Update*: Regulation of Artificial Intelligence. Disponível em: https://www.lexology.com/library/detail.aspx?g=e278851d-8b20-4acc-b4dd-55be2acab98d. Acesso em: 29 abr. 2024.

TEFFÉ, Chiara Antonia Spadaccini de. Considerações sobre a proteção do direito à um novo paradigma para o direito administrativo. *Revista de Direito Administrativo*, v. UNESCO. Recommendation on the Ethics of Artificial Intelligence, 2022. Disponível em: https://unesdoc.unesco.org/ark:/48223/pf0000381137. Acesso em: 29 abr. 2024.

UNIÃO EUROPEIA. *Proposal for a directive of the european parliament and of the council on adapting non-contractual civil liability rules to artificial intelligence* (AI Liability Directive. Disponível em: https://eur-lex.europa.eu/legal-content/EN/TXT/?uri=CELEX%3A52022PC0496. Acesso em: 29 abr. 2024.

VERIFY Foundation. *What is AI Verify?* Disponível em: https://aiverifyfoundation.sg/what-is-ai-verify/. Acesso em: 29 abr. 2024.

DIREITO DE PERSONALIDADE À VOZ: REPERCUSSÕES JURÍDICAS DECORRENTES DA UTILIZAÇÃO DE *DEEP VOICE* E *DEEPFAKE*

CLAYTON DOUGLAS PEREIRA GUIMARÃES
MICHAEL CÉSAR SILVA

1 Considerações iniciais

A presente pesquisa tem objetivo de discorrer sobre a temática dos direitos de personalidade, notadamente, em relação ao direito à voz e as repercussões jurídicas decorrentes da utilização de inteligência artificial, em especial o uso da tecnologia de *deep voice*, no contexto de uma sociedade hiperconectada.

Com desígnio de se discutir a controvérsia identificada, o estudo propõe proceder a uma análise crítica sobre a tutela jurídica da voz, o funcionamento da tecnologia de *deep voice*, com a finalidade de se verificar a possibilidade ou não de sua utilização para fins de criação de *deepfakes*.

Hodiernamente, a inteligência artificial voltada à voz impacta a sociedade em vários segmentos. A despeito de ainda não ser uma ferramenta completamente disseminada para o público em geral, é utilizada para (re)criar vozes, ensejando discussões no tocante à tutela jurídica da voz no plano internacional.

Nesse cenário, busca-se examinar a necessidade de se compatibilizar as novas tecnologias decorrentes de inteligência artificial, tais como a *deep voice*, à imprescindível tutela jurídica da voz, sob pena de atribuição de responsabilidade civil por eventuais prejuízos causados.

A partir de averiguações preliminares, constatou-se que a voz no Brasil goza de tutela indireta, por meio das normas atinentes aos direitos autorais e direitos da personalidade, sendo estas suficientes frente à novel tecnologia de *deep voice* e, também, de *deepfake*.

Para fins da verificação da hipótese, é imperioso o cumprimento de determinados objetivos, quais sejam, a análise do direito conexo ao autoral do intérprete, assim como o exame do direito da personalidade à voz no cenário pátrio.

A pesquisa adotou a vertente metodológica jurídico-sociológica. No tocante ao tipo de investigação, foi escolhido, na classificação Witker[1] e Gustin,[2] o tipo jurídico-projetivo. De acordo com a técnica de análise de conteúdo, afirma-se que se trata de uma pesquisa teórica pautada no exame da doutrina, legislação e da jurisprudência.

Por fim, o estudo propõe analisar o direito à voz frente às tecnologias de *deep voice* com vistas a lançar luzes sobre a temática, permitindo-se apresentar soluções adequadas que assegurem a efetiva tutela jurídica dos direitos de personalidade no ambiente digital.

2 Delineamentos sobre a voz e sua proteção jurídica

A voz pode ser definida como "som ou conjunto de sons produzido pelo ser humano e por determinados animais, que se utiliza para a comunicação e a expressão de emoções".[3]

> Existem várias teorias sobre a produção da voz, a mais comumente aceita é a de que o som básico da voz é resultado da aproximação das pregas vocais, realizada pelo trabalho muscular, e da vibração da mucosa, provocada pela passagem do fluxo de ar que vem dos pulmões. Esse som fraco é amplificado pela garganta, no nariz e na boca (que funcionam como caixas de ressonância) e é alterado pelos dentes, língua, lábios, bochechas e palato.[4]

Assim, a voz pode ser compreendida como a expressão sonora de um indivíduo, resultado de fatores orgânicos determinados

---

1 WITKER, Jorge. *Como elaborar una tesis en derecho:* pautas metodológicas y técnicas para el estudiante o investigador del derecho. Madrid: Civitas, 1985.

2 GUSTIN, Miracy Barbosa de Sousa; DIAS, Maria Tereza Fonseca. *(Re)pensando a pesquisa jurídica*: teoria e prática. 3. ed. Belo Horizonte: Del Rey, 2010.

3 DICÇÃO. *In:* DICIONÁRIO Michaelis. 2022. Disponível em: https://michaelis.uol.com.br/busca?id=bQzz. Acesso em: 03 maio 2022.

4 LEONARDI, Fernanda Stinchi Pascal. *Tutela civil da voz.* Dissertação (Mestrado) – Programa de Pós-Graduação em Direito. Universidade de São Paulo, São Paulo, 2010, p.14. Disponível em: https://teses.usp.br/teses/disponiveis/2/2131/tde-08072011-134359/publico/FSPL_DISSERTACAO_INTEGRAL.pdf. Acesso em: 03 mar. 2024.

pelo sexo, desenvolvimento ontogenético (idade) e constituição física. Não obstante, "é um instrumento de interação social, e os aspectos psicológicos (estado emocional de cada momento) e sociais (dependentes do significado da mensagem e dos papeis sociais do cotidiano) também são determinantes de uma voz".[5]

Em linhas gerais, a voz enquanto resultado sonoro é uma combinação de múltiplas variáveis, que para alguns é dotada da característica da unicidade (ou seja, é única em cada pessoa),[6] e para outros não pode ser considerada única, notadamente, pois é impossível aferir a similaridade de todas as vozes existentes no presente, passado e futuro.[7]

Adicionalmente, constata-se que a voz produzida por um indivíduo é adaptável, sujeita a mudanças devido a uma multiplicidade de fatores em diferentes situações. Portanto, a voz não é estática e inalterável, mas, em verdade, flexível e adaptável.

Nesse sentido, Fernanda Stinchi Pascal Leonardi destaca:

> (...) o emissor pode pretender emitir sua voz de modo diferenciado para atingir uma qualidade vocal diversa da natural. Isso é viável mediante o uso de técnicas que propiciam diferentes combinações de seus recursos vocais, e são bastante usadas por profissionais da voz.[8]

Desse modo, a voz não pode ser tida como um método de identificação infalível, uma vez que existem vozes extremamente similares, que seriam indistinguíveis socialmente, inclusive, em razão da capacidade do ouvinte. Destarte, os estudos demonstram que os seres humanos possuem dificuldade em identificar e

---

[5] TCHAUER, Deborah Gampel. *Envelhecimento e voz:* características principais e repercussão social. Dissertação (Mestrado) – Programa de Pós-Graduação em Gerontologia. Pontifícia Universidade Católica de São Paulo, São Paulo, 2007, p. 22. Disponível em: https://tede.pucsp.br/bitstream/handle/12514/1/Gampel.pdf. Acesso em: 03 mar. 2024.

[6] ANJOS, Marco Antonio dos. *O humor:* estudo à luz do direito de autor e da personalidade. Tese (Doutorado) – Programa de Pós-Graduação em Direito. Universidade de São Paulo, São Paulo, 2009. Disponível em: https://www.teses.usp.br/teses/disponiveis/2/2131/tde-03052010-111135/pt-br.php. Acesso em: 18 mar. 2024.

[7] MCLACHLAN, Hugh. Is every human voice and fingerprint really unique? *The Conversation*. 2016. Disponível em: https://bit.ly/3H8itpz. Acesso em: 20 abr. 2023.

[8] LEONARDI, Fernanda Stinchi Pascal. *Tutela civil da voz.* Dissertação (Mestrado) – Programa de Pós-Graduação em Direito. Universidade de São Paulo, São Paulo, 2010, p.22. Disponível em: https://teses.usp.br/teses/disponiveis/2/2131/tde-08072011-134359/publico/FSPL_DISSERTACAO_INTEGRAL.pdf. Acesso em: 03 mar. 2024.

diferenciar vozes, especialmente na hipótese em que não possuem convívio com a outra pessoa.[9]

2.1 A tutela jurídica da voz

No Brasil, a tutela jurídica da voz surge sob dois prismas, quais sejam, o direito conexo ao direito de autor e o direito da personalidade. As Constituições Brasileiras de 1824 e 1891, bem como o Código Civil de 1916, não abordavam os direitos da personalidade de modo sistemático, de forma que traziam apenas menções genéricas sobre liberdade, segurança, sigilo e honra. A despeito disso, a doutrina reconhecia no artigo 666, X, do CC/1916 o direito à imagem, já que a pessoa representada por um ator podia se opor à reprodução ou exposição de seu retrato. Insta salientar que alguns autores já defendiam a proteção à voz, pois ela estaria inclusa na imagem sonora.[10]

A primeira referência legal relacionada com a tutela jurídica da voz no Brasil advém do Decreto 544 de 1962, o qual apenas afirmou que os direitos dos intérpretes seriam regulados pela legislação de direito do autor até que o parlamento legislasse sobre a matéria.[11]

Em 1965, o Brasil aderiu à Convenção Internacional para proteção aos artistas intérpretes ou executantes, aos produtores de fonogramas e aos organismos de radiodifusão.[12] Tal adesão influenciou a edição da Lei nº 4.944, em 1966, que tratava da proteção aos artistas. Assim, na falta de consentimento do artista, impedia-se a gravação e transmissão pelos organismos de radiodifusão de interpretações e execuções.[13]

---

9 MCGETTIGAN, Carolyn; LAVAN, Nadine. Human voices are unique – but our study shows we're not that good at recognising them. *The Conversation*. 2017. Disponível em: https://bit.ly/3oFWVdD. Acesso em: 20 abr. 2023.

10 LEONARDI, Fernanda Stinchi Pascal. *Tutela civil da voz*. Dissertação (Mestrado) – Programa de Pós-Graduação em Direito. Universidade de São Paulo, São Paulo, 2010. Disponível em: https://teses.usp.br/teses/disponiveis/2/2131/tde-08072011-134359/publico/FSPL_DISSERTACAO_INTEGRAL.pdf. Acesso em: 17 mar. 2024.

11 BRASIL. *Decreto 544*. 1962. Disponível em: https://legislacao.presidencia.gov.br/atos/?tipo=DCM&numero=544&ano=1962&data=31/01/1962&ato=5f0UTTE9kMVRVT082. Acesso em: 19 mar. 2024.

12 BRASIL. *Decreto 57.125*. 1965. Disponível em: https://www2.camara.leg.br/legin/fed/decret/1960-1969/decreto-57125-19-outubro-1965-397457-publicacaooriginal-1-pe.html. Acesso em: 19 mar. 2024.

13 BRASIL. *Lei 4.944*. 1966. Disponível em: https://www.planalto.gov.br/ccivil_03/leis/1950-1969/l4944.htm#:~:text=LEI%20No%204.944%2C%20DE%206%20DE%20ABRIL%20

Em 1973, a Lei nº 5.988 regulou sistematicamente os direitos do autor e os que lhe são conexos.[14] Posteriormente, o tema foi regulado de forma definitiva pela Lei nº 9.610/98, que trouxe a lume a Lei de Direito Autoral brasileira.[15]

Por sua vez, o artigo 5º, XXVIII, da Constituição da República de 1988 assegurou "a proteção às participações individuais em obras coletivas e à reprodução da imagem e voz humanas, inclusive nas atividades desportivas".[16]

Ademais, o Código Civil de 2002 elencou, expressamente, alguns direitos da personalidade, como a integridade física (arts. 13 a 15), o nome (arts. 16 a 19), a imagem (art. 20), a privacidade (art. 21).[17] E "apesar de não mencionado expressamente, o direito à voz encontra-se implícito no artigo 20, por meio da expressão transmissão da palavra".[18]

O reconhecimento da voz como direito da personalidade também encontra respaldo jurisprudencial. Nessa perspectiva, o Superior Tribunal de Justiça (STJ) já se posicionou no sentido de que "A voz humana encontra proteção nos direitos da personalidade, seja como direito autônomo ou como parte integrante do direito à imagem ou do direito à identidade pessoal".[19]

Insta salientar que a doutrina brasileira desenvolveu duas teses acerca da proteção jurídica da voz. De um lado, Pontes de Miranda leciona que a voz estaria contida no direito à imagem.[20]

DE%201966.&text=Dispõe%20sôbre%20a%20proteção%20a,radiodifusão%2C%20e%20dá%20outras%20providências. Acesso em: 08 mar. 2024.

14 BRASIL. *Lei 5.988*. 1973. Disponível em: https://www.planalto.gov.br/ccivil_03/leis/L5988.htm. Acesso em: 19 mar. 2024.

15 BRASIL. *Lei de Direito Autoral*. 1988. Disponível em: https://www.planalto.gov.br/ccivil_03/leis/l9610.htm. Acesso em: 19 mar. 2024.

16 BRASIL. *Constituição Federal*. 1998. Disponível em: https://www.planalto.gov.br/ccivil_03/constituicao/constituicao.htm. Acesso em: 18 mar. 2024.

17 BRASIL. *Código Civil*. 2002. Disponível em: https://www.planalto.gov.br/ccivil_03/leis/2002/l10406compilada.htm. Acesso em: 18 mar. 2024.

18 MORATO, Antonio Carlos. Direito à voz: reflexões sobre sua proteção no âmbito da sociedade de informação. *In:* PAESANI, Liliana Minardi (Coord). *O direito na sociedade da informação*. São Paulo: Atlas, 2007, p.164.

19 BRASIL. Superior Tribunal de Justiça. *Jurisprudência em teses*. 138. ed. 2019 Disponível em: https://scon.stj.jus.br/SCON/jt/toc.jsp?livre=@docn=000006621. Acesso em: 19 mar. 2024.

20 PONTES DE MIRANDA, Francisco Cavalcanti. *Tratado de direito privado*. Tomo VII. Rio de Janeiro: Borsoi, 1955, p. 53.

Lado outro, Carlos Alberto Bittar afirma ser a voz um direito da personalidade autônomo.[21]

Por fim, em relação à tutela jurídica da voz, destacam-se, ainda, os:

a) *direitos conexos de autor* (direitos afins ou direitos vizinhos), os quais se qualificam como direitos dos artistas intérpretes e executantes (atores, cantores, músicos, entre outros) decorrente de sua intervenção original e criativa em uma obra autoral (literária, artística, ou expressão do folclore) preexistente. Portanto, os direitos conexos de autor não se estenderiam a locutores e narradores. Ademais, ressalta-se que os direitos conexos de autor *não se confundem* com os direitos de autor, ainda que sejam protegidos pelo mesmo diploma legal, qual seja, a Lei nº 9.610/98.

b) *direitos de personalidade*, os quais "compreendem-se direitos considerados essenciais à pessoa humana, que a doutrina moderna preconiza e disciplina, a fim de resguardar a sua dignidade".[22] Embora tratem dos atributos essenciais da pessoa humana, não se afasta a possibilidade da exploração econômica desses. Assim sendo, é admissível um negócio jurídico que tenha por objeto a gravação de voz, desde que com autorização do seu titular e observados os limites contratuais.[23]

Desse modo, a tutela jurídica da voz passou por intensa evolução influenciada por inovações tecnológicas, de modo que hoje o Brasil goza de normas atinentes aos direitos autorais e direitos da personalidade.

3 *Deepfake* e *deep voice*

O surgimento de novas tecnologias baseadas em Inteligência Artificial (IA) tem transformado radicalmente diversos aspectos da sociedade contemporânea. Entre essas inovações, destaca-se o fenômeno do *deep voice*.

---

[21] BITTAR, Carlos Alberto. *Os direitos da personalidade*. 7. ed. rev. ampl. e atual. por Eduardo Carlos Bianca Bittar. Rio de Janeiro: Forense, 2008, p.103.

[22] GOMES, Orlando. *Introdução ao direito civil*. Atualizado por Edvaldo Brito; Reginalda Paranhos de Brito. 22. ed. Rio de Janeiro: Forense, 2019. [*E-book*].

[23] BRASIL. Superior Tribunal de Justiça. *REsp 1630851/SP*. Voto do Min. Paulo de Tarso Sanseverino. 2014. Disponível em: https://processo.stj.jus.br/processo/revista/inteiroteor/?num_registro=201403080659&dt_publicacao=22/06/2017. Acesso em: 18 mar. 2024.

> *Deep Voice* é um modelo de aprendizado de máquina que pretende simular a fala humana seja pela via de transformação do texto em fala (similar a mecanismos utilizados por tradutores como *Google Translate*) ou pelo sistema de fala para fala, no qual uma pessoa grava sua voz e nela são imprimidas novas características.[24]

A tecnologia de *deep voice* permite a criação de uma voz por meio da utilização de algoritmos que se prestam a emular uma voz humana. Destarte, o conceito tradicional de voz, como som ou conjunto de sons produzido pelo ser humano, exige complementação, já que, em face da evolução tecnológica, os computadores também possuem a capacidade de criar vozes.

> Há de se ressaltar que esse modelo de IA não se limita a criar novas vozes, possibilitando, também, que vozes já existentes sejam reproduzidas, de modo similar à que comediantes fazem ao imitar pessoas de grande notoriedade como artistas, políticos e famosos.[25]

A referida utilização de *deep voice pode caracterizar deepfake, o qual pode ser descrito como*

> A manipulação digital de sons, imagens ou vídeos com o desígnio de fingir ser uma pessoa ou fazer parecer que a pessoa fez alguma coisa – feita de maneira progressivamente mais realista, de modo que o observador desinformado não consiga detectar o falseamento.[26] (Tradução nossa)

Nessa linha de intelecção, *deepfake* representa uma tecnologia de manipulação de mídia que utiliza Inteligência Artificial para criar vídeos e áudios falsos, muitas vezes indistinguíveis do conteúdo original. Essa técnica avançada de aprendizado de máquina *(deep*

---

[24] GUIMARÃES, Clayton Douglas Pereira; GUIMARÃES, Glayder Daywerth Pereira. *Deep voice*: afinal, existe direito à própria voz? *Magis – Portal Jurídico*. 2023. Disponível em: https://magis.agej.com.br/deep-voice-afinal-existe-direito-a-propria-voz/. Acesso em: 19 mar. 2024.

[25] GUIMARÃES, Clayton Douglas Pereira; GUIMARÃES, Glayder Daywerth Pereira. *Deep voice:* afinal, existe direito à própria voz? *Magis – Portal Jurídico*. 2023. Disponível em: https://magis.agej.com.br/deep-voice-afinal-existe-direito-a-propria-voz/. Acesso em: 19 mar. 2024.

[26] No original: *"digital manipulation of sound, images, or video to impersonate someone or make it appear that a person did something – and to do so in a manner that is increasingly realistic, to the point that the unaided observer cannot detect the fake"*. (CHESNEY, Bobby; CITRON, Danielle. Deepfakes: a looming crisis for national security, democracy and privacy? *Lawfare*. 2018. Disponível em: https://bit.ly/3mRhraA. Acesso em: 20 abr. 2023).

learning) é capaz de substituir faces em vídeos, dublar vozes e até mesmo gerar falas e expressões faciais sintéticas.

Logo, apesar de ter aplicações potencialmente positivas, como na indústria cinematográfica e de entretenimento, o *deepfake* também suscita preocupações éticas, sociais e jurídicas, pois pode ser utilizado indevidamente para disseminar desinformação, manipular eleições, difamar pessoas ou até mesmo criar conteúdo pornográfico falso em forma de vídeos e áudios, e, por conseguinte, ensejando a imputação de responsabilidade civil pela utilização inadequada da referida tecnologia.

> No caso das *deepfakes* é importante atentar para a diversidade de interesses que podem ser atingidos. Vídeos falsos comumente violarão à imagem, a honra, ou mesmo a identidade pessoal do retratado. É possível, ainda, a violação a interesses estritamente patrimoniais, como prejuízo causado a pessoa jurídica titular de uma marca indevidamente associada a fatos capazes de abalar sua capacidade de geração de lucros.[27]

Embora flagrante a potencialidade lesiva das *deepfake* (seja decorrente de condutas dolosas ou culposas), não se pode olvidar que a responsabilidade civil tem como um de seus requisitos o dano, assim tal requisito deve estar presente para responsabilização.

3.1 A criação de uma nova voz

A tecnologia da *deep voice* para criação de uma voz costuma se utilizar de um banco de dados de vozes, do qual retira parâmetros para criação de uma voz inédita. *A priori* poder-se-ia vislumbrar direito conexo ao autoral aos intérpretes das gravações utilizadas no banco de dados, desde que a intervenção fosse original e criativa; mas não o sendo, como no caso de locutores e narradores, sequer haveria esses direitos afins. Assim, poder-se-ia imaginar o direito à voz como espécie dos direitos da personalidade, seja de forma autônoma, seja como um atributo da imagem. Destaca-se, ademais, que ambas as situações permitem que haja a possibilidade da exploração econômica da voz.

---

[27] SCHREIBER, Anderson; RIBAS, Felipe; MANSUR, Rafael. *Deep fakes*: regulação e responsabilidade civil. *In:* TEPEDINO, Gustavo; SILVA, Rodrigo da Guia (Coords.). *O direito civil na era da inteligência artificial.* São Paulo: Thomson Reuters, 2020, p. 619.

Embora seja possível cogitar que em situações determinadas fornecedores se utilizem de bancos de dados de vozes sem a respectiva contraprestação econômica, essa não é a regra. Mas, em havendo violação de direito autoral, caberá responsabilização civil que poderá recair sobre o usuário da ferramenta, a empresa criadora da IA ou mesmo o programador.[28]

Superada a questão atinente ao banco de dados com múltiplas vozes, faz-se necessário refletir acerca do direito de propriedade da voz criada por intermédio da *deep voice*. Nesse contexto, destacam-se duas correntes.

Uma primeira corrente sustenta que obras criadas por ferramentas de inteligência artificial não gozam de proteção dos direitos autorais, inexistindo titulares, de modo que essas obras seriam de domínio público.[29]

> A legislação em vigor não seria adequada para lidar com a apropriação dos produtos da IA não apenas pelo seu antropocentrismo no que concerne à criação, mas também pelo fato de que não considera algumas peculiaridades inerentes aos sistemas de IA e a sua aplicação para o desenvolvimento de produtos que, caso desenvolvidos por seres humanos, fariam jus à proteção autoral. Sob a legislação vigente, os produtos da IA, cujo papel dessa tecnologia no resultado final tenha sido determinante e a interferência humana diminuta, a solução adequada seria considerar que tais produtos estariam em domínio público.[30]

Lado outro, uma segunda corrente aduz:

> Aqui, é admitido que, diante da existência do elemento humano interagindo com a máquina no processo criativo, por exemplo nos casos

---

[28] HIGÍDIO, José. Direito autoral de obras criadas por IA é problema ainda muito longe de solução. *Conjur*. 2023. Disponível em: https://www.conjur.com.br/2023-jul-17/direito-autoral-obras-criadas-ia-problema-ainda-longe-solucao/. Acesso em: 11 jul. 2024.

[29] TISI, André. A reprodução de uma voz humana determinada. *Aurum*. 2023. Disponível em: https://www.aurum.com.br/blog/direitos-autorais/. Acesso em: 22 mar. 2024.

[30] SCHIRRU, Luca. *Direito autoral e inteligência artificial*: autoria e titularidade nos produtos da IA. Rio de Janeiro, 2020. Tese (Doutorado em Políticas Públicas, Estratégias e Desenvolvimento) – Instituto de Economia, Universidade Federal do Rio de Janeiro, Rio de Janeiro, 2020, p.249. Disponível em: https://www.researchgate.net/publication/344677489_Direito_Autoral_e_Inteligencia_Artificial_Autoria_e_Titularidade_nos_Produtos_da_IA_Copyright_and_Artificial_Intelligence_Authorship_and_Ownership_of_AIGenerated_Products/link/626fe3f93a23744a725dabdb/download?_tp=eyJjb250ZXh0Ijp7ImZpcnN0UGFnZSI6InB1YmxpY2F0aW9uIiwicGFnZSI6InB1YmxpY2F0aW9uIn19.Acesso em: 22 mar. 2024.

> de "artes interativas", existiria o direito autoral sobre o resultado obtido. No âmbito desta corrente, ainda há o debate a respeito de quem seria o titular do direito: o programador da ferramenta de inteligência artificial (e aqui pode existir uma multiplicidade de agentes) ou usuário da ferramenta, que dá os comandos que geram os resultados criados pela ferramenta, ou ambos?[31]

A respeito da atribuição do direito autoral ao usuário, tem-se que "se há um *input* criativo relevante do usuário, há um consenso maior entre os profissionais de que a autoria e o direito de explorar a obra poderiam ser concedidos ao usuário da ferramenta de IA".[32]

3.2 A criação de uma nova voz similar a uma voz existente

No tocante à criação de uma voz similar a uma voz existente, verifica-se não haver qualquer óbice, desde que não seja utilizada uma respectiva voz original para treinar a inteligência artificial, pois nesse caso é possível vislumbrar um direito conexo ao direito do autor. No referido caso, ainda que não seja utilizada uma voz original para treinar a IA, não é possível atrelar a nova voz a uma determinada pessoa existente, sob pena de violação aos direitos da personalidade.

A referida situação se assemelha àquela na qual pessoas têm timbres de voz semelhantes. Nesse cenário, a individualização e identidade são mantidas, e não há qualquer tipo de violação de direitos.

> Não se trata de imitação, mas que o seu aparelho vocal reproduz a voz de forma análoga ao do outro, a ponto de não se saber quem está falando ou cantando, a exemplo das cantoras sertanejas Marília Mendonça e Yasmim, ou ainda Alcione e Luiza, da dupla também sertaneja, Luiza e Maurílio. Em tal situação não há o que se fazer, apenas cada uma deve resguardar a sua individualidade e identidade. Nesses dois exemplos mencionados as cantoras brincam com a semelhança.[33]

---

31 TISI, André. A reprodução de uma voz humana determinada. *Aurum*. 2023. Disponível em: https://www.aurum.com.br/blog/direitos-autorais/. Acesso em: 22 mar. 2024.

32 HIGÍDIO, José. Direito autoral de obras criadas por IA é problema ainda muito longe de solução. *Conjur*. 2023. Disponível em: https://www.conjur.com.br/2023-jul-17/direito-autoral-obras-criadas-ia-problema-ainda-longe-solucao/. Acesso em: 11 jul. 2024.

33 SIQUEIRA, Dirceu Pereira; MORAIS, Fausto Santos de; TENA, Lucimara Plaza. Voz reproduzida por IA acelera reflexões sobre a necessidade da proteção da personalidade em

Nesse sentido, a criação de uma voz com características semelhantes à de uma pessoa não implica violação a seus direitos, de modo que as especificidades do caso concreto deverão, sempre, ser observadas, possibilitando-se, desse modo, a compatibilização dos direitos tanto da pessoa que possui a voz semelhante quanto das pessoas envolvidas na criação de uma voz por meio de aplicações tecnológicas.

3.3 A reprodução (recriação) de voz já existente

A situação mais emblemática envolvendo *deep voice*, e que tem sido cada vez mais corriqueira, trata-se da reprodução de uma voz já existente, sendo possível citar casos como: i) a criação da música "*Heart On My Sleeve*" por intermédio de uma inteligência artificial treinada com as vozes dos cantores Drake e The Weeknd, a qual replicou, de modo quase perfeito o timbre, a entonação, velocidade e dicção de ambos os cantores;[34] ii) a criação de bancos de voz para pessoas com Esclerose Lateral Amiotrófica (ELA), câncer de garganta, paralisia cerebral e doença de Parkinson, de modo a garantir a posterior utilização da própria voz da pessoa em *softwares* de fala pessoais.[35]

Sobre o tema, é possível delinear, ainda, alguns parâmetros a fim de que se autorize a reprodução de uma voz por uma IA, notadamente, "(i) a previsão expressa em contrato em vida e autorização da família, (ii) a finalidade da recriação da imagem e (iii) a adequação da imagem criada *post mortem* à imagem-atributo construída em vida pela pessoa".[36]

---

ambiente virtual. *Direito e Desenvolvimento*, [S.l.], v.13, n.2, p.155-169, 2023. Disponível em: https://periodicos.unipe.br/index.php/direitoedesenvolvimento/article/view/1481. Acesso em: 25 mar. 2024.

[34] SAVAGE, Mark. AI-generated Drake and The Weeknd song goes viral. *BBC News*. 2023. Disponível em: https://bbc.in/3Apmimg. Acesso em: 20 abr. 2023.

[35] MORRIS, Amanda; ARD, Alexa Juliana; CHEN, Szu Yu. How AI is restoring voices damaged by ALS using voice banking. *The Washington Post*. 2023. Disponível em: https://wapo.st/43OpNk1. Acesso em: 20 abr. 2023.

[36] MONTEIRO FILHO, Carlos Edison do Rêgo; MEDON, Filipe. A reconstrução digital póstuma da voz e da imagem: critérios necessários e impactos para a responsabilidade civil. *Migalhas*. 2021. Disponível em: https://www.migalhas.com.br/coluna/migalhas-de-responsabilidade-civil/350356/a-reconstrucao-digital-postuma-da-voz-e-da-imagem. Acesso em: 25 mar. 2024.

Insta salientar que têm se tornado cada vez mais comuns situações de previsão expressa em contrato autorizando a utilização de IA para recriação da voz, como no caso do icônico dublador do personagem Darth Vader na franquia de filmes Star Wars, James Earl Jones, o qual cedeu os direitos de sua voz para que seja recriada digitalmente, para futuras sequências da franquia, devido ao fato de o dublador ter se aposentado.[37]

No mesmo giro, a mundialmente famosa dubladora Masako Nozawa, a qual dá voz ao personagem Goku no anime Dragon Ball, procedeu à cessão de direitos relativos à utilização da voz para recriação digital de sua voz após sua morte.[38]

Lado outro, verificam-se, também, casos de vedação à utilização de IA, como por exemplo no caso da cantora Madonna, a qual proibiu a utilização de inteligência artificial para recriar sua imagem ou voz após sua morte.[39]

Em relação à reprodução de uma voz já existente, como no caso de pessoas falecidas dantes ao advento da inteligência artificial de *deep voice*, destaca-se que, a despeito de *inexistir autorização expressa do titular da voz*, não houve sua vedação, e, por esse motivo, não se constataria nenhum critério intransponível à sua utilização, desde que houvesse a *concordância dos herdeiros* bem como *não existisse a violação à imagem-atributo do falecido.*[40]

Tal situação pode ser vislumbrada no caso da reprodução da voz do famoso cantor sul-coreano Kim Kwang-Seok, falecido em 1996,[41] ou

---

37 MOORE, Schuyler. Who Owns Voice And Image Artificial Intelligence Rights? *Forbes*. 2022. Disponível em: https://bit.ly/41HUk0T. Acesso em: 20 abr. 2023.

38 SANDOVAL, Alberto. A inteligência artificial poderia ser a substituta de Masako Nozawa como a voz de Goku no futuro de Dragon Ball. *Metro World News*. 2024. Disponível em: https://www.metroworldnews.com.br/ciencia-e-tecnologia/2024/02/16/a-inteligencia-artificial-poderia-ser-a-substituta-de-masako-nozawa-como-a-voz-de-goku-no-futuro-de-dragon-ball/. Acesso em: 24 mar. 2024.

39 JIMENEZ, Keila. Madonna organiza testamento e proíbe o uso de inteligência artificial após a sua morte. *R7*. 2023. Disponível em: https://entretenimento.r7.com/prisma/keila-jimenez/videos/madonna-deixa-orientacoes-sobre-heranca-e-uso-da-imagem-11072023. Acesso em: 24 mar. 2024.

40 MONTEIRO FILHO, Carlos Edison do Rêgo; MEDON, Filipe. A reconstrução digital póstuma da voz e da imagem: critérios necessários e impactos para a responsabilidade civil. *Migalhas*. 2021. Disponível em: https://www.migalhas.com.br/coluna/migalhas-de-responsabilidade-civil/350356/a-reconstrucao-digital-postuma-da-voz-e-da-imagem. Acesso em: 25 mar. 2024.

41 BBC NEWS. Brasil. Inteligência artificial 'ressuscita' voz de cantor morto em 1996. *BBC News*. 2021. Disponível em: https://www.bbc.com/portuguese/geral-56070198. Acesso em: 07 de maio 2021.

mesmo na campanha publicitária do Dia dos Pais de 2021 promovida pelo Mercado Livre, que utilizou a inteligência artificial para recriar a voz de José Antunes Coimbra (pai do jogador Zico).[42]

Ademais, ressalta-se, ainda, a possibilidade de a reprodução da voz ser utilizada tanto para *fins econômicos* quanto para *fins não econômicos*.

Desse modo, inexistindo consentimento dos herdeiros, extrai-se do artigo 20 do Código Civil que o cônjuge, os ascendentes ou os descendentes poderão requerer a proteção aos direitos de personalidade do falecido pleiteando a cessação da divulgação bem como a reparação prevista no artigo 12 do Código Civil, a título de direito próprio dos herdeiros.

Ante a todos os aspectos explicitados, compreende-se que o principal problema relativo à utilização da *deepfake* seria a hipótese na qual a referida tecnologia digital é utilizada com o intuito de enganar terceiros. Há casos relevantes da aplicação da técnica, como o do canal do YouTube que criou *deepfakes* com voz do cantor Jay-Z, o que levou o artista a tomar medidas judiciais e extrajudiciais para promover a remoção do conteúdo da plataforma.[43]

Destaca-se ainda que os eventuais danos decorrentes da utilização de *deepfake* não se limitam ao titular da voz ou a seus herdeiros, atingindo também os consumidores.

> Um áudio *fake* vazado na mídia a véspera de uma eleição tem condições de alterar os resultados das urnas. Ainda que o mesmo seja posteriormente periciado, identificada a origem da mensagem enganosa e punidos os responsáveis, o prejuízo já ocorreu e em determinadas situações é impossível o retorno ao status quo ante.[44]

---

[42] FELIPPE, Marina. Mercado Livre recria voz de pai de Zico e faz pedido no Maracanã. *Exame*. 2021. Disponível em: https://exame.com/marketing/mercado-livre-recria-voz-de-pai-de-zico-e-faz-pedido-no-maracana/. Acesso em: 25 mar. 2024.

[43] SILVA, Gabriela Buarque Pereira. A tutela da voz e a *deepfake music*. *Jota*. 2020. Disponível em: https://www.jota.info/opiniao-e-analise/artigos/a-tutela-da-voz-e-a-deepfake-music-04072020. Acesso em: 24 mar. 2024.

[44] SIQUEIRA, Dirceu Pereira; MORAIS, Fausto Santos de; TENA, Lucimara Plaza. Voz reproduzida por IA acelera reflexões sobre a necessidade da proteção da personalidade em ambiente virtual. *Direito e Desenvolvimento*, [S.l.], v.13, n.2, p.161, 2023. Disponível em: https://periodicos.unipe.br/index.php/direitoedesenvolvimento/article/view/1481. Acesso em: 25 mar. 2024.

A tecnologia de *deep voice* demonstra uma capacidade notável de enganar indivíduos, resultando em implicações éticas e legais substanciais. Essa tecnologia tem a capacidade de reproduzir, com precisão, o timbre, a entonação e até mesmo os padrões de fala distintivos de indivíduos específicos, podendo, em muitos casos, ser utilizada para induzir as pessoas ao erro, o que ensejaria a atribuição de responsabilidade civil pela utilização inadequada da referida tecnologia.

4 Considerações finais

A pesquisa buscou analisar as controvérsias jurídicas e éticas havidas na utilização indevida da tecnologia da *deep voice* no contexto da sociedade contemporânea.

Nesse contexto, verificou-se que o conceito tradicional de voz tem sido desafiado diante do advento de novas tecnologias, como o *deep voice,* de modo que a voz passa a não ser definida somente como o som produzido pelo ser humano, mas também como o produzido computacionalmente.

A partir dos estudos desenvolvidos, constatou-se que a tecnologia de *deep voice* poderá ser utilizada por terceiros nas seguintes circunstâncias:

a) *a criação de uma nova voz:* criada licitamente por meio de um banco de dados de vozes genérico, desde que não se viole o direito conexo do autor nem o direito de personalidade à voz;

b) *a criação de uma nova voz similar a uma voz existente:* desde que não haja o intuito de atrelar essa nova voz a uma pessoa existente determinada, seja pela utilização do nome ou da imagem;

c) *a reprodução (recriação) de voz já existente:* criada a partir de um banco de dados com uma voz específica, sendo que nesse caso há direito conexo ao autor (para contribuições com intervenção original e criativa do intérprete) ou direito de personalidade à voz, hipótese na qual, para utilização da voz recriada via IA, exige-se o consentimento do detentor da voz ou dos herdeiros, em se tratando de pessoa falecida.

Nessa perspectiva, no tocante às circunstâncias estabelecidas no item "b", a similaridade de vozes poderá induzir a erro o receptor, e, por esse motivo, o criador da mídia deverá sinalizar a modificação realizada, sob pena de caracterizar uma *deepfake*, mesmo que diante de uma conduta culposa, o que, por conseguinte, poderia ensejar a atribuição de responsabilidade civil, se presente algum dano. Ademais, em relação às circunstâncias estabelecidas no item "c", poderá haver situações em que o receptor acredite se tratar do titular da voz já existente, impondo-se, da mesma forma, dever de sinalização do emprego da tecnologia de *deep voice*, sob pena de, por intermédio de uma conduta dolosa, caracterizar uma *deepfake*.

Por fim, a utilização da tecnologia digital do *deep voice* deve, primordialmente, observar os direitos de personalidade e os direitos de autor dos indivíduos que têm sua voz replicada, sem autorização legal para tanto, bem como, em relação aos falecidos, autorização dos familiares e inexistência de violação à imagem-atributo dos mesmos, evitando-se, ainda, que o *deep voice* seja utilizado para enganar os consumidores (hipótese que caracterizaria *deepfake*), garantindo-se assim a efetiva proteção dos consumidores no mercado de consumo digital, sob pena de imputação de responsabilidade civil por eventuais prejuízos causados.

Referências

ANJOS, Marco Antonio dos. *O humor:* estudo à luz do direito de autor e da personalidade. Tese (Doutorado) – Programa de Pós-Graduação em Direito. Universidade de São Paulo, São Paulo, 2009. Disponível em: https://www.teses.usp.br/teses/disponiveis/2/2131/tde-03052010-111135/pt-br.php. Acesso em: 18 mar. 2024.

BBC NEWS. Brasil. Inteligência artificial "ressuscita" voz de cantor morto em 1996. *BBC News*. 2021. Disponível em: https://www.bbc.com/portuguese/geral-56070198. Acesso em: 07 maio 2021.

BITTAR, Carlos Alberto. *Os direitos da personalidade*. 7. ed., rev., ampl. e atual. por Eduardo Carlos Bianca Bittar. Rio de Janeiro: Forense, 2008.

BRASIL. *Código Civil*. 2002. Disponível em: https://www.planalto.gov.br/ccivil_03/leis/2002/l10406compilada.htm. Acesso em: 18 mar. 2024.

BRASIL. *Constituição Federal*. 1998. Disponível em: https://www.planalto.gov.br/ccivil_03/constituicao/constituicao.htm. Acesso em: 18 mar. 2024.

BRASIL. *Decreto 544*. 1962. Disponível em: https://legislacao.presidencia.gov.br/atos/?tipo=DCM&numero=544&ano=1962&data=31/01/1962&ato=5f0UTTE9kMVRVT082. Acesso em: 19 mar. 2024.

BRASIL. *Decreto 57.125*. 1965. Disponível em: https://www2.camara.leg.br/legin/fed/decret/1960-1969/decreto-57125-19-outubro-1965-397457-publicacaooriginal-1-pe.html. Acesso em: 19 mar. 2024.

BRASIL. *Lei 4.944*. 1966. Disponível em: https://www.planalto.gov.br/ccivil_03/leis/1950-1969/l4944.htm#:~:text=LEI%20No%204.944%2C%20DE%206%20DE%20ABRIL%20DE%201966.&text=Dispõe%20sôbre%20a%20proteção%20a,radiodifusão%2C%20e%20dá%20outras%20providências. Acesso em: 08 mar. 2024.

BRASIL. *Lei 5.988*. 1973. Disponível em: https://www.planalto.gov.br/ccivil_03/leis/L5988.htm. Acesso em: 19 mar. 2024.

BRASIL. *Lei de Direito Autoral*. 1988. Disponível em: https://www.planalto.gov.br/ccivil_03/leis/l9610.htm. Acesso em: 19 mar. 2024.

BRASIL. Superior Tribunal de Justiça. *Jurisprudência em teses*. 138. ed. 2019 Disponível em: https://scon.stj.jus.br/SCON/jt/toc.jsp?livre=@docn=000006621. Acesso em: 19 mar. 2024.

BRASIL. Superior Tribunal de Justiça. *REsp 1630851/SP*. Voto do Min. Paulo de Tarso Sanseverino. 2014. Disponível em: https://processo.stj.jus.br/processo/revista/inteiroteor/?num_registro=201403080659&dt_publicacao=22/06/2017. Acesso em: 18 mar. 2024.

CHESNEY, Bobby; CITRON, Danielle. Deepfakes: A Looming Crisis for National Security, Democracy and Privacy? *Lawfare*. 2018. Disponível em: https://bit.ly/3mRhraA. Acesso em: 20 abr. 2023.

DICÇÃO. *In:* DICIONÁRIO Michaelis. 2022. Disponível em: https://michaelis.uol.com.br/busca?id=bQzz. Acesso em: 03 maio 2022.

FELIPPE, Marina. Mercado Livre recria voz de pai de Zico e faz pedido no Maracanã. *Exame*. 2021. Disponível em: https://exame.com/marketing/mercado-livre-recria-voz-de-pai-de-zico-e-faz-pedido-no-maracana/. Acesso em: 25 mar. 2024.

GOMES, Orlando. *Introdução ao direito civil*. Atualizado por Edvaldo Brito; Reginalda Paranhos de Brito. 22. ed. Rio de Janeiro: Forense, 2019. [*E-book*].

GUIMARÃES, Clayton Douglas Pereira; GUIMARÃES, Glayder Daywerth Pereira. *Deep voice*: afinal, existe direito à própria voz? *Magis – Portal Jurídico*. 2023. Disponível em: https://magis.agej.com.br/deep-voice-afinal-existe-direito-a-propria-voz/. Acesso em: 19 mar. 2024.

GUSTIN, Miracy Barbosa de Sousa; DIAS, Maria Tereza Fonseca. *(Re)pensando a pesquisa jurídica:* teoria e prática. 3. ed. Belo Horizonte: Del Rey, 2010.

HIGÍDIO, José. Direito autoral de obras criadas por IA é problema ainda muito longe de solução. *Conjur*. 2023. Disponível em: https://www.conjur.com.br/2023-jul-17/direito-autoral-obras-criadas-ia-problema-ainda-longe-solucao/. Acesso em: 11 jul. 2024.

IBM. *O que é o deep learning?* 2023. Disponível em: https://ibm.co/3mPjZG2. Acesso em: 19 mar. 2024.

JIMENEZ, Keila. Madonna organiza testamento e proíbe o uso de inteligência artificial após a sua morte. *R7*. 2023. Disponível em: https://entretenimento.r7.com/prisma/keila-jimenez/videos/madonna-deixa-orientacoes-sobre-heranca-e-uso-da-imagem-11072023. Acesso em: 24 mar. 2024.

LEONARDI, Fernanda Stinchi Pascal. *Tutela civil da voz*. Dissertação (Mestrado) – Programa de Pós-Graduação em Direito. Universidade de São Paulo, São Paulo, 2010. Disponível em: https://teses.usp.br/teses/disponiveis/2/2131/tde-08072011-134359/publico/FSPL_DISSERTACAO_INTEGRAL.pdf. Acesso em: 03 mar. 2024.

MCGETTIGAN, Carolyn; LAVAN, Nadine. Human voices are unique – but our study shows we're not that good at recognising them. *The Conversation*. 2017. Disponível em: https://bit.ly/3oFWVdD. Acesso em: 20 abr. 2023.

MCLACHLAN, Hugh. Is every human voice and fingerprint really unique? *The Conversation*. 2016. Disponível em: https://bit.ly/3H8itpz. Acesso em: 20 abr. 2023.

MONTEIRO FILHO, Carlos Edison do Rêgo; MEDON, Filipe. A reconstrução digital póstuma da voz e da imagem: critérios necessários e impactos para a responsabilidade civil. *Migalhas*. 2021. Disponível em: https://www.migalhas.com.br/coluna/migalhas-de-responsabilidade-civil/350356/a-reconstrucao-digital-postuma-da-voz-e-da-imagem. Acesso em: 25 mar. 2024.

MOORE, Schuyler. Who Owns Voice And Image Artificial Intelligence Rights? *Forbes*. 2022. Disponível em: https://bit.ly/41HUk0T. Acesso em: 20 abr. 2023.

MORATO, Antonio Carlos. Direito à voz: reflexões sobre sua proteção no âmbito da sociedade de informação. In: PAESANI, Liliana Minardi (Coord). *O direito na sociedade da informação*. São Paulo: Atlas, 2007, p.159-175.

MORRIS, Amanda; ARD, Alexa Juliana; CHEN, Szu Yu. How AI is restoring voices damaged by ALS using voice banking. *The Washington Post*. 2023. Disponível em: https://wapo.st/43OpNk1. Acesso em: 20 abr. 2023.

PONTES DE MIRANDA, Francisco Cavalcanti. *Tratado de direito privado*. Tomo VII. Rio de Janeiro: Borsoi, 1955.

SANDOVAL, Alberto. A inteligência artificial poderia ser a substituta de Masako Nozawa como a voz de Goku no futuro de Dragon Ball. *Metro World News*. 2024. Disponível em: https://bit.ly/3Q7IERU. Acesso em: 24 mar. 2024.

SAVAGE, Mark. AI-generated Drake and The Weeknd song goes viral. *BBC News*. 2023. Disponível em: https://bbc.in/3Apmimg. Acesso em: 20 abr. 2023.

SCHIRRU, Luca. *Direito autoral e inteligência artificial:* autoria e titularidade nos produtos da IA. Rio de Janeiro, 2020. Tese (Doutorado em Políticas Públicas, Estratégias e Desenvolvimento) – Instituto de Economia, Universidade Federal do Rio de Janeiro, Rio de Janeiro, 2020. Disponível em: https://bit.ly/4b17evu. Acesso em: 22 mar. 2024.

SCHREIBER, Anderson; RIBAS, Felipe; MANSUR, Rafael. *Deepfakes*: regulação e responsabilidade civil. *In:* TEPEDINO, Gustavo; SILVA, Rodrigo da Guia (Coords.). *O direito civil na era da inteligência artificial*. São Paulo: Thomson Reuters, 2020, p.609-626.

SILVA, Gabriela Buarque Pereira. A tutela da voz e a *deepfake music*. *Jota*. 2020. Disponível em: https://www.jota.info/opiniao-e-analise/artigos/a-tutela-da-voz-e-a-deepfake-music-04072020. Acesso em: 24 mar. 2024.

SIQUEIRA, Dirceu Pereira; MORAIS, Fausto Santos de; TENA, Lucimara Plaza. Voz reproduzida por IA acelera reflexões sobre a necessidade da proteção da personalidade em ambiente virtual. *Direito e Desenvolvimento*, [S.l.], v.13, n.2, p.155-169, 2023. Disponível em: https://periodicos.unipe.br/index.php/direitoedesenvolvimento/article/view/1481. Acesso em: 25 mar. 2024.

TCHAUER, Deborah Gampel. *Envelhecimento e voz:* características principais e repercussão social. Dissertação (Mestrado) – Programa de Pós-Graduação em Gerontologia. Pontifícia Universidade Católica de São Paulo, São Paulo, 2007. Disponível em: https://tede.pucsp.br/bitstream/handle/12514/1/Gampel.pdf. Acesso em: 03 mar. 2024.

TISI, André. A reprodução de uma voz humana determinada. *Aurum*. 2023. Disponível em: https://www.aurum.com.br/blog/direitos-autorais/. Acesso em: 22 mar. 2024.

WITKER, Jorge. *Como elaborar una tesis en derecho:* pautas metodológicas y técnicas para el estudiante o investigador del derecho. Madrid: Civitas, 1985.

OS LIMITES DA INTERVENÇÃO NA OBRA ARTÍSTICA: CASOS EMBLEMÁTICOS BRASILEIROS E A CONTROVÉRSIA DOS DIREITOS MORAIS

MÉRIAN HELEN KIELBOVICZ

Introdução

A conexão entre o criador e sua criação é um pilar essencial dos direitos intelectuais, uma noção que ganha especial relevância no contexto das artes. Este estudo propõe um exame aprofundado dos direitos morais do autor, explorando a dicotomia entre a proteção legal conferida à obra e as liberdades criativas dentro do quadro jurídico brasileiro. Em sua essência, os direitos morais visam a proteção da integridade da obra e a paternidade do autor, garantindo que as suas visões e contribuições originais permaneçam intactas e respeitadas.

Utilizando uma abordagem metodológica multidisciplinar, que envolve análise legal e estudo de casos concretos, a pesquisa percorre o caminho da legislação e da jurisprudência, com um foco particular na Lei nº 9.610/1998, que consolida os direitos morais como inalienáveis e irrenunciáveis. O método inclui uma análise detalhada de decisões e uma reflexão sobre suas implicações para as relações entre criadores, obras e a sociedade. Assim, tem-se como finalidade elucidar a interpretação atual e as tendências na jurisprudência brasileira no que se refere ao equilíbrio entre a autoria e as intervenções nas obras protegidas por direitos autorais.

O estudo também se debruça sobre o desenvolvimento conceitual dos direitos morais, acompanhando sua evolução desde os primórdios da proteção autoral até os acordos internacionais vigentes que influenciam as leis nacionais. A investigação jurídica se aprofunda na definição de autoria, destacando a criação como um processo que transita da ideia inicial até a sua manifestação e subsequente proteção sob o manto da legislação de direitos autorais.

Em conclusão, este trabalho ressalta a importância de harmonizar os direitos morais do autor com a evolução artística, reiterando que o direito autoral deve ser interpretado de forma a promover tanto a integridade da obra quanto a inovação cultural. Contudo, a controvérsia corresponde aos casos em que as decisões entendem de modo diverso em situações semelhantes, chegando-se ao ponto central da presente discussão: quais são os limites para o judiciário?

Portanto, as reflexões e os debates propostos aqui incentivam um diálogo contínuo e progressista acerca da legislação de direitos autorais no Brasil. Enfatiza-se a necessidade de um panorama jurídico que compreenda as complexidades da criação contemporânea. Simultaneamente, é fundamental que as decisões judiciais em casos análogos sejam consistentes e não apresentem a divergência atualmente notada, sempre protegendo os direitos garantidos pela legislação em vigor, a fim de prevenir responsabilidades legais.

1 Arte em juízo: direitos morais e a dignidade da criação

No primeiro capítulo do presente estudo, a análise jurídica se aprofundará na relação entre o autor e sua obra, investigando os fundamentos legais que sustentam os direitos morais sob uma ótica crítica. Nesse rumo, será tratado como o direito brasileiro enquadra a autoria e a integridade da criação, refletindo sobre o binômio autor-obra no espectro da proteção intelectual. Além disso, este segmento do estudo examinará o processo pelo qual uma obra se transfigura de um conceito imaterial para uma entidade com direitos reconhecidos, considerando as implicações de tais transformações no ambiente legal contemporâneo.

1.1 Análise legal dos direitos morais do autor: a relação entre criador e criação

De plano, antes de explorar o tema do direito moral e, por conseguinte, as criações derivadas, deve-se estabelecer o conceito de autor para o direito pátrio. A noção de autoria está intrinsecamente ligada à ideia de uma obra criativa perceptível. Segundo Antônio Chaves (1963), entende-se autoria como a capacidade de criar, uma definição que, ao ser aplicada a obras de natureza espiritual, transcende a mera concepção até a sua materialização tangível, desde uma ideia – ainda não protegida legalmente – até sua expressão final, frequentemente de forma gráfica, momento no qual se torna relevante para o direito autoral. Portanto, a existência de um autor pressupõe a atribuição de uma criação específica a essa pessoa.

Esse conceito não apenas expande a compreensão de que o processo criativo e a sua expressão material são elementos fundamentais para a identificação e proteção dos direitos do autor, mas também sublinha o percurso desde a inspiração inicial até a materialização da obra, que destaca a importância da expressão única e original, que qualifica uma criação para proteção sob a legislação de direitos autorais. Assim, a proteção legal é assegurada quando a ideia criativa é expressa de maneira concreta e passível de atribuição a seu criador, consolidando a ligação entre autoria e obra no âmbito do direito (CHAVES, 1963).

Após a conceitualização de autoria, passa-se ao objetivo deste tópico, apresentar os principais momentos históricos e disposições legais sobre os direitos morais do autor e os reflexos em relação às criações. Para isso, ressalta-se que a gênese dos direitos intelectuais remonta a 1877, com Edmond Picard à frente da proposta para reconhecer e estabelecer essa nova classe de direitos. Sua tese pavimentou o caminho para a legislação belga de 1886, marcando um ponto de inflexão na forma como os direitos intelectuais foram conceituados e protegidos (BITTAR, 2004).

Pontua-se que o referido marco legislativo não apenas solidificou a noção de direitos intelectuais na Bélgica, mas também serviu de modelo para a adoção em convenções internacionais. Com o tempo, essa influência se estendeu às legislações nacionais de vários países, consolidando os direitos intelectuais como um pilar fundamental na proteção da criação intelectual e artística (BITTAR, 2004).

Neste passo, a Convenção de Berna, estabelecida em 1886, definiu parâmetros fundamentais para a proteção dos direitos autorais, enfatizando a importância da ausência de formalidades como mecanismo fundamental para salvaguarda desses direitos.

Essa convenção constitui-se como um dos mais importantes acordos internacionais de proteção autoral da história até o momento (ASCENSÃO, 1997). A convenção estipulou que a proteção da obra não deve estar sujeita a formalidades, permitindo que os direitos do autor sejam reconhecidos automaticamente pela simples criação da obra, um princípio revolucionário para a época. Essa convenção teve papel basilar na formação das legislações nacionais sobre direitos autorais, influenciando diretamente a legislação brasileira.

O caminho para o reconhecimento dos direitos intelectuais e sua proteção formal é uma narrativa de progresso e adaptação global, marcada pela evolução de acordos bilaterais no século XIX para tratados de maior envergadura, como a Convenção de Paris (1883), a Convenção de Berna (1886) e o Acordo TRIPS (1994). Nesse contexto, observou-se uma mudança paradigmática na valorização da propriedade intelectual, refletida nas promulgações legais subsequentes. Essa transformação não apenas criou um ambiente propício à inovação e expressão criativa, mas também moldou a direção em que as leis passaram a promover o avanço cultural e tecnológico, ao proporcionar compensação equitativa aos criadores (GERVAIS, 2002).

No ordenamento jurídico brasileiro, os direitos autorais foram reconhecidos inicialmente na Constituição de 1891 (BRASIL, 1891), e, atualmente, a Constituição Federal de 1988 (BRASIL, 1988) assegura esses direitos nos artigos 5º, XXVII e XXVIII. Desde sua incorporação no marco constitucional brasileiro, os direitos autorais têm sido ampliados e fortalecidos, refletindo a importância da proteção à propriedade intelectual.

Com a promulgação do Código Civil de 1916, o Brasil começou a reconhecer o princípio da ausência de formalidades, uma mudança significativa em relação à Lei nº 496 de 1898, que exigia o registro da obra na Biblioteca Nacional para a validação dos direitos do autor (LEITE, 2004). Esse avanço permitiu uma maior flexibilidade e reconhecimento dos direitos autorais, alinhando-se aos princípios estabelecidos pela Convenção de Berna.

Neste passo, no que se refere à legislação brasileira, foi a partir da Lei nº 9.610/1998 que houve um marco sobre direitos autorais, reafirmando os direitos morais do autor como inalienáveis e irrenunciáveis (SANTOS, 2009). Esta lei especifica diversos direitos morais, incluindo o direito à paternidade da obra, à integridade da obra, a fazer modificações e a retirá-la de circulação em certas circunstâncias, refletindo os princípios internacionais e consolidando a proteção ao autor no contexto nacional (GANDELMAN, 1997).

De acordo com o artigo 24 da Lei dos Direitos Autorais brasileira (Lei nº 9.610/1998), os direitos morais do autor são considerados direitos personalíssimos, característica que os torna inalienáveis e irrenunciáveis. O mencionado dispositivo destaca diversas prerrogativas importantes atribuídas ao autor, visando a proteção da sua conexão íntima com a obra criada (BRASIL, 1998).

Ademais, os citados direitos sublinham a importância da obra não apenas como um produto cultural ou intelectual, mas como uma extensão da personalidade e da expressão individual do autor. Ao assegurar essas garantias, a lei protege não somente a criação artística ou literária em si, mas também a dignidade, a honra e a imagem do criador, refletindo a valorização da contribuição única que cada autor traz ao patrimônio cultural e intelectual da sociedade (BRASIL, 1998).

No que se refere ao criador e à criação, ressalta-se que, nesse campo, a ética do trabalho de Locke é frequentemente invocada quando se discute a propriedade intelectual. De acordo com essa visão, o trabalho que um indivíduo investe em qualquer atividade, seja ela manual ou intelectual, confere a esse indivíduo um direito moral sobre o produto desse esforço. Assim, no campo dos direitos autorais, o criador ou inventor é considerado merecedor do direito de propriedade sobre sua criação, visto o valor do esforço pessoal e da originalidade, sustentando a noção de que os criadores devem ter a segurança de controlar e beneficiar-se do uso de suas obras (PALMER, 1990).

Ao examinar os aspectos legais que envolvem o criador e a obra, destaca-se que o propósito deste estudo é esclarecer esses eixos centrais do direito moral do autor. Será examinado, posteriormente, o contexto em que artistas reproduzem músicas sob proteção autoral, modificando letras ou partes, em desacordo com o estabelecido pela legislação brasileira. Adicionalmente, serão investigados casos práticos para determinar a consistência na aplicação da lei. Para isso, no tópico seguinte abordar-se-á a dinâmica entre o criador, a obra e a aplicação prática da legislação pertinente.

1.2 O espaço criativo até o reconhecimento legal

Após a apresentação da base legal, dos tratados e como a legislação brasileira aplica e protege os direitos morais do autor, neste capítulo será explorado o percurso da criação artística e intelectual até a sua consolidação no ordenamento jurídico, delineando-se sobre como as obras nascem da imaginação e materializam-se em formas protegidas por direitos autorais. A partir disso, o estudo irá discorrer a respeito da transição da ideia inicial, passando pela materialização da obra e culminando na atribuição do *status* legal que reconhece e protege o criador.

No percurso que leva a criação artística até seu reconhecimento legal, tem-se o elo indissolúvel entre a obra e o autor, cujos direitos morais são considerados uma extensão da personalidade do criador, manifestando-se não só na paternidade da obra, mas também na sua integridade e no direito a eventuais modificações ou mesmo à reclusão da obra do domínio público (SANTOS, 2009).

Além disso, os direitos autorais não se limitam apenas ao âmbito pessoal, mas se cruzam com questões de direitos humanos fundamentais, conforme indicado pela Declaração Universal dos Direitos Humanos, em seu artigo 27. A proteção dos direitos autorais, portanto, é uma faceta que transcende o reconhecimento do autor e permeia o direito da sociedade de participar e contribuir para a cultura e o conhecimento (UN, [s.d.]).

Em relação aos direitos patrimoniais, há um enfoque na reserva de benefícios econômicos que advêm da exploração da obra, como um incentivo para a continuação da produção intelectual criativa. Esta dualidade entre os aspectos morais e patrimoniais dos direitos autorais revela uma tentativa de equilibrar a remuneração justa e o reconhecimento devido ao criador com o acesso público ao conhecimento e à cultura (DINIZ, 2013).

Ainda, cite-se que: "a par da sagração dos direitos patrimoniais a nível constitucional, teríamos também a consagração dos direitos denominados 'morais', a fim de completar-se o sistema protetivo dos direitos intelectuais" (BITTAR, 1987, p. 326). Dito isso, nota-se que a proteção constitucional dos direitos autorais no Brasil reflete uma dualidade fundamental: enquanto os direitos patrimoniais recebem amplo destaque, a inclusão dos direitos morais evidencia a tentativa de equilibrar interesses econômicos com a dignidade intelectual do criador.

Carlos Alberto Bittar (1987), ao enfatizar essa dualidade, reconhece implicitamente que a obra intelectual é mais do que um bem mercantil; ela é uma extensão da personalidade do autor. A consagração dos direitos morais, portanto, não é apenas um complemento ao sistema de direitos intelectuais, mas um reconhecimento da necessidade intrínseca de resguardar a integridade pessoal e criativa que está intrinsecamente ligada à obra.

Pontua-se que a interação entre o direito de autor e a liberdade de criação artística gera um debate substancial. Historicamente, a arte e a inovação floresceram em culturas que nem sempre formalizaram direitos autorais como são conhecidos atualmente. A antiguidade clássica, por exemplo, viu o surgimento de obras imortais sob um regime que não reconhecia direitos autorais de forma legislativa. Isso destaca uma ideia fundamental: que a liberdade de criar é intrínseca à condição humana e pode ser nutrida, mas não é necessariamente dependente de estruturas legais de proteção à propriedade intelectual. Enquanto obstáculos como a censura representam uma restrição direta à liberdade de expressão, o direito de autor serve como um mecanismo destinado a incentivar e preservar a expressão cultural, embora sua relação com a criatividade seja complexa e multifacetada (ASCENSÃO, 2013).

Posto isso, verifica-se que a evolução das leis de direitos autorais revela uma questão complexa de influências e intenções, entrelaçando teorias de direito natural com princípios utilitaristas. Enquanto a França (*droid d'auteur*) e a Inglaterra (*copyright*) adotaram abordagens distintas para a proteção do direito de autor, ambas as tradições procuraram harmonizar o reconhecimento do mérito dos criadores com as necessidades práticas de distribuição e comércio. O resultado foi uma base legislativa híbrida, equilibrando a proteção dos interesses dos criadores com os benefícios coletivos do acesso e da disseminação da cultura (MONCAU, 2015).

Por isso, é imperativo abordar a proteção do direito de autor sob uma ótica que transcende a mera preservação de interesses individuais para contemplar a essência coletiva e progressista da cultura. Os mecanismos legais devem ser vistos não como barreiras intransponíveis ao intercâmbio cultural, mas como facilitadores de uma dinâmica equitativa. Logo, uma reflexão sobre o direito de autor implica reconhecer seu papel como catalisador da inovação, mas também como potencial obstáculo que deve ser continuamente reavaliado à luz do seu impacto real sobre a cultura e a sociedade.

Aprofundando a discussão jurídica em torno do direito de autor, o próximo capítulo visa delinear a respeito de casos emblemáticos e a correspondente jurisprudência sobre direitos morais, um aspecto crítico e por vezes controverso da propriedade intelectual no campo das artes. A análise de casos-chave servirá como um prisma para examinar as nuances e os dilemas enfrentados pelos tribunais ao interpretar os direitos morais dos artistas, equilibrando-os com o interesse público e as implicações culturais das decisões legais.

2 Os limites da responsabilidade no direito moral do autor a partir da jurisprudência brasileira

Antes do presente item se aprofundar nos limites e responsabilidades dos direitos morais do autor, reforça-se o entendimento apresentado no capítulo dois deste estudo, ao indicar que é fundamental a identificação das características que tornam uma obra protegível, pois não é todo produto do intelecto humano que está apto a receber tal proteção. Antônio Chaves (1987) preconiza que tais atributos são tríplices: a emanação do espírito criador, o molde em que se cristaliza a percepção sensorial e a originalidade – a assinatura imaterial do autor que confere unicidade à obra e justifica sua defesa sob o escudo da lei.

Neste passo, ao delinear sobre os casos-chave, menciona-se o Recurso Especial 103.297 – MG, julgado pelo Superior Tribunal de Justiça em 4 de fevereiro de 1997, que foi um marco na jurisprudência brasileira acerca da tutela dos direitos morais do autor. A decisão evidencia a proteção à integridade da obra intelectual, reforçando que mesmo a reprodução autorizada não pode afetar a essência da criação original. Este caso específico pautou-se na repreensão à prática editorial de publicar trechos de uma obra literária sem as devidas marcações de cortes ou alterações, resultando em uma nova mensagem, discrepante do pensamento original do autor, configurando uma violação dos direitos morais do criador.

Assim, a decisão ressaltou que, conforme dispõe o art. 24, IV, da Lei dos Direitos Autorais, cabe ao autor o direito inalienável de se opor a mudanças na obra, independentemente da qualidade dessas modificações:

> Direito do Autor. Texto literário. Reprodução. Modificação. Há ofensa ao direito do autor na reprodução não autorizada, – ainda que em obra didática, com indicação da origem e do nome do autor, – quando feita com cortes, nova disposição e montagem do original, prejudicando a criação literária (REsp n. 103.297-MG, Rel. Ministro Ruy Rosado de Aguiar, Quarta Turma, DJ de 24.3.1997).

Ao analisar as implicações do caso, torna-se evidente que o Tribunal não só reconheceu a alteração como um dano à obra, mas também enfatizou o prejuízo à honra e à reputação do autor. Essa sentença enfatiza a importância do direito moral à integridade da obra, resguardado pela Lei de Direitos Autorais (Lei nº 9.610/98), o qual proíbe qualquer alteração ou prática que possa prejudicar a obra ou prejudicar seu autor, colocando a prerrogativa da integridade da obra em uma posição de inquestionável relevância.

A decisão do STJ neste recurso especial não apenas fortaleceu a posição do autor como detentor dos direitos morais sobre a sua obra, mas também serviu como um alerta às editoras e outros agentes culturais sobre a seriedade das consequências legais em caso de violações. O respeito aos direitos morais é imperativo para a preservação da identidade e da dignidade da criação intelectual, assim como para a proteção da imagem e do legado dos autores perante a sociedade.

No campo das obras cinematográficas, os direitos morais do autor ostentam uma proteção robusta no ordenamento jurídico brasileiro. Como ilustrado pela Apelação Cível nº 23.242, julgada pelo Tribunal de Justiça do Rio de Janeiro, foi determinado que mesmo acordos previamente firmados relativos à cessão de direitos patrimoniais não têm o poder de suprimir ou comprometer os direitos morais, que são, por sua natureza, perpétuos e vinculados à personalidade do autor. A legislação da época, especificamente o art. 26 da Lei nº 5.988/73, preceituava que o autor tinha o direito exclusivo de manter a integridade de sua obra, uma faculdade que resiste à passagem do tempo e às mudanças contratuais.

Essa jurisprudência destaca um princípio ainda hoje vigente e fortalecido pela atual Lei de Direitos Autorais (Lei nº 9.610/98): o direito moral à integridade da obra. Tal direito permite que um autor, como um diretor de cinema, oponha-se a qualquer alteração da obra que possa prejudicar sua visão original ou atingir sua reputação. O caso citado ressalta a supremacia dos direitos morais sobre os acordos relativos aos direitos patrimoniais, reforçando o entendimento de que a identidade e a essência da obra devem ser preservadas, independentemente das transações comerciais.

Nota-se, com base nos julgados acima apresentados, que os limites da intervenção na obra artística sob a ótica dos direitos morais do autor são uma questão complexa e multifacetada na legislação e prática jurídica brasileira. Em casos emblemáticos, o direito moral à integridade da obra frequentemente entra em confronto com outros interesses, como a liberdade de expressão e a proteção legal da obra.

Dito isso, em casos julgados no Brasil, tem-se observado uma tendência do poder judiciário em resguardar os direitos morais do autor, principalmente no que se refere à proteção contra alterações que possam distorcer ou prejudicar a obra original. O direito à integridade da obra, garantido pelo art. 24, IV, da Lei nº 9.610/98 (Lei de Direitos Autorais), permite ao autor se opor a quaisquer modificações não consentidas que possam comprometer sua visão criativa ou o prejudicar em sua honra e reputação.

No entanto, a aplicação prática desse direito é muitas vezes controversa, especialmente em casos em que a obra é utilizada dentro de um contexto crítico, educacional ou informativo. A jurisprudência tem então o desafio de balancear os direitos morais com a função social da obra, considerando, por exemplo, as limitações ao direito autoral previstas pela lei, como a paródia e a crítica.

Pontua-se que o diálogo entre os direitos do autor e as liberdades fundamentais da sociedade é um campo em constante evolução e debate na doutrina e jurisprudência brasileira. Frente a isso, o próximo e derradeiro tópico terá a função de tratar de *cases* musicais que tiveram repercussões no Brasil, para que se verifique na prática os limites e responsabilidades.

3 Repercussões de casos emblemáticos e os impactos das alterações musicais nos direitos morais

Ao chegar no último item do estudo, que tem como objetivo interligar a parte teórica com casos práticos, para responder a seguinte indagação: quais são os limites da intervenção em músicas para o judiciário? Para isso, pontua-se que a intersecção entre a música e o direito autoral é um terreno vasto e desafiador, permeado por debates complexos sobre a proteção da propriedade intelectual e a liberdade de expressão artística. Nesse contexto, os direitos morais desempenham um papel fundamental, conferindo aos autores o direito de proteção à integridade de suas obras contra alterações que possam comprometer sua reputação ou significado original.

Os casos emblemáticos que surgem dessa interação entre música e direitos autorais frequentemente geram repercussões. Do ponto de vista legal, esses casos estabelecem precedentes importantes, que moldam o entendimento e a aplicação dos direitos morais, uma vez que uma decisão judicial que reconheça e proteja a visão do autor sobre a integridade de sua obra pode fortalecer não apenas sua posição, mas também a de outros criadores em litígios futuros.

Em um nível mais abstrato, o impacto desses casos emblemáticos ressalta o debate filosófico sobre a propriedade das ideias e o conceito de originalidade na era contemporânea. A música, como forma de expressão profundamente pessoal e culturalmente significativa, serve como palco para discussões mais amplas sobre identidade, poder e transformação cultural.

Neste passo, ao adentrar aos *case*s, destaca-se a decisão unânime da 5ª Câmara Cível do Tribunal de Justiça de Mato Grosso do Sul, que negou provimento à apelação interposta pelo Grupo Tradição, confirmando a sentença que o condenou ao pagamento de R$ 30.000,00 por danos morais. A controvérsia surgiu quando o grupo, durante a gravação de um CD e DVD em Campo Grande/MS, alterou a letra da música "Pé de Cedro", substituindo "cidade de Coxim" por "cidade de Campo Grande". Essa mudança gerou indignação na população de Coxim/MS, levando os sucessores do compositor a ingressar com uma ação de indenização por danos morais (MIGALHAS, 2012).

A fundamentação da decisão destacou a importância dos direitos morais do autor, ressaltando que a criação musical não pode ser alterada sem a autorização do compositor ou de seus sucessores. O relator do processo enfatizou que a integridade da obra deve ser preservada, conforme estabelecido na Lei de Direitos Autorais. Além disso, a decisão considerou que a alteração da letra da música sem autorização prévia infringiu os direitos do compositor e causou dano moral aos seus sucessores (MIGALHAS, 2012).

Quanto ao valor da indenização, fixado em R$ 30.000,00, a decisão levou em conta a gravidade da ofensa, a capacidade econômico-financeira do grupo Tradição e o caráter punitivo-pedagógico da medida. Apesar de reconhecer que quantificar o dano moral é uma tarefa delicada, o valor estabelecido foi considerado razoável e proporcional às circunstâncias do caso. Assim, a decisão da 5ª Câmara Cível reafirmou a importância da proteção dos direitos autorais e da integridade das obras artísticas, garantindo a reparação adequada para os danos causados pela alteração indevida da letra da música (MIGALHAS, 2012).

Já em outro caso recente, mas que ainda não teve desdobramentos legais, a cantora Claudia Leitte realizou a alteração na letra da música "Caranguejo" durante a apresentação de seu DVD "Axe-Music: ao vivo em Recife", lançado em 2014. Claudia substituiu um verso da música que originalmente saudava a orixá Iemanjá com uma referência a "Yeshua" (Jesus em hebraico), alinhando-se assim às suas crenças evangélicas (TERRA BRASIL NOTÍCIAS, 2024).

Destaca-se que a alteração desrespeitou a integridade da composição original, visto que tal ato infringe os direitos morais dos autores da música, pois modifica elementos essenciais da obra sem a permissão de seus criadores. Essa situação levanta importantes questões sobre os limites da liberdade artística quando conecta os direitos autorais e a importância de respeitar a essência das obras culturais, especialmente aquelas enraizadas em tradições específicas. A crítica se estende além da questão legal, apontando para uma reflexão sobre a responsabilidade de artistas em honrar a origem e o significado das obras que escolhem interpretar, especialmente em contextos culturais ricos e diversificados.

Pontua-se que, conforme se observou no primeiro caso, o julgador entendeu por condenar o Grupo Tradição, e essa mesma abordagem deveria ser aplicada a casos análogos, como no caso de Claudia Leitte, considerando que artistas têm o direito de expressar suas convicções, mas devem fazê-lo dentro dos limites éticos e legais estabelecidos pelos direitos morais dos criadores originais. Do ponto de vista jurídico, qualquer alteração na composição musical, inclusive nos casos previstos no art. 47 da Lei de Direitos Autorais, é indispensável a autorização expressa do autor para transformação de sua obra, sob pena de incorrer em indenização, como se observou no caso do grupo Tradição.

Contudo, ainda seguindo a análise de decisões, surge a controvérsia a partir do caso envolvendo a alteração de uma canção para uma propaganda comercial, mas que o tribunal se posicionou de forma diferente do que determina a lei. Nesse passo, a 3ª turma do Superior Tribunal de Justiça decidiu que a paródia da música "Garota de Ipanema" realizada por uma empresa de hortifrutigranjeiros não violou a lei de direitos autorais. A empresa havia mudado o verso famoso da canção para promover seus produtos, ao trocar o verso "Olha que coisa mais linda, mais cheia de graça" por "Olha que couve mais linda, mais cheia de graça" (MIGALHAS, 2018).

A Universal argumentou que a paródia, por ter finalidade comercial, não se enquadrava nas exceções previstas na Lei de Direitos Autorais (Lei nº 9.610/98, art. 47). No entanto, o STJ, através do ministro Ricardo Villas Bôas Cueva, entendeu que a lei não exige que a paródia seja não lucrativa ou não comercial, e que a legalidade da paródia deve ser analisada no contexto de cada caso, assegurando que não haja reprodução exata da obra original, nem conotação depreciativa. Com base nesses critérios, o recurso foi negado por unanimidade pela turma (MIGALHAS, 2018).

Observa-se que no acórdão a Corte destacou o caráter cômico da alteração da palavra "coisa" por "couve" e a ausência de cunho depreciativo ao autor da obra musical. Ainda, ressaltou que não seria uma reprodução da obra original ou utilização da melodia musical de forma abusiva, mas sim mera alusão à música, com a introdução de palavra que vem a alterar o sentido original, com o objetivo de realizar a paródia.

Isso posto, percebe-se que as decisões divergentes do judiciário brasileiro refletem uma interpretação heterogênea da Lei de Direitos Autorais, especialmente no que tange a modificações em letras de músicas. O caso do Grupo Tradição contrasta significativamente com o veredito sobre a paródia comercial da "Garota de Ipanema", trazendo à tona a discussão sobre os limites da flexibilidade interpretativa permitida pela lei. A decisão do STJ, que não considerou a paródia com fins lucrativos uma infração, destaca uma concepção mais ampla de liberdade criativa dentro do mercado, algo que pode ser percebido como um precedente permissivo que enfraquece a posição dos titulares de direitos morais.

Essa fragilidade na lei pode incentivar o uso liberal de obras protegidas sob a égide da paródia ou outros usos supostamente não infratores, colocando em risco o equilíbrio entre a proteção ao autor e a liberdade de expressão artística e comercial. O desafio reside na necessidade de se estabelecer diretrizes claras que delimitam a transformação permissível de uma obra sem a autorização do autor, assegurando que o respeito à integridade e ao valor original da criação seja mantido sem sufocar a inovação e o dinamismo cultural. A justiça precisa atuar cuidadosamente nessa dualidade, evitando interpretações tão díspares que resultem em insegurança jurídica e em um enfraquecimento dos direitos morais que formam a base da proteção autoral.

Considerações finais

Ao contemplar os embates entre a proteção da obra e as intervenções musicais no Brasil, este estudo buscou analisar os limites e aplicabilidade dos direitos morais do autor no contexto jurídico contemporâneo. A pesquisa traz à luz o delicado linear entre a inviolabilidade da integridade da criação artística e a necessidade de permitir uma dinâmica cultural que não estagne sob o peso excessivo da restrição legal.

A legislação autoral brasileira, embora bem-intencionada em sua essência ao buscar proteger os interesses dos criadores, apresenta desafios em sua aplicação prática que frequentemente resultam em decisões judiciais divergentes. A necessidade de interpretações jurídicas que respeitem a integralidade e a intenção original da obra, sem cercear o desenvolvimento cultural, emerge como um ponto importante deste estudo. As incongruências nas decisões judiciais não apenas confundem a comunidade artística e legal, mas também podem diminuir a confiança no sistema de proteção dos direitos autorais como um todo.

As decisões emblemáticas examinadas ressaltam a prevalência do princípio de proteção à integridade da obra e ao vínculo autor-obra, tal como a controvérsia envolvendo a música "Pé de Cedro". Em contraste, o tratamento judicial da paródia da música "Garota de Ipanema" por uma empresa de hortifrutigranjeiros sugere uma percepção mais flexível dos direitos morais do autor quando aplicados em um contexto comercial humorístico. Esse contraponto evidencia uma interpretação do judiciário que se mostra permeável às nuances do uso cultural e comercial das obras.

A disparidade entre as decisões reflete uma tensão subjacente entre o idealismo da lei e a realidade pragmática de sua execução. Em um mundo ideal, as diretrizes legais seriam claras o suficiente para oferecer proteção consistente aos criadores, enquanto simultaneamente apoiam a evolução cultural e o progresso social. No entanto, a realidade apresenta um cenário em que a lei é suscetível a interpretações variáveis, deixando espaço para incertezas e para um potencial enfraquecimento dos direitos morais.

Frente a essa constatação, faz-se imperativo um diálogo mais aprofundado entre os setores jurídico, cultural e educativo, a fim de se chegar a um consenso sobre os princípios que deveriam nortear a aplicação dos direitos morais do autor. Nesse rumo, a necessidade de atualizar e refinar a legislação autoral brasileira torna-se patente, visando uma maior previsibilidade nas decisões judiciais e uma proteção mais eficaz dos interesses dos autores.

Assim, o desenvolvimento de diretrizes mais claras para o uso de obras protegidas por direitos autorais, incluindo a utilização em paródias, requer um exame minucioso das intenções do autor e do impacto cultural de tais usos. A jurisprudência futura pode se beneficiar de uma abordagem mais sistemática que considere o contexto e o potencial cultural da obra, evitando assim reduzi-la a um mero objeto de disputas legais.

Por fim, a constatação deste estudo converge para a premissa de que é possível, e de fato necessário, que o direito autoral seja aplicado de forma a respeitar tanto os direitos morais dos autores quanto as dinâmicas culturais inerentes à sociedade contemporânea.

Tal abordagem demanda um esforço para esclarecer e harmonizar os princípios legais, assegurando que as decisões judiciais reflitam de maneira coerente e justa os direitos e responsabilidades de todas as partes envolvidas. Nesse sentido, o sistema jurídico deve agir não apenas como um guardião da legalidade, mas também como um promotor da integridade artística e do desenvolvimento cultural.

Referências

ASCENSÃO, José de Oliveira. *Direito autoral*. 2. ed. Rio de Janeiro: Renovar, 1997.

ASCENSÃO, José de Oliveira. Direito de autor e liberdade de criação. *Revista do Programa de Pós-Graduação em Direito da UFC*, v. 33.2, jul./dez. 2013.

BITTAR, Carlos Alberto. Os direitos intelectuais na Constituição. *Revista de Informação Legislativa*, ano 24, n. 96, out/dez, 1987.

BRASIL. Tribunal de Justiça do Rio de Janeiro. Câmara Cível. *Apelação Cível nº 23.242, do Rio de Janeiro*. Relator: Des. Geraldo Arruda Guerreiro. Data do julgamento: 17 de agosto de 1982.

BRASIL. *Constituição Federal de 1988*. Disponível em: http://www.planalto.gov.br/ccivil_03/leis/L9610.htm. Acesso em: 17 mar. 2024.

BRASIL. Superior Tribunal de Justiça. Quarta Turma. *REsp n. 103.297-MG*. Relator: Ministro Ruy Rosado de Aguiar. Data do julgamento: 24 de março de 1997.

BRASIL. *Lei nº 9610, de 19 de fevereiro de 1998*. Altera, atualiza e consolida a legislação sobre direitos autorais e dá outras providências.

BRASIL. Tribunal de Justiça do Estado de Mato Grosso do Sul. Quinta Câmara Cível. *Apelação Cível nº 2012.003545-7/0000-00, de Coxim*. Relator: Des. Luiz Tadeu Barbosa Silva. Apelante: Tradição Representações Artísticas Ltda. Apelados: Hilger Coutinho da Silva e outro. Data do julgamento: 15 de março de 2012.

CHAVES, Antônio. *O criador da obra intelectual*. São Paulo: LTR, 1995.

CHAVES, Antônio. *Direito do autor:* princípios fundamentais. Rio de Janeiro: Forense, 1987.

DINIZ, Maria Helena. *Curso de direito civil brasileiro*. São Paulo: Saraiva, 2013.

GANDELMAN, Henrique. *De Gutenberg à Internet:* direitos autorais na era digital. 2. ed. Rio de Janeiro: Record, 1997.

GERVAIS, Daniel J. The Internationalization of Intellectual Property: New Challenges from the Very Old and the Very New. *Fordham Intellectual Property Media & Entertainment Law Journal*. Vol. 12. Book 4. p. 929-990. 2002.

MIGALHAS. *Grupo Tradição altera letra de música e é condenado por danos morais. Migalhas*, [S.l.], 21 mar. 2012. Disponível em: https://www.migalhas.com.br/quentes/152194/grupo-tradicao-altera-letra-de-musica-e-e-condenado-por-danos-morais. Acesso em: 09 mar. 2024.

MIGALHAS. *Paródia com fins comerciais não viola lei de direitos autorais*. [S.l.], 12 set. 2018. Disponível em: https://www.migalhas.com.br/quentes/287384/parodia-com-fins-comerciais-nao-viola-lei-de-direitos-autorais. Acesso em: 27 mar. 2024.

MONCAU, Luiz Fernando Marrey. *Liberdade de expressão e direitos autorais*. Rio de Janeiro: Elsevier, 2015.

PALMER, Tom G. Are patents and copyrights morally justified? The Philosophy of Property Rights and Ideal Objects. *Harvard Journal of Law & Public Policy*, vol. 13. Issue 3, p. 817-865, 1990, p. 827.

SANTOS, Manuella. *Direito autoral na era digital:* impactos, controvérsias e

possíveis soluções. São Paulo: Saraiva, 2009.

TERRA BRASIL NOTÍCIAS. *Claudia Leitte troca letra de música que fala em "Iemanjá" para "Yeshua" e web reage*. 14 fev. 2024. Disponível em: https://terrabrasilnoticias.com/2024/02/video-claudia-leitte-troca-letra-de-musica-que-fala-em-iemanja-para-yeshua-e-web-reage-veja/. Acesso em: 07 fev. 2024.

UN. *Universal Declaration Of Human Rights*. United Nations, [s.d.]. Disponível em: https://www.un.org/en/about-us/universal-declaration-of-human-rights. Acesso em: 12 mar. 2024.

"CÉREBRO ELETRÔNICO FAZ TUDO/ FAZ QUASE TUDO": UMA ANÁLISE DAS POSSIBILIDADES AUTORAIS DAS OBRAS CRIADAS COM MEDIAÇÃO TECNOLÓGICA DA INTELIGÊNCIA ARTIFICIAL

AINAH HOHENFELD ANGELINI NETA
LEANDRO REINALDO DA CUNHA

Introdução

Vivemos um momento histórico de transição de dimensões que apenas teremos condições de conceber daqui a algumas décadas. A tecnologia se faz presente em nossa realidade de uma forma que as gerações mais novas não conseguem compreender que até muito pouco tempo atrás a única tela com a qual tínhamos contato era a da televisão, com um conteúdo restrito e produzido por apenas algumas poucas emissoras.

O atual estágio da sociedade da informação nos permite acessar o que mais nos interessa, a qualquer momento, conferindo-nos uma liberdade de escolha que nos afasta de uma cultura direcionada e uniforme. Cada pessoa hoje pode determinar quais são os temas com os quais deseja ter contato, e eles estarão na palma de suas mãos, em seus celulares cada vez mais evoluídos e dotados de ferramentas inimagináveis há alguns anos.

A possibilidade de se buscar exatamente aquilo que interessa a cada pessoa amplia a necessidade da produção de conteúdo para atender a toda essa nova demanda, e, naturalmente, com as ferramentas hoje disponíveis, surgem os questionamentos vinculados à titularidade do material produzido com os novos meios existentes, com a Inteligência Artificial (IA) encabeçando essa revolução.

Já nos idos de 1969, o mestre Gilberto Gil, na música Cérebro Eletrônico, apontava que "O cérebro eletrônico faz tudo/ Faz quase tudo", numa anunciação/profetização sobre a presença da

Inteligência Artificial (IA) no cotidiano. Escrevendo em um momento em que o tal "cérebro eletrônico" ainda engatinhava no mundo, suas palavras mostram-se relevantes nos dias atuais, quando se analisa os limites e as possibilidades dessa tecnologia.

A evolução da Inteligência Artificial (IA) nos impõe a necessidade de amplas discussões, com importantes desdobramentos relacionados com a proteção dos direitos humanos e centralidade da pessoa humana. Inserido nesse universo macro, o presente texto discorrerá, através de uma pesquisa qualitativa, sobre a autoria de obras criadas com mediação tecnológica da Inteligência Artificial (IA).

O ponto fulcral é, portanto, a partir da poética de Gilberto Gil, saber se o "cérebro eletrônico", que agora chamamos de Inteligência Artificial (IA), tem autoria autônoma no processo de desenvolvimento de obras, ou se tal autoria deve ser atribuída a uma pessoa humana que teve contato com tal tecnologia, seja na sua criação ou em seu manejo.

O estudo se construirá a partir da compreensão da Inteligência Artificial (IA), apontando brevemente seu processo de desenvolvimento histórico e trazendo conceitos atuais, bem como os caminhos de seu enquadramento ético/regulatório. Em seguida, abordaremos o tema da Inteligência Artificial (IA) na perspectiva de proteção dos direitos de personalidade para, em sequência, situar tal discussão no âmbito dos direitos autorais. Por fim, buscaremos refletir sobre as possíveis consequências de determinação da autoralidade das obras criadas com mediação/auxílio da Inteligência Artificial (IA).

Por se tratar de questão ainda bastante nova e desprovida de regulamentação, permeada de muito mais dúvidas do que certezas, apesar de toda a matemática envolvida nos algoritmos que estruturam essa Inteligência Artificial (IA), cumpre-nos ressaltar que este trabalho não tem sequer a ousadia de propor soluções definitivas, buscando muito mais apontar possíveis caminhos a serem percorridos nesta seara tão controvertida.

1 Inteligência artificial e os direitos inerentes aos seres humanos

Alan Turing, conhecido como o "pai" da ciência da computação teórica e da Inteligência Artificial (IA), ainda em 1950, em seu Jogo da Imitação levantava as seguintes questões logo no início de seu texto: "As máquinas podem pensar?"; "As máquinas podem imitar os humanos?". Em busca de respostas, ele desenvolve um teste, que veio a ser posteriormente nomeado como "Teste de Turing", no qual propõe o seguinte: "é possível para um interrogador distinguir as respostas dadas por um computador das respostas dadas por um ser humano? As máquinas podem personificar a inteligência humana ou imitar a inteligência humana?".[1]

Tais dúvidas foram o mote de muitos outros estudos desenvolvidos desde então, na tentativa de permitir não apenas que as máquinas imitassem os humanos, mas que pudessem mesmo aprender com a experiência, assim como um bebê, o que implicaria um aprendizado automático da máquina.[2] O termo Inteligência Artificial (IA), utilizado pela primeira vez em 1956 por Jonh McCarthy, pesquisador da Dartmouth College, atualmente apresenta elevada complexidade para sua definição, mas nos valeremos da conceituação proposta pelo Grupo de Peritos de Alto Nível em Inteligência Artificial da Comissão Europeia:

> (...) sistemas de *software* (e possivelmente também *hardware*) projetados por seres humanos que, dado um objetivo complexo, atuam na dimensão física ou digital percebendo seu ambiente por meio da aquisição de dados, interpretando os dados estruturados ou não estruturados coletados, raciocinar sobre o conhecimento, ou processar a informação, derivada desses dados e decidir a(s) melhor(es) ação(ões) a ser tomada(s) para atingir o objetivo dado. Os sistemas de IA podem usar regras simbólicas ou aprender um modelo numérico, e também podem adaptar seu comportamento analisando como o ambiente é afetado por suas ações anteriores.[3]

O fato é que hoje vivenciamos um processo acelerado de desenvolvimento das tecnologias e das possibilidades de utilização

---

1 Computing Machinery and Intelligence Author(s): A. M. Turing Source: Mind, New Series, Vol. 59, n. 236 (Oct., 1950), p. 433-460. *Oxford University Press* on behalf of the Mind Association Stable. Disponível em: http://www.jstor.org/stable/2251299. Acesso em: 25 ago. 2008.

2 NEVES, P; ALMEIDA, B. *Antes e além da Inteligência Artificial:* oportunidade e desafios. Perspectivas multidisciplinares sobre a Inteligência Artificial e o direito. Lisboa: Faculdade Católica de Direito, v 58. 2024, p. 111.

3 NEVES, P; ALMEIDA, B. Antes e além da Inteligência Artificial: oportunidade e desafios. Perspectivas multidisciplinares sobre a Inteligência Artificial e o direito. Lisboa: Faculdade Católica de Direito, v 58. 2024, p. 111.

da Inteligência Artificial (IA), que cresce de forma exponencial nesta era da plena conectividade.[9] Dessa forma, não se pode negar que a inteligência artificial é atualmente a tecnologia que está por trás de mudanças profundas, que afetarão a sociedade nas próximas décadas.[4]

Isso porque nos últimos 10 anos o processo de aprendizado de máquina levou a desenvolvimentos notáveis, que mostraram que, através do processo conhecido como *deep learning*, ela superou os humanos em disputas de certos jogos de tabuleiro, como o *Deep Blue*, da IBM, que foi capaz de derrotar Garry Kasparov, campeão mundial de xadrez, em 1997. Desde então, o que se viu foram programas com cada vez mais autonomia e que já não precisavam "aprender com especialistas humanos e aprenderam exclusivamente com o *self-playing*, usando *deep learning* e uma técnica de tomada de decisão sequencial conhecida como *aprendizagem por reforço*".[5]

O atual estado da arte nos coloca efetivamente diante de uma situação que parecia possível apenas em ficção científica, como a apresentada em filmes como *Blade Runner* e nos personagens de *C-3PO* e *R2-D2* do épico *Star Wars*. Máquinas emulando ou reproduzindo aspectos humano, como o raciocínio, a compreensão da linguagem, o reconhecimento de padrões e a tomada de decisões para realizar tarefas tornaram-se realidades possíveis.

Neste cenário como um todo, é crescente a preocupação com a regulação dessa nova tecnologia, especialmente para garantir a integridade da pessoa e seus direitos, resguardando a dignidade humana e estabelecendo uma esfera de proteção contra práticas e abusos atentatórios.

A garantia da higidez das características humanas elementares está no cerne do direito internacional (Direitos Humanos), constitucional (direitos fundamentais) e infraconstitucional (direitos da personalidade), sempre com o objetivo de resguardar a integridade das pessoas e garantir-lhes os parâmetros essenciais

---

[4] OLIVEIRA, A. L.; FIGUEIREDO, M. A. T. *Inteligência Artificial*: contexto histórico e estado da arte. Perspectivas Multidisciplinares sobre a Inteligência Artificial e o Direito. Lisboa: Faculdade Católica de Direito. v 58. 2024.

[5] OLIVEIRA, A. L.; FIGUEIREDO, M. A. T. *Inteligência Artificial:* contexto histórico e estado da arte. Perspectivas Multidisciplinares sobre a Inteligência Artificial e o Direito. Lisboa: Faculdade Católica de Direito, v 58. 2024.

para a sua existência. Considerando a personalidade enquanto valor fundamental do ordenamento jurídico resguardada de forma ampla a toda pessoa[6] simplesmente por ostentar a condição de ser humano,[7] a percepção de que qualquer um que não seja uma pessoa venha a apresentar caracteres eminentemente humanos nos conduz a ponderar quanto a uma eventual necessidade de extensão de tais direitos a essa "nova coisa".

Em uma perspectiva similar à que sustenta a construção do direito animal com a oferta de certos direitos aos animais não humanos, o desenvolvimento do "cérebro eletrônico" ao ponto de se passar a ser denominado de uma Inteligência Artificial (IA) comparável, em alguma medida, com a inteligência natural inerente aos seres humanos, acarreta questionamentos quanto à forma como devem ser tratados os produtos advindos dessa atividade humana realizada por algo não humano.

Ainda que se possa considerar que tradicionalmente o ordenamento jurídico não tem a mesma velocidade das mudanças sociais e tecnológicas,[8] é premente que as consequências da utilização da Inteligência Artificial (IA) encontrem regramento, pois a inexistência de positivação importa em questionamentos, entre os quais, acerca da adequação de se conferir direitos inerentes aos seres humanos a essas inteligências, bem como a forma como aquilo que elas "produzirem" deve ser tratado.

A ausência de legislação específica sobre o tema não pode ser considerada como uma mera escolha do Poder Púbico lastreada em sua conveniência, encerrando em manifesta leniência legislativa,[9] com o potencial de gerar uma série de consequências indesejadas em um Estado Democrático de Direito.

Dentre todo o espectro de questões associadas à Inteligência Artificial (IA) que seguem ignoradas pelo nosso Poder Legislativo,

---

6 PERLINGIERI, Pietro. *Perfis do direito civil* – introdução ao direito civil constitucional. Rio de Janeiro: Renovar, 2002, p. 155.

7 BORGES, Roxana Cardoso Brasileiro. *Direitos de personalidade e autonomia privada.* São Paulo: Saraiva, 2007, p. 21.

8 GOMES, Orlando. *Direito e desenvolvimento.* 2. ed., rev. e atual. por Edvaldo Brito. Rio de Janeiro: GZ, 2022, p. 4-5.

9 CUNHA, Leandro Reinaldo da. Identidade de gênero e a responsabilidade civil do Estado pela leniência legislativa. *Revista dos Tribunais: RT*, São Paulo, n. 962 p. 37-52, 2015.

emerge a figura central do presente texto: de quem é a autoria, bem como de quem são os direitos daí decorrentes, daquilo que for produto da utilização da Inteligência Artificial (IA)? Como haverá de ser a aplicação das regras de direito autoral às obras que sejam resultantes da Inteligência Artificial (IA)?

2 A autoria de obras criadas com mediação tecnológica da inteligência artificial: para quem vai o crédito?

A proteção jurídica no Direito Autoral no Brasil, nos termos do art. 22 da Lei de Direitos Autorais (Lei nº 9.610/98),[10] segue o que é conhecido como modelo francês, o qual tem por "ênfase a figura do autor, consagrando a existência de dois feixes de direitos sob a égide do direito autoral – os direitos morais, vinculados aos direitos de personalidade, e os direitos patrimoniais, decorrentes da exploração da obra protegida",[11] afastando-se do chamado modelo inglês, que "por motivos históricos, preocupava-se com a exploração econômica da obra, mediante o direito de cópia (*copyright*)".[12]

O direito brasileiro considera autor "*a pessoa física criadora de obra literária, artística ou científica*", estendendo a proteção concedida ao autor também às pessoas jurídicas, nos casos previstos na Lei de Direitos Autorais (Lei nº 9.610/98), sendo que dessa condição de autor nascem os direitos morais do autor (considerados vertente dos seus direitos de personalidade e, portanto, direitos pessoais – e não financeiros – do autor sobre sua obra) e os direitos patrimoniais do autor (atrelados aos aspectos econômicos e comerciais das obras protegidas pelos direitos autorais).

Enquanto aqueles "estão diretamente ligados à conexão emocional, à personalidade e integridade da criação intelectual (...) são inalienáveis e não podem ser transferidos, mesmo que o autor

---

[10] Art. 22. Pertencem ao autor os direitos morais e patrimoniais sobre a obra que criou.

[11] Disponível em: https://repositorio.enap.gov.br/bitstream/1/3046/1/M%C3%B3dulo_2_Direitos%20do%20Autor.pdf. Acesso em: 11 maio 2024.

[12] Disponível em: https://repositorio.enap.gov.br/bitstream/1/3046/1/M%C3%B3dulo_2_Direitos%20do%20Autor.pdf. Acesso em: 11 maio 2024.

transfira os direitos patrimoniais", estes conectam-se aos "direitos de reproduzir, distribuir, exibir ou adaptar com fins econômicos uma criação intelectual".[13]

Pertinente também aduzir que a legislação pátria entende por obras intelectuais protegidas aquelas "criações do espírito, expressas por qualquer meio ou fixadas em qualquer suporte, tangível ou intangível, conhecido ou que se invente no futuro", nos termos do art. 7º da Lei de Direitos Autorais (Lei nº 9.610/98). Quanto a esse conceito:

> (...) percebe-se que o legislador teve duas grandes preocupações: a) enfatizar a necessidade de a obra, criação do espírito, ter sido exteriorizada e b) minimizar a importância do meio em que a obra foi expressa. De fato, é relevante mencionar que só são protegidas as obras que tenham sido exteriorizadas. As ideias não são passíveis de proteção por direitos autorais. No entanto, o meio em que a obra é expressa tem pouca ou nenhuma importância, exceto para se produzir prova de sua criação ou de sua anterioridade, já que não se exige a exteriorização da obra em determinado meio específico para que, a partir daí, passe a existir o direito autoral.[14]

Postos esses parâmetros elementares dos direitos autorais imprescindíveis para a compreensão do tema, cumpre-nos questionar como fica essa questão quando relacionada a obras que tenham passado, em sua construção, por alguma Inteligência Artificial (IA), tema longe de estar pacificado e que encerra uma série de questionamentos.

Inicialmente não se pode ignorar que tal análise tangencia a discussão acerca da existência de uma personalidade jurídica da Inteligência Artificial (IA), pois caso essa venha a ser-lhe atribuída, conferirá "aptidão para titularidade de posições jurídicas", o que permite aos "seus detentores figurar em relações jurídicas, como titulares de direitos e obrigações".[15] Considerando que a concessão de personalidade

---

13 Disponível em https://www.projuris.com.br/blog/lei-de-direitos-autorais/. Acesso em: 11 maio 2024.

14 PARANAGUÁ, Pedro; BRANCO, Sérgio. *Direitos autorais*. Editora FGV, 2009.

15 RIBEIRO, *Gustavo Pereira Leite. Personalidade e capacidade do ser humano a partir do novo Código Civil. In:* TEIXEIRA, Ana Carolina Brochado; RIBEIRO, Gustavo Pereira Leite (orgs.). *Manual de teoria geral do direito civil*. Belo Horizonte: Del Rey, 2011, p. 179.

jurídica é uma escolha legislativa, como claramente evidenciado pela concepção de pessoas jurídicas, será pertinente ponderar se em algum momento a Inteligência Artificial (IA) será agraciada com tal condição, fato que, efetivamente, ainda não se verifica.

Mesmo que não se possa ignorar que em um momento futuro haja a determinação de que se atribua personalidade jurídica à Inteligência Artificial (IA), atualmente não há tal previsão, havendo quem se oponha até mesmo a estabelecer qualquer comparação com a opção legislativa utilizada quanto às pessoas jurídicas, por entender que nesse caso há "um substrato no qual se integra o fim em torno do qual a pessoa coletiva se organiza. Ora, é precisamente esse fim, central para inúmeros aspectos da disciplina das pessoas coletivas, que justifica a atribuição da personalidade jurídica a estes entes, a qual defere-se "em função da busca de determinados interesses humanos coletivos ou comuns a permitir que as pessoas físicas busquem determinados interesses de modo diferente e mais adequado com sua natureza".[16]

Sustenta-se, então, que, em decorrência de os robôs e a Inteligência Artificial (IA) terem sua titularidade atribuída a alguém que os tenha registrado, estariam afeitos aos parâmetros estabelecidos para a propriedade industrial, não havendo "necessidade alguma de se inventar 'personalidade eletrônica', modismo sem fundamento, com consequências não bem ponderadas por quem propõe".[17]

Tampouco o fato de a Inteligência Artificial (IA) gozar de autonomia e capacidade de autoaprendizagem seria elemento bastante a lhe conferir personalidade jurídica:

> A autonomia dos *robots* é uma autonomia tecnológica, fundada nas potencialidades da combinação algorítmica que é fornecida ao software. Está, portanto, longe do agir ético dos humanos, em que radica o ser pessoa. Falta-lhes, em cada tomada de decisão, a pressuposição ética, falha a relação incompatível com a eficiência que está na base da programação

---

[16] BARBOSA, Mafalda Miranda *apud* CHINELLATO, Silmara J. de A. A denominada personalidade eletrônica – Inteligência Artificial e direito do autor. Autoria na obra musical. *In:* CHINELLATO, Silmara J. de A. (coord.). TOMASEVICIUS FILHO, Eduardo (org.). *Inteligência Artificial*: visões interdisciplinares e internacionais. São Paulo: Almedina, 2023, p. 33.

[17] CHINELLATO, Silmara J. de A. A denominada personalidade eletrônica – Inteligência Artificial e direito do autor. Autoria na obra musical. *In:* CHINELLATO, Silmara J. de A. (coord.). TOMASEVICIUS FILHO, Eduardo (org.). *Inteligência Artificial:* visões interdisciplinares e internacionais. São Paulo: Almedina, 2023, p. 35-36.

computacional. A pessoalidade e a absoluta dignidade que a acompanha não existem por referência à inteligência artificial, razão pela qual se, ainda que em concreto um ser humano esteja privado da capacidade de agir, não lhe pode ser negado o estatuto de pessoa (e de pessoa para o direito), o mesmo não pode ser sustentado por referência aos *robots*.[18]

É evidente que a atribuição de personalidade jurídica aos chamados robôs ou às Inteligências Artificiais encerraria uma série de problemas, como na necessidade de atribuição de responsabilidade civil nos casos de danos causados, contudo essa seria uma consequência, e não o fato em si.

Também não há como tentar enquadrar ou comparar a Inteligência Artificial (IA) com os chamados entes despersonalizados, como espólio, massa falida, condomínio. Por se constituírem em complexos de bens, direitos e obrigações, recebem da lei força para operar de modo semelhante ao das pessoas jurídicas, mas não têm, entretanto, a autorização genérica que essas têm, mas apenas aquela que deflui da lei e em conformidade com a natureza do agregado de bens e a sua finalidade.

Aqui nos lembra o civilista português Mario Emilio Bigote Chorão que:

> O direito existe, necessariamente, para os homens (*hominum causa omne ius constitutum est*), e a estes cabe o protagonismo na cena jurídica, em posição dominante sobre as "coisas", animadas ou inanimadas, desprovidas de personalidade e ordenadas à satisfação das suas necessidades. Elemento integrante fundamental do bem comum, a realização do justo faz parte das condições sociais que hão-de concorrer, nos indivíduos humanos, para o desenvolvimento integral da sua pessoa.[19]

Consolidado o entendimento que, segundo a positivação vigente, não há a possibilidade de se ter a Inteligência Artificial (IA)

---

18 BARBOSA, Mafalda Miranda *apud* CHINELLATO, Silmara J. de A. A denominada personalidade eletrônica – Inteligência Artificial e direito do autor. Autoria na obra musical. *In:* CHINELLATO, Silmara J. de A. (coord.). TOMASEVICIUS FILHO, Eduardo (org.). *Inteligência Artificial:* visões interdisciplinares e internacionais. São Paulo: Almedina, 2023, p. 34-35.

19 CHORÃO, Mario Emilio Bigote. *Concepção realista da personalidade jurídica e estatuto do nascituro*. Disponível em: https://www.idclb.com.br/revistas/17/revista17%20(24).pdf, p. 270. Acesso em: 12 maio 2024.

como detentora de personalidade jurídica, fica patente que inexiste sustentação para qualquer entendimento que queira defender que o produto da utilização da Inteligência Artificial (IA) pertença, em termos de direito autoral, à própria Inteligência Artificial (IA), fazendo persistir o questionamento: "a quem pode ser atribuída a autoria de tais obras?".

Apesar da novidade e complexidade que permeia a questão como um todo, em 2022 o Conselho da Justiça Federal aprovou o Enunciado 670 na IX Jornada de Direito Civil asseverando que, com base no art. 11 da Lei nº 9.610/1998, "Independentemente do grau de autonomia de um sistema de inteligência artificial, a condição de autor é restrita a seres humanos".

Em decisão proferida em 2023, o Instituto Nacional de Propriedade Industrial (INPI), ao avaliar um pedido de patente para uma Inteligência Artificial (IA), entendeu pela impossibilidade de tal ente figurar como inventor:

> EMENTA: Propriedade Industrial. Patentes. Recurso interposto contra decisão de 1ª instância que decretou a retirada do pedido. Inteligência artificial indicada como inventora em um pedido de patente. Consulta efetuada pela Diretoria de Patentes à Procuradoria Especializada do INPI sobre a matéria. Parecer nº 024/2022/CGPI/PFEINPI/ PGF/AGU. *Impossibilidade jurídica de indicação ou nomeação de inteligência artificial como inventora em um pedido de patente no Brasil.* Recurso conhecido e não provido. Proposta de manutenção da decisão recorrida. (Pedido de Patente: BR112021008931-4 N. Rio de Janeiro, 09 de agosto de 2023).

Percebe-se, pois, uma tendência no direito brasileiro a não se reconhecer autoria de obra à Inteligência Artificial (IA) lastreado no disposto no art. 11 da Lei de Direitos Autorais (Lei nº 9.610/98), que atribui a qualidade de autor à pessoa física criadora de obra literária, artística ou científica, sendo de se asseverar, no entanto, desde já, que ao tempo da elaboração da referida lei, não experienciávamos ainda nem mesmo um mero vislumbre do que pode a Inteligência Artificial (IA) gerar atualmente.

Restando vedada a possibilidade de que a autoria seja atribuída à Inteligência Artificial (IA), persiste o questionamento que norteia o presente trabalho.

As alternativas suscitadas pela doutrina passam por considerar a própria máquina como autora, ou mesmo o proprietário do sistema de IA, ou o programador, colocando como alternativa ainda que seja compreendido como autor o usuário da Inteligência Artificial (IA), ou, por fim, que o produto da utilização da Inteligência Artificial (IA) deveria ter tido como de domínio público.[20]

Como já indicado, a centralidade humana, que é diretriz dos direitos autorais, refuta a possibilidade de que, nesse momento, possa-se considerar que os direitos autorais pertençam à própria Inteligência Artificial (IA), como já exposto. Essa parece ser a base que vem norteando os regramentos específicos sobre o tema, como se depreende do AI ACT, regulamento recém-aprovado pelo Parlamento Europeu sobre Inteligência Artificial (IA):

> (...) o presente regulamento apoia o objetivo de promover a abordagem europeia da IA centrada no ser humano, assim como o de estar na vanguarda mundial do desenvolvimento de uma IA segura, ética e de confiança (...).[21]

Ainda em 2020, a Comissão criada no âmbito da União Europeia para tratar da Inteligência Artificial (IA) já havia levantado a "necessidade de se prestigiar a pessoa que não pode ser afastada como partícipe dos processos", destacando que a Inteligência Artificial (IA) deve ser "antropocêntrica e antropogênica (centrada no e produzida pelo ser humano)".[22]

Sendo a participação humana requisito indispensável para que o produto da Inteligência Artificial (IA) surja, é de se entender que há de se atribuir necessariamente a autoria de obras criadas com mediação da Inteligência Artificial (IA) a uma pessoa.

---

[20] SALOMÃO, Luiz Felipe. TAUK, Caroline *apud* CHINELLATO, Silmara J. de A. *A* denominada personalidade eletrônica – Inteligência Artificial e direito do autor. Autoria na obra musical. *In:* CHINELLATO, Silmara J. de A. (coord.). TOMASEVICIUS FILHO, Eduardo (org.). *Inteligência Artificial:* visões interdisciplinares e internacionais. São Paulo: Almedina, 2023, p. 37-38

[21] PARLAMENTO EUROPEU. *Regulamento (UE) 2024/PE748.701v01-00 do Parlamento Europeu e do Conselho que estabelece regras harmonizadas em matéria de inteligência artificial,* 13 mar 2024. Disponível em: A-9-2023-0188-AM-808-808_PT.pdf (europa.eu). Acesso em: 10 maio 2024.

[22] CHINELLATO, Silmara J. de A. A denominada personalidade eletrônica – Inteligência Artificial e direito do autor. Autoria na obra musical. *In:* CHINELLATO, Silmara J. de A. (coord.). TOMASEVICIUS FILHO, Eduardo (org.). *Inteligência Artificial:* visões interdisciplinares e internacionais. São Paulo: Almedina, 2023, p. 39.

Refutada a autoria para a própria Inteligência Artificial (IA), é necessário considerar as diversas pessoas que, em alguma medida, participaram do resultado final obtido ante a utilização da Inteligência Artificial (IA), a fim de se firmar quem há de ser tido como aquele a quem serão atribuídos os reflexos decorrentes da autoria nos termos da Lei de Direitos Autorais (Lei nº 9.610/1998).

Não parece se sustentar a assertiva de que a titularidade de tais direitos devesse ser conferida ao proprietário do sistema de Inteligência Artificial (IA) ou ao programador, haja vista que estes foram as pessoas que criaram a ferramenta, e não aqueles que a utilizaram para gerar o resultado obtido.

> A criação intelectual é criação individualizada; é a expressão de uma idéia, que tem necessariamente de se antever com um conteúdo específico. Não é equivalente ao ato de pôr em funcionamento uma máquina de que derivam produtos indiscriminados. Pode então pretender-se que a autoria da obra ou resultado é de quem criou o próprio programa de computador. Mas também não é assim. Quem cria o programa tem a autoria do próprio programa. Mas não tem a autoria dos seus resultados, pois a criação deve ser específica e não genérica. Supõe, como dissemos, uma previsão individualizada, e não se basta com o pôr em funcionamento de um processo de que resultará depois essa criação. Um processo não é uma obra, e as obras não são uma categoria do gênero.[23]

A criação do meio pelo qual o resultado é obtido não pode ser tida como elemento a fomentar a atribuição de direitos de autor. Inconcebível se pensar que o artesão não seria detentor do resultado de sua arte por ter utilizado um formão, nem mesmo seria coerente pensar que a pessoa que é a dona do violão, ou a que o tenha construído, possa ter a si garantidos os direitos autorais de uma música composta utilizando-se desse instrumento musical.

Tampouco podemos simplesmente afastar a atuação de quem fez uso da ferramenta e obteve um resultado, não se sustentando o argumento de que o produto da utilização da Inteligência Artificial (IA) haveria de ser tido como algo apartado dos parâmetros dos direitos autorais,[24] o que faria com que fosse considerado como

---

[23] ASCENSÃO, José de Oliveira. *Direito autoral*. 2. ed. Rio de Janeiro: Ed. Renovar, 1997, p. 664.

[24] ASCENSÃO, José de Oliveira. *Direito autoral*. 2. ed. Rio de Janeiro: Ed. Renovar, 1997, p. 664.

algo similar a uma obra em domínio público. A ausência de uma solução mais clara na lei não pode refutar o valor da participação do indivíduo na obra oriunda da utilização da Inteligência Artificial (IA), especialmente por se considerar que tal solução, além de punir indevidamente aquele que laborou para a obtenção do resultado, ofenderia o princípio da igualdade, já que essa não é a solução dada a outras pessoas que produzem arte a partir da utilização de outras ferramentas.

A inafastabilidade da participação humana para a obtenção de algum resultado proveniente da utilização da Inteligência Artificial (IA) nos conduz a comungar do entendimento de que haverá de incidir a Lei de Direitos Autorais.

> A participação humana inequívoca – conforme nos pareceu claro ao analisar as pesquisas do músico francês e seu próprio testemunho, que atesta ser imprescindível essa participação, inclusive por diversas escolhas necessárias – resolve o que parecia um problema mas que não é: aplica-se, sem dúvida, a Lei de Direitos Autorais quanto a direitos patrimoniais e morais.
> Admitindo-se apenas por hipótese – para aqueles que supõem que uma máquina possa criar sozinha, sem participação humana, uma música ou canção, se houver letra – seria duvidosa a aplicação da Lei de direitos autorais, pois todas as leis foram criadas para pessoas e não para máquinas.[25]

Em toda sorte de produtos provenientes do uso da tecnologia, seja ela mais ou menos elaborada, atribui-se a titularidade do resultado de sua utilização a quem manejou aquela ferramenta para obter o resultado. Quem pinta utilizando as mãos não será entendido como mais autor do que aquele que chega à obra final utilizando pincéis, aerógrafos ou moldes.

Enquanto não se concluir que a Inteligência Artificial (IA) deva ser entendida como algo distinto de uma mera ferramenta do ser humano, inserindo-se em uma perspectiva que entenda que, em verdade, trata-se de "entes capazes de promover o desenvolvimento

---

[25] CHINELLATO, Silmara J. de A. A denominada personalidade eletrônica – Inteligência Artificial e direito do autor. Autoria na obra musical. *In:* CHINELLATO, Silmara J. de A. (coord.). TOMASEVICIUS FILHO, Eduardo (org.). *Inteligência Artificial:* visões interdisciplinares e internacionais. São Paulo: Almedina, 2023, p. 49.

de produtos de aparência artística, que promovam o equilíbrio dos interesses envolvidos, e que considerem as peculiaridades inerentes aos produtos da IA e seu processo de desenvolvimento",[26] haverá de prevalecer a concepção ordinária.

Importante ponderar que nas análises relacionadas ao direito autoral não se estabelece qualquer sorte de juízo de valor quanto a qualidade da obra produzida pelo autor. Ser o resultado artisticamente obtido melhor ou pior não é relevante para a definição de quem é o autor. Tampouco se considera a habilidade daquele autor ao valer-se da ferramenta, bastando que tenha ele utilizado os "comandos" necessários para alcançar aquele resultado.

Presente a participação humana em alguma etapa da criação, é inquestionável que esta condicionou o resultado final ante às escolhas feitas,[27] havendo o instrumento utilizado para a obtenção da arte realizada ser entendido como tal, não retirando de quem o manejou o *status* de autor, sendo irrelevante, segundo os critérios juridicamente vigentes, o quanto ele foi auxiliado pela ferramenta para a conclusão.

Ainda que alguns pensem em utilizar como critério o grau de interferência humana no processo,[28] reitera-se que nada há positivado atualmente com tal sorte de mensuração.

Os efeitos da participação humana na criação de obras com mediação/auxílio da Inteligência Artificial (IA) não podem, pois, ser afastados. Muito pelo contrário, é preciso garantir a proteção tanto dos direitos morais como dos patrimoniais do autor nesses casos, até porque, retomando e parafraseando Gilberto Gil, apenas a pessoa literalmente pensa, pode e decide.

---

[26] SCHIRRU, Luca. *Direito autoral e inteligência artificial:* autoria e titularidade nos produtos da IA. Tese de Doutorado apresentada ao Programa de Pós-Graduação em Políticas Públicas, Estratégias e Desenvolvimento, Instituto de Economia, Universidade Federal do Rio de Janeiro, 354f., 2020, p. 321.

[27] CHINELLATO, Silmara J. de A. A denominada personalidade eletrônica – Inteligência Artificial e direito do autor. Autoria na obra musical. *In:* CHINELLATO, Silmara J. de A. (coord.). TOMASEVICIUS FILHO, Eduardo (org.). *Inteligência Artificial:* visões interdisciplinares e internacionais. São Paulo: Almedina, 2023, p. 52.

[28] SCHIRRU, Luca. *Direito autoral e inteligência artificial:* autoria e titularidade nos produtos da IA. Tese de Doutorado apresentada ao Programa de Pós-Graduação em Políticas Públicas, Estratégias e Desenvolvimento, Instituto de Economia, Universidade Federal do Rio de Janeiro, 354f., 2020, p. 325.

Considerações finais

Ao reboque de toda nova tecnologia, surge a necessidade de que lidemos com as suas inúmeras consequências. Novas ferramentas geram novos desafios. E a forma como os frutos dessas inovações serão acolhidos pela sociedade passa pela necessidade de sua regulamentação.

Contudo, antes que sejam regulamentadas, sempre há um período em que a realidade se encontra posta e inexiste positivação conferindo as diretrizes aplicáveis para aquela situação em específico, impondo aos que laboram com o universo jurídico a necessidade de lidar com aqueles fatos com base nos princípios vigentes.

Ainda que essa perspectiva seja ordinária e conhecida já de longa data, as características inerentes à Inteligência Artificial (IA) fazem com que a regra base que é utilizada como padrão seja esquecida, trazendo à baila uma série de elementos que não fariam sentido ao se considerar outras situações da mesma natureza.

A sociedade e o direito já enfrentaram, ao longo dos séculos, diversas inovações tecnológicas que impactaram das mais variadas formas a vida das pessoas. Olhando em retrospectiva, mostra-se absolutamente impensável se retirar a autoria daquele que obteve um resultado final artístico sob a alegação de se que utilizou de uma ferramenta para tanto.

O nível de influência da Inteligência Artificial (IA), enquanto ferramenta, para a obra realizada pelo autor ante a sua utilização é tamanha, que faz com que muitos questionem se sobre elas incidiriam direitos autorais, chegando alguns até mesmo a aventar que tais direitos haveriam de ser atribuídos à própria Inteligência Artificial (IA).

Evidente que a contribuição da Inteligência Artificial (IA) ao autor está bastante distante do que uma caneta esferográfica faz em favor do resultado final de um escritor, ou do ganho obtido em razão do uso de um pincel de maior qualidade. Se em tais casos a ferramenta é um meio para um resultado, a mesma concepção há de prevalecer quando da utilização da Inteligência Artificial (IA).

Tentando conferir maior proximidade com a realidade atual da Inteligência Artificial (IA), não temos nenhuma dúvida de que aquele músico que utiliza seu computador para compor uma música com base em trechos pré-gravados segue sendo detentor dos direitos autorais daquela nova melodia. Sem seus comandos, não haveria resultado final.

Mesmo com toda a celeuma existente sobre o tema, se retornamos às bases e entendemos que a Inteligência Artificial (IA) é apenas uma ferramenta que permite ao autor, mediante suas ordens, chegar a uma obra, é premente se concluir pela garantia dos direitos autorais, nos termos da lei, a quem maneja tal meio, afinal o "cérebro eletrônico", neste processo, não faz tudo.

Referências

A. M. Turing Source: *Mind, New Series*, vol. 59, n. 236 (Oct., 1950), p. 433-460 Published by: Oxford University Press on behalf of the Mind Association Stable. Disponível em: http://www.jstor.org/stable/2251299. Acesso em: 25 ago. 2008.

ASCENSÃO, José de Oliveira. *Direito autoral*. 2. ed., Rio de Janeiro: Ed. Renovar, 1997, p. 664.

BORGES, Roxana Cardoso Brasileiro. *Direitos de personalidade e autonomia privada.* São Paulo: Saraiva, 2007, p. 21.

CHINELLATO, Silmara J. de A. A denominada personalidade eletrônica – Inteligência Artificial e direito do autor. Autoria na obra musical. *In:* CHINELLATO, Silmara J. de A. (coord.). TOMASEVICIUS FILHO, Eduardo (org.). *Inteligência artificial:* visões interdisciplinares e internacionais. São Paulo: Almedina, 2023, p. 52.

CHORÃO, Mario Emilio Bigote. *Concepção realista da personalidade jurídica e estatuto do nascituro.* Disponível em: https://www.idclb.com.br/revistas/17/revista17%20(24).pdf. Acesso em: 12 maio 2024.

CUNHA, Leandro Reinaldo da. Identidade de gênero e a responsabilidade civil do Estado pela leniência legislativa. *Revista dos Tribunais*: RT, São Paulo, n. 962 p. 37-52, 2015.

GOMES, Orlando. *Direito e desenvolvimento.* 2 ed., rev. e atual. por Edvaldo Brito. Rio de Janeiro: GZ, 2022, p. 4-5.

NEVES, P; ALMEIDA, B. *Antes e além da inteligência artificial*: Oportunidade e desafios. perspectivas multidisciplinares sobre a Inteligência Artificial e o direito. Lisboa: Faculdade Católica de Direito, v 58, 2024, p. 107-127.

OLIVEIRA, A. L.; FIGUEIREDO, M. A. T.. *Inteligência artificial*: contexto histórico e estado da arte. Perspectivas Multidisciplinares sobre a Inteligência Artificial e o Direito. Lisboa: Faculdade Católica de Direito, v 58. 2024.

PARLAMENTO EUROPEU. *Regulamento (UE) 2024/PE748.701v01-00 do Parlamento Europeu e do Conselho que estabelece regras harmonizadas em matéria de inteligência artificial*, 13 mar 2024. Disponível em: A-9-2023-0188-AM-808-808_PT.pdf (europa.eu) Acesso em: 10 maio 2024.

PERLINGIERI, Pietro. *Perfis do direito civil* – introdução ao direito civil constitucional. Rio de Janeiro: Renovar, 2002, p. 155.

RIBEIRO, Gustavo Pereira Leite. Personalidade e capacidade do ser humano a partir do novo Código Civil. *In:* TEIXEIRA, Ana Carolina Brochado; RIBEIRO, Gustavo Pereira Leite (orgs.). *Manual de teoria geral do direito civil*. Belo Horizonte: Del Rey, 2011, p. 179.

SCHIRRU, Luca. *Direito autoral e inteligência artificial:* autoria e titularidade nos produtos da IA. Tese de doutorado apresentada ao programa de Pós-graduação em Políticas Públicas, Estratégias e Desenvolvimento, Instituto de Economia, Universidade Federal do Rio de Janeiro, 354f., 2020.

TOMASEVICIUS FILHO, Eduardo (org.). *Inteligência artificial:* visões interdisciplinares e internacionais. São Paulo: Almedina, 2023.

Ainah Hohenfeld Angelini Neta
Mestre em Direito pela Universidade Federal da Bahia. Professora da Universidade do Estado da Bahia – UFBA. Membro do Grupo de Pesquisa Conversas Civilísticas da UFBA, coordenado pelo Prof. Dr. Leandro Cunha. Advogada e sócia-fundadora do Angelini e Pereira Advogados Associados. Autora de obras jurídicas. *E-mail:* ahneta@uneb.br.

Beatriz de Castro Rosa
Doutora e Mestre em Direito Constitucional pela Universidade de Fortaleza – Unifor. Professora do Programa de Pós-Graduação *Stricto Sensu* do Centro Universitário Christus – Unichristus e dos Cursos de Direito da Unifor e Unichristus. Curso de Formação e Aperfeiçoamento em *Mediation and Conflict Resolution* pela Columbia Law School (NY-EUA). Estágio pós-doutoral em andamento na FGV – Direito SP. Vice-presidente do IBDCONT/CE (Instituto Brasileiro de Direito Contratual). Gestora Educacional atuando desde 2007. Pesquisadora. Atualmente, responde pela Diretoria Pedagógica da Escola Superior da Magistratura (Esmec) e Líder Técnico do Projeto Desenvolvimento de Pessoas do TJCE. Áreas de pesquisa: Direito e Novas Tecnologias, Habilidades Profissionais para o Século XXI, Futuro das Profissões Jurídicas, Direito Civil e Responsabilidade Civil. Instagram: @beatrizcastrorosa. Orcid: 0000-0002-1113-1490. *E-mail*: beatrizcastrorosa@gmail.com.

Bernardo Diniz Accioli de Vasconcellos
Doutorando e mestre em Direito Civil pela Universidade do Estado do Rio de Janeiro (UERJ). Bacharel em Direito, com ênfase em Contencioso, pela Pontifícia Universidade Católica do Rio de Janeiro (PUC-Rio). Professor substituto de Direito Civil e de Direito Internacional Privado da Faculdade Nacional de Direito (FND-UFRJ). Advogado.

Bruno Cavalcante Leitão Santos
Doutor em Direito pela PUCRS. Mestre em Direito Público pela Ufal. Especialista em Direito Penal e Processual Penal pela UCDB. Professor de Direito Penal no Centro Universitário Cesmac – Maceió/AL. Líder do Grupo de Pesquisa Sistema Penal, Democracia e Direitos Humanos – Cesmac. Pesquisador do Grupo de Pesquisa IA e Direito – PUCRS. Advogado. Orcid: https://orcid.org/0000-0001-7556-2348.

Clayton Douglas Pereira Guimarães
Especialista em Ciências Jurídicas com ênfase em Direito Civil e Processo Civil pela Faculdade Arnaldo Janssen (Fajanssen). Especialista em Ciências Jurídicas Aplicadas às Carreiras Policiais pelo Gran Centro Universitário (Gran). Bacharel em Direito, na modalidade Integral, pela Escola Superior Dom Helder Câmara (DHC). Autor de artigos no âmbito do Direito Digital, Direito do Consumidor e Responsabilidade Civil. Copresidente da Associação Guimarães de Estudos Jurídicos (AGEJ). Diretor Geral e membro do Conselho Editorial do Magis Portal Jurídico. Colunista do Magis Portal Jurídico, assina a coluna "Direito 4.0: Fronteiras Digitais". Membro do Corpo Editorial da Revista de Direito Magis. Advogado. Orcid: 0000-0001-5613-0443.

Eduardo Luiz Busatta
Doutor em Direito Público pelo Programa de Pós-graduação em Direito da Universidade do Vale do Rio dos Sinos – Unisinos. Professor da Universidade Estadual do Oeste do Paraná – Unioeste. Mestre em Direito Negocial pela Universidade Estadual de Londrina – UEL. Procurador do Estado do Paraná. *E-mail*: elbusatta@gmail.com.

Eduardo Nunes de Souza
Doutor e Mestre em Direito Civil pela Universidade do Estado do Rio de Janeiro (UERJ). Professor associado de Direito Civil da Faculdade de Direito da UERJ e professor permanente dos cursos de Mestrado e Doutorado em Direito Civil do Programa de Pós-Graduação em Direito da UERJ.

Fernanda Las Casas
Advogada e professora. Doutoranda em Direito Civil pela Universidade de São Paulo. Mestra e Especialista em Direito de Família e Sucessões. Membro da International Society of Family Law. Presidente da Comissão Nacional de Pesquisas do IBDFAM. Diretora de gênero e violência contra a mulher do IBDFAM SP. Autora e coordenadora de obras jurídicas.

Francisco de Assis de França Júnior
Doutor e Mestre em Direito pela Faculdade de Direito da Universidade de Coimbra, Portugal. Pós-graduado em Psicologia Jurídica e em Ciências Penais. Professor de Direito Penal e Criminologia no Centro Universitário Cesmac – Maceió/AL. Líder do Grupo de Pesquisa Sistema Penal, Democracia e Direitos Humanos – Cesmac. Advogado. Orcid: https://orcid.org/0000-0002-6958-920X.

Gabrielle Bezerra Sales Sarlet
Doutora em Direito pela Universidade de Augsburg-Alemanha, com tese validada pelo PPGD – UFGRS. Pós-doutora em Direito pela Universidade de Hamburgo-Alemanha e igualmente pela PUCRS. Pesquisadora visitante e bolsista do Max-Planck-Institut für ausländisches und internationales Privatrecht – Hamburg, Alemanha (2018). Professora do curso de graduação e no PPGD da PUCRS. Coordenadora do curso de Especialização em Direito Digital na PUCRS. Pesquisadora Produtividade CNPQ. Orcid: https://orcid.org/0000-0003-3628-0852. *E-mail*: gabrielle.sarlet@pucrs.br.

Gustavo Cunha Prazeres
Advogado. Mestre e Doutorando em Direito. Professor de Direito Civil na Faculdade Baiana de Direito. Membro do grupo de pesquisa "Direito Civil e Sociedade", onde pesquisa temas ligados à relação entre Direito e tecnologia.

Kassia Zinato Santos Machado Araujo
Mestre em Direito Público pela Universidade Nova de Lisboa (UNL), com reconhecimento pela Universidade de São Paulo (USP). Pós-graduada em Direito Constitucional e em Direito Processual Civil pelo IDP. Pós-graduada em Direito Administrativo pela Procuradoria-Geral da Fazenda Nacional. MBA em Governança Corporativa e *Compliance* pela Fundação Getúlio Vargas – FGV. Curso de extensão e atualização profissional em Gestão Pública – Cegesp (Centro de Ensino em Gestão Pública). Diversos outros (extensão) na área do Direito. Bacharel em Direito. Membro do IAPP – International Association of Privacy Professionals (com Certificação Internacional de Proteção de Dados LGPD). Membro especial da Comissão de Proteção de Dados Pessoais da OAB/SP desde 2022. Coordenadora e Professora do Programa de Treinamento LGPD no Setor Público, LGPD *Speed* e LSP *online*, pela Movimento Educação, Treinamento e Capacitação Profissional LTDA. Autora do Guia Prático da LGPD no Setor Público. Instrutora, palestrante e mentora nas áreas de Direito Digital, Privacidade e Proteção de Dados Pessoais, especialmente no Setor Público. Professora universitária licenciada. Professora de cursos preparatórios para concursos licenciada. Servidora pública federal do STF. Produtora de conteúdo sobre LGPD no Setor Público. Youtube e Instagram: @kassiazinato. Orcid: 0009-0009-6292-6646. *E-mail*: kassiazinato@yahoo.com.br.

Leandro Reinaldo da Cunha
Professor Titular-Livre de Direito Civil da Universidade Federal da Bahia. Pós-doutor e Doutor em Direito pela Pontifícia Universidade Católica de São Paulo – PUC/SP. Mestre em Direito pela Universidade Metropolitana de Santos – UNIMES. Líder dos grupos de pesquisa "Conversas Civilísticas" e "Direito e Sexualidade", credenciados junto ao CNPq. Pesquisador científico. Autor de obras jurídicas. *E-mail:* leandroreinaldodacunha@gmail.com.

Manoel Victor de Mello Vianna
Mestre em Direito pela Universidade Federal de Alagoas (Ufal). LLM em Direito Empresarial pela FGV – RJ. Graduado em Direito. Sócio do escritório Marcos Bernardes de Mello Advogados & Associados. *E-mail*: victor-mello@hotmail.com.

Marcos Ehrhardt Jr.
Doutor em Direito pela Universidade Federal de Pernambuco (UFPE). Professor de Direito Civil da Universidade Federal de Alagoas (Ufal) e do Centro Universitário Cesmac. Editor da Revista Fórum de Direito Civil (RFDC). Vice-Presidente do Instituto Brasileiro de Direito Civil (IBDCIVIL). Diretor do Conselho Consultivo do Instituto Brasileiro de Direito de Família (IBDFAM). Membro Fundador do Instituto Brasileiro de Direito Contratual – IBDCont e do Instituto Brasileiro de Estudos de Responsabilidade Civil (Iberc). Advogado. Orcid 0000-0003-1371-5921. *E-mail*: contato@marcosehrhardt.com.br.

Maurício Requião
Advogado. Doutor em Direito. Professor de Direito Civil na Faculdade de Direito da UFBA e na Faculdade Baiana de Direito. Professor no PPGD-UFBA. Líder do grupo de pesquisa "Direito Civil e Sociedade", onde atualmente pesquisa temas ligados à relação entre Direito e tecnologia.

Mérian Helen Kielbovicz
Pós-graduada em Direito dos Negócios pela Universidade Federal do Rio Grande do Sul – UFRGS. Graduanda em Letras pela Universidade Estadual do Rio Grande do Sul – UERGS. Bacharel em Direito pela Universidade Luterana do Brasil – Ulbra. Advogada. *E-mail:* m.kielbovicz@hotmail.com.

Michael César Silva
Pós-Doutorando em Direito, Tecnologia e Inovação pela Universidade Federal de Minas Gerais (UFMG). Doutor e Mestre em Direito Privado pela Pontifícia Universidade Católica de Minas Gerais (PUC Minas). Especialista em Direito de Empresa pela Pontifícia Universidade Católica de Minas Gerais (PUC Minas). Professor convidado do curso de Pós-Graduação em *Fashion Law* da Universidade Mackenzie/SP. Professor convidado do curso de Pós-Graduação em Direito Privado, Tecnologia e Inovação da Escola Brasileira de Direito (Ebradi/SP). Professor Convidado do LLM em Lei Geral de Proteção de Dados da Universidade do Vale do Rio dos Sinos (Unisinos/RS). Professor da Escola de Direito do Centro Universitário Newton Paiva/MG. Professor da Escola Superior Dom Helder/MG. Membro do Instituto Brasileiro de Estudos de Responsabilidade Civil (Iberc). Advogado. Orcid: 0000-0002-1142-4672.

Pietra Daneluzzi Quinelato
Advogada e professora. Doutoranda em Direito Civil pela Universidade de São Paulo. Pesquisadora associada ao Instituto de Pesquisas Jurídicas da Université Paris 1 Panthéon Sorbonne (IRJS – André Tunc). Mestra e Especialista em Direito Digital e Direito Empresarial. *E-mail:* pietraquinelato@gmail.com.

Têmis Limberger
Professora PPGD Unisinos. Advogada. Procuradora de Justiça aposentada MP/RS. Doutora pela Universidade Pompeu Fabra (Barcelona) e estudos pós-doutorais pela Universidade de Sevilha. Mestra e graduada pela UFRGS.

Viviane Ceolin Dallasta Del Grossi
Doutoranda em Direitos Humanos pela Universidade de São Paulo (USP). Mestra em Direitos Humanos pela USP. Mestra em Criminologia e Execução Penal pela Universidade Pompeu Fabra (Titulação interinstitucional pela Universidade de Girona e Universidade Autônoma de Barcelona – Barcelona, Espanha, 2014). Pós-graduada em Direito Público com ênfase em Direito Internacional dos Direitos Humanos. Integrante do Grupo de Pesquisa Ética, Direitos Humanos e Inteligência Artificial (EDHIA/ENADPU/DPU). Foi pesquisadora da Unesco para a implementação da Recomendação sobre Ética e IA no Brasil, 2023. Defensora Pública Federal desde 2009. Orcid: https://orcid.org/0000-0003-3104-0091. *E-mail*: viviane.dallasta@dpu.def.br.

Esta obra foi composta em fonte Palatino Linotype, corpo 10,5
e impressa em papel Polen Bold LD FSC 70g (miolo) e Supremo 250g (capa)
pela Formato Artes Gráficas.